Journalistische Praxis

Herausgeber der Reihe:
Walther von La Roche und Gabriele Hooffacker

Lutz Frühbrodt

Wirtschafts-Journalismus

Ein Handbuch für Ausbildung und Praxis

Econ

Econ ist ein Verlag der Ullstein Buchverlage GmbH

ISBN 978-3-430-20014-1

© Ullstein Buchverlage GmbH, Berlin 2007
Alle Rechte vorbehalten.

Lektorat: Gabriele Hooffacker
Umschlaggestaltung: Jorge Schmidt, München
Autorenfoto: Privat
Satz: Leingärtner, Nabburg
Druck und Bindung: Clausen & Bosse, Leck

Inhaltsverzeichnis

Vorwort

Wirtschaftsjournalisten sind anders. Sie müssen sich mit Unmengen von Zahlen auseinandersetzen und sie wohl dosiert in ihren Texten aufbereiten. Sie müssen sich oft mit sehr komplexen Sachverhalten auseinandersetzen und diese dem Medienpublikum gut verständlich und zugleich präzise vermitteln. Sie kommen häufig schwerer an fundierte Informationen heran und sehen sich mehr als andere Journalisten Versuchen von Public-Relations-Managern ausgesetzt, ihre Arbeit gezielt zu beeinflussen.

Dieses Buch will helfen, diese Herausforderungen bestmöglich zu meistern. Nach einem Überblick über das gewandelte Berufsbild des Wirtschafts- und Finanzjournalisten wird demonstriert, wie Themen gefunden und recherchiert werden – auf klassische Weise, mit Telefonhörer und Aufnahmegerät, aber auch über das Internet. Es wird gezeigt, wie bestimmte »Klassiker« des Wirtschaftsjournalismus, zum Beispiel Bilanzpressekonferenz und Hauptversammlung, ablaufen und wie man sie am besten angeht, ohne auf PR-Tricks hereinzufallen. Ebenfalls an Hand von Fallbeispielen erklärt dieses Buch, was bei häufig wiederkehrenden Darstellungsformen wie dem Managerporträt oder dem Aktiencheck zu berücksichtigen ist. Der Band gibt schließlich Ratschläge, wie der Wirtschaftsjournalist am besten mit Informanten umgeht und welche am auskunftsfreudigsten sind, welche rechtlich-ethischen Normen er dabei einhalten muss und wie er auf Exklusivgeschichten stößt.

»Wirtschaftsjournalismus« ist ein klassisches Einsteiger-Buch. Es richtet sich an generell Interessierte, Studierende und Volontäre, die sich auf die Gebiete Wirtschaftspolitik, Unternehmensentwicklung, Börse und Finanzen oder Verbraucherthemen spezialisieren wollen. Entsprechend sind alle Institutionen und Dozenten angesprochen, die Wirtschaftsjournalismus unterrichten. Das Buch leistet zugleich erste Hilfe für Kollegen anderer Ressorts wie Politik oder Lokales, die häufiger mit wirtschaftsnahen Themen zu tun haben.

Es wird das grundlegende Handwerkszeug vermittelt, an vielen Stellen geht das Buch aber deutlich darüber hinaus. Deshalb könnte der »Wirtschaftsjournalismus« auch für Praktiker interessant sein, die bereits im Beruf stehen – zum Nachschlagen und Nachlesen. Dies gilt nicht nur für Journalisten, sondern auch für PR-Manager, die die »andere Seite« besser verstehen wollen. Der Autor ruft zwar zu einer kritischen Haltung gegenüber Public-Relations-Strategien auf, setzt sich zugleich aber für ein faires und offenes Miteinander ein.

Dieses Buch besteht aus mehr als bedrucktem Papier. Über das Internet-Portal www.journalistische-praxis.de/wirtschaft kann der Leser zahlreiche Service-Seiten zur Thematik herunterladen. Diese bestehen aus weiteren Texten wie umfassenden Linklisten. Im Buch verweist das Symbol 🖳 auf »Online Plus«, also ergänzende Informationen zum Thema im Internet.

Wenn im Folgenden der Begriff »Wirtschaftsjournalist« und auch für andere erwähnte Berufe der männliche Genus Verwendung findet, so erfolgt dies allein aus Gründen der sprachlichen Einfachheit. Selbstverständlich ist zugleich immer das weibliche Geschlecht gemeint.

Der Autor hat dieses Buch im Alleingang verfasst, weshalb auch alle möglichen Fehler ihm zuzuschreiben sind. Der »Wirtschaftsjournalismus« wäre aber ohne zahlreiche Interviews und Ratschläge von Kollegen der Zunft nicht möglich geworden. Stellvertretend für viele andere soll hier deshalb Jasmine Borhan, Barbara Brandstetter, Christian Dose, Dr. Michael Ensser, Christoph Keese, Barbara Kögler, Marion Krause, Jürgen Kurz, Dr. Hendrik Luchtmeyer, Anja Meyer, Dr. Eva-Maria Ritter, Frank Rothauge, Klaus-Dieter Scheurle, Chris-Oliver Schickentanz, Karsten Seibel, Christian Schwolow, Björn Sievers, Stefan Wichmann und Stefan Zuber herzlich gedankt werden. Ganz besonders inniger Dank gilt meiner ersten Leserin und konstruktivsten Kritikerin, Annette Floren.

Berlin/Frankfurt, im Dezember 2006
Dr. Lutz Frühbrodt

Beruf Wirtschaftsjournalist

Früher eine Kreuzung aus grauer Maus und Bilanzbuchhalter, heute Gel im Haar und Manageranzüge nach Maß. Soweit das Klischeebild des Wirtschaftsjournalisten. Dennoch: Der Wirtschafts- und Finanzjournalismus hat sich in den vergangenen Jahrzehnten verändert und mit ihm Berufsverständnis und Berufsbild. Was modernen Wirtschaftsjournalismus und den modernen Wirtschaftsjournalisten (mit oder ohne gegeltem Haar) ausmacht, steht in diesem Kapitel im Mittelpunkt. Es wird erklärt, welche Tätigkeitsfelder es heute gibt – vom Blattmacher über den Branchenreporter bis zum Auslandskorrespondenten. Des weiteren werden die Themenfelder dieses klassischen Ressorts erläutert: Wirtschaftspolitik, Unternehmensentwicklung, Finanzen und seit einiger Zeit auch Verbraucherthemen. Es folgt ein kurzer Rundflug über die deutsche Medienlandschaft, der einen Überblick darüber geben will, welche Medien für die Berichterstattung aus der Welt der Wirtschaft von Bedeutung sind. Abgerundet wird die einleitende Tour d'horizon durch eine Übersicht über die wichtigsten Institutionen, die zum Wirtschaftsjournalisten ausbilden.

Berufsverständnis

Trocken, elitär und schwer verständlich – so wirkten lange die Geschehnisse in der Welt der Wirtschaft auf die meisten Menschen. Die Wirtschaftsjournalisten taten wenig dafür, diesen Missstand zu ändern: Ihre Berichte waren voller Zahlensalat, strotzten vor Fachchinesisch und hatten nicht selten einen Beigeschmack von Verlautbarung. Wirtschaftsjournalismus schien in erster Linie eine exklusive Übung von Experten für Experten zu sein. Dieses elitäre Selbstverständnis stand und steht in krassem Widerspruch zu dem Umstand, dass Wirtschaft und Wirtschaften – die Auswahlentscheidung über den Einsatz knapper

Mittel – den Alltag aller Menschen und damit die gesamte Gesellschaft prägen.

Vom »Handelsjournalismus« zur Wirtschaftspolitik. Dass lange Zeit scheinbar nur Manager und Börsenhändler Wirtschaftsmeldungen verstehen konnten oder auch wollten, hat seine Ursachen in der Genese des Wirtschaftsjournalismus. Über Jahrhunderte stand er synonym für »Handelsjournalismus« – Geschäftsmitteilungen für Handel- und Gewerbetreibende. Im 19. Jahrhundert ging der Textteil der Handels- und Wirtschaftsseiten von Tageszeitungen oft nahtlos in den Anzeigenteil über. Erst im Laufe des 20. Jahrhunderts öffnete sich das Ressort für wirtschaftspolitische Themen. Berichte wurden durch Analysen ergänzt.

Börsenboom und Anlegerinteresse: Erst vor knapp zehn Jahren hat der deutschsprachige Wirtschaftsjournalismus einen ersten wirklich tief greifenden Wandel vollzogen. Mit der »New Economy« rund um das Internet und dem inzwischen zu Grabe getragenen »Neuen Markt« (heute TecDAX) stieg das Interesse vieler Menschen am Börsengeschehen enorm. Seitdem haben sich die Medien stärker darauf eingestellt, die Entwicklungen an den Kapitalmärkten und in den Unternehmen allgemein verständlich, plastisch und oft sogar spannend und unterhaltsam darzustellen.

Neuland Verbraucherthemen: Nicht immer ist es aber gelungen, gerade die damals neu gegründeten Unternehmen ausreichend kritisch zu durchleuchten. Wirtschafts- und Finanzjournalisten haben die Stars der »New Economy« – womit Manager wie Firmen gemeint sind – oft blindlings hochgejubelt. Die »Internet-Blase« ist geplatzt, viele »Volksaktionäre« sind enttäuscht worden, doch ein breites Interesse am Börsengeschehen ist nach wie vor da. Allerdings lässt sich allein darauf schon längst nicht mehr ein Wirtschaftsjournalismus aufbauen, der auch breite Schichten anspricht. Mit dem Abklingen der Anleger-Euphorie hat sich vor allem das Fernsehen in den vergangenen

Jahren neu orientiert. In den Mittelpunkt ist die »Anlageberatung für alle Lebenslagen« gerückt: der Verbraucherjournalismus.

Hier dreht sich alles um »Nutzwert«, wie es in der Journalistensprache heißt – um den meist geldwerten Vorteil, den der Konsument daraus ziehen kann, wenn er die Lektüre in praktisches Handeln umsetzt. Der Verbraucher- oder Servicejournalismus prüft Versicherungspolicen auf Herz und Nieren, spürt die höchsten Zinssätze für Tagesgeld auf, vergleicht Handytarife und die Preise von Billigfliegern – und dies in einer leicht nachvollziehbaren Art und Sprache, kombiniert mit höchster Präzision.

Zunächst belächelt, heute fest etabliert: Noch bevor sie das Fernsehen für sich entdeckt hat, spielten die »News you can use« bereits in den Wirtschaftsteilen vieler Lokalzeitungen eine tragende Rolle. Als auch noch das TV als vermeintlich flüchtiges Medium auf den Zug aufsprang, wurde das Genre in vielen Wirtschaftsredaktionen größerer Medien zunächst belächelt. Inzwischen haben sich Serviceseiten und -sendungen jedoch auf Grund ihrer großen Beliebtheit auch beim Publikum in den Wirtschafts- und Finanzressorts der überregionalen Medien einen festen Platz erkämpft.

Vorbild für die klassischen Felder: Und das ist gut so, denn der serviceorientierte Wirtschaftsjournalismus baut nicht nur Berührungsängste beim Publikum ab, er hat auch Vorbildcharakter: Er reduziert die oft sehr komplexen Sachverhalte aus der Welt der Wirtschaft auf das Wesentliche und übersetzt sie ins Verständliche, er stellt den Verbraucher in den Mittelpunkt und damit die unmittelbaren Auswirkungen auf ihn. Die klassischen Felder des Wirtschaftsjournalismus – Wirtschaftspolitik und Unternehmensentwicklung – können von diesem Ansatz nur profitieren. Zumal auch scheinbar abstrakte Wirtschaftsthemen die Menschen heute viel direkter und fühlbarer als noch vor ein paar Jahren betreffen und sich bei vielen ein entsprechendes Risikobewusstsein gebildet hat – ob sich auf den drohenden Verlust von Arbeitsplätzen bezieht, die reformbedürftigen Sozialsysteme oder den enormen Effizienzdruck, dem sich die Unternehmen in Zeiten globalen Wettbewerbs ausgesetzt sehen.

Der Verbraucherjournalismus strahlt bereits an der einen oder anderen Stelle auf gesamte Wirtschaftsressorts aus. Deutlich öfter als noch vor ein paar Jahren werden Sachverhalte erklärt. Zunehmend verstehen sich Wirtschaftsjournalisten als Dolmetscher der Ökonomie und versuchen, bei ihrer Arbeit stets die Frage mit zu beantworten: Was bedeutet dies oder das für den Einzelnen?

»Real People«-Konzept. Mit dieser Übersetzungsarbeit tut sich die Mehrheit der Wirtschaftsjournalisten jedoch nach wie vor schwer, erfordert sie doch einen Perspektivwechsel um 180 Grad – weg von den Machern, ob Politiker oder Manager, hin zu den Betroffenen. Ein eleganter Ansatz für die neue Sichtweise ist die »Real People«-Geschichte. Hier werden am Beispiel von Menschen aus der realen Welt Phänomene erklärt. Bisher kamen »echte Menschen« eher bei Verbraucherthemen zum Einsatz. Inzwischen wird das Konzept auch immer häufiger bei wirtschafts- und vor allem sozialpolitischen Themen angewendet.
Dazu ist oft intensive Recherche notwendig. Weshalb der »Verbraucher-Ansatz« und das »Real People«-Konzept sicher nicht bei jedem Artikel, den man nach einer Pressekonferenz verfasst, möglich sind. Oft fehlt bei der tagesaktuellen Produktion auch die Zeit dafür. Doch letztlich ist es Übungssache und wird sich noch stärker durchsetzen, je stärker die Leitmedien mitziehen.

Öffentliche Meinungsbildung: Der Verbraucherjournalismus soll die klassischen Felder befruchten und einen gleichberechtigten Platz neben ihnen einnehmen. Er darf sie aber nicht verdrängen. Denn der Wirtschaftsjournalismus hat die – in den Landespressegesetzen festgeschriebene – Aufgabe, an der öffentlichen Meinungs- und Willensbildung mitzuwirken. Bei diesem Unterfangen geht es in erster Linie um politische Fragen. Und die großen und kontrovers diskutierten Fragen der Innenpolitik haben heute oft wirtschaftlichen Charakter: Die Wirtschafts-, Finanz- und Sozial-politik dominiert. Wie sich die Unternehmen entwickeln, ist nicht minder wichtig, sind sie doch zentrale Akteure des wirtschaftlichen Zeitgeschehens. Was bei ihnen passiert, hat oft Auswirkungen auf Branchen oder gar die gesamte Volkswirtschaft.

Einfallstor für die PR. Dem Verbraucherjournalismus ist zueigen, dass er in höchstem Maße nachvollziehbar sein muss – der Konsument kann die Fakten, aber auch die Bewertungen bei Produktvergleichen überprüfen. So lautet zumindest der Anspruch. Die Realität sieht leider nicht immer so aus. Denn die Public-Relations-Abteilungen der Unternehmen haben den Nutzwertjournalismus als geeignetes Einfallstor für sich entdeckt – frei nach dem Motto: »Warum über den Umweg des Unternehmensimage werben, wenn es auch direkt über die Produkte geht!« Nicht selten bieten PR-Agenturen oder freiberufliche Autoren, die sowohl für journalistische Medien wie für Auftraggeber aus der PR-Branche arbeiten, »journalistische« Produktvergleiche an.

Machtverschiebung durch Strukturkrise: Dieser Trend spiegelt wider, dass es in jüngerer Zeit zu einer zunehmenden Machtverschiebung zwischen PR und Journalismus gekommen ist – auf allen Ebenen. Seit einigen Jahren durchlaufen die Medien in Deutschland eine Strukturkrise. Die »alten« Medien mussten und müssen zum Teil immer noch Personal abbauen – in erster Linie der Printbereich, zum Teil aber auch Radio und Fernsehen. Der Online-Journalismus scheint zwar stark im Kommen zu sein – meist aber sind die Redaktionen der neuen Medien genauso unterbesetzt wie die der alten. Allein schon zahlenmäßig sehen sich die Wirtschaftsjournalisten deshalb in wachsender Unterlegenheit gegenüber den Public-Relations-Abteilungen der Unternehmen, Verbände und Parteien, zumal diese ihr Personal in ihrer Gesamtheit aufgestockt haben.

Am Info-Tropf der Unternehmen: Die Übermacht der PR, verbunden mit dem Personalabbau in den Medien, ist nicht ohne Folgen für die Arbeit der Wirtschaftsjournalisten geblieben. Die personellen Engpässe lassen immer weniger Zeit für eigenständige und unabhängige Recherchen. Das Recherchieren ist aber gerade für Wirtschaftsjournalisten unabdingbar und meist auch aufwändiger als in anderen Ressorts, denn Unternehmen sind in weit geringerem Maße als zum Beispiel öffentliche Einrichtungen zu Auskünften verpflichtet. Weshalb ihre Public-Relations-Abteilungen den Informationsfluss stärker steuern können.

Das Kalkül ist klar: Meist mit Angeboten zur Unterstützung, manchmal aber auch mit Druck, versuchen die PR-Profis, mehr oder minder direkt Einfluss auf die journalistische Arbeit zu nehmen (vgl. Kapitel »Rechtliche und ethische Normen«). Nicht zuletzt aus Zeitnot schlucken Journalisten die oft mundgerecht zubereiteten Fastfood-Info-Häppchen. Dabei imitiert die PR in ihren Produkten – ob Pressemitteilung oder Hintergrundmaterial – heute oft schon täuschend echt einen journalistischen Duktus. Da liegt freilich die Versuchung nahe, zumindest die eine oder andere Passage einfach abzuschreiben.

Kooperation und Distanz. Sicher, die Zusammenarbeit mit Pressesprechern und PR-Agenturen kann grundsätzlich fruchtbar sein – zumal beide Seiten aufeinander angewiesen sind. Es gibt Öffentlichkeitsarbeiter, die sich weniger als Manipulatoren denn als Informationsdienstleister verstehen und auch dementsprechend handeln. Dies ändert allerdings nichts an dem grundsätzlichen Interessengegensatz zwischen PR und Journalismus, den die Journalistenvereinigung »Netzwerk Recherche« auf den Punkt bringt: »Guter Journalismus ist einer aufgeklärten Demokratie verpflichtet und bemüht sich um das »ganze Bild« und die vollständige Klärung der Sachverhalte. PR ist den Interessen der Auftraggeber verpflichtet und muss positive Botschaften verbreiten. Durch die interessengeleitete Akzentuierung oder Auslassung von wichtigen Informationen vermittelt PR nur Teilwahrheiten und Ausschnitte der Realität.«

Lancierte Exklusivgeschichten: Scheinbar im Widerspruch zur Hegemonie der PR steht der Boom der Exklusivgeschichte –

also von Stoffen, die nur ein Medium bringt. Seit einigen Jahren tragen die Medien ihren Konkurrenzkampf verstärkt darüber aus, wer mit den spektakulärsten Exklusivstorys am besten in der Öffentlichkeit punkten kann. Gemeinhin werden exklusive Geschichten als solche wahrgenommen, die gegen den Willen und damit nicht im Interesse derjenigen veröffentlicht werden, die dabei im Mittelpunkt stehen. So lautet das Motto der britischen Finanzzeitung »Financial Times«: »News is something someone somewhere does not want to see.« Doch in der Alltagspraxis »recherchiert« der Journalist oft nur noch etwas, das der andere durchaus gedruckt sehen will. Denn was die meisten Medienkonsumenten nicht wissen: Den Großteil dieser vermeintlich heißen Stoffe lancieren Unternehmen sowie Wirtschaftspolitiker und Verbandsfunktionäre selbst.

Eigene Akzente setzen. Gleichwohl gibt es Techniken, aus eigener Initiative heraus und mit eigener, unabhängiger Recherche exklusiven Stoffen auf die Spur zu kommen oder zumindest die lancierten Informationen in eine eigene Geschichte umzuwandeln (vgl. das Kapitel »Die Exklusivgeschichte«). Aber auch Wirtschaftsjournalisten, die vorwiegend nur Termine wie Pressekonferenzen oder Messen wahrnehmen können, sind durchaus im Stande, sich über das Wortgeklingel der PR-Profis hinweg zu setzen und originelle, mindestens jedoch fundierte Ergebnisse hervorzubringen. Oft sind nur wenige zusätzliche Rechercheschritte – meist in Form von Anrufen – notwendig, um einer Geschichte neue Akzente oder vielleicht sogar elnen völlig anderen Dreh zu geben (vgl. die Kapitel »Themen finden«, »Klassiker« und »Recherchemittel«). Das A und O besteht in einem Netzwerk aus Informanten, das man aufbauen und pflegen muss (vgl. Kapitel »Informanten«).

Und noch ein großer Trend hat seit einiger Zeit eingesetzt: Zunächst durch Radio und Fernsehen, dann noch einmal dramatisch verstärkt durch den weltweiten Siegeszug des Internet, können sich die Menschen immer zeitnäher am Geschehen informieren. Die nackte Nachricht über ein Ereignis lässt sich äußerst schnell über das World Wide Web abrufen. Diese Entwicklung setzt vor allem die Printmedien enorm unter Druck – sie war einer der Auslöser besagter Strukturkrise.

Das tägliche Nachrichtenmagazin. In einem Artikel für die »Welt am Sonntag« (29. 12. 2002) hat einer der Gründungsväter der Journalistenausbildung in Deutschland, Wolf Schneider, das »tägliche Nachrichtenmagazin« als Ausweg aus der Krise angeboten. Die Tageszeitungen, so postulierte es Schneider, sollten über das reine Referieren von Nachrichten hinausgehen. Sie müssten stilistisch lebendiger und zugleich analytischer werden, eben wie Nachrichtenmagazine. Viele Zeitungen haben reagiert und das in der Journalistik »neuer Journalismus« genannte Konzept umgesetzt – auch in ihren Wirtschaftsteilen. Wo früher der klassische Bericht stand, findet sich heute oft die »News Analysis« – auch als Seitenaufmacher, der noch vor wenigen Jahren ohne Wenn und Aber nach alter Tradition »nachrichtlich« gestaltet zu sein hatte.

Die News Analysis ist keine von der Journalistik eindeutig definierte Darstellungsform wie die Reportage oder der Kommentar. Auf einen kurzen Nenner gebracht, lässt sie sich jedoch als Hintergrundartikel erklären, an dessen Anfang zwar eine Nachricht steht, dessen Schwerpunkt aber darin liegt, diese einzuordnen und zu bewerten. Dies erfolgt durch Dritte – durch Experten verschiedener Art. Der Trend zum täglichen Nachrichtenmagazin macht jedoch nicht vor dem Printsektor halt, er hat inzwischen auch viele Onlinemedien ergriffen.

Trend zur Einseitigkeit: Dies macht es für den Medienkonsumenten oft nicht einfacher, Fakten und Meinungen auseinander zu halten. Deshalb besteht die Aufgabe des modernen Wirtschaftsjournalisten darin, in seinen Artikeln sauber und deutlich erkennbar zwischen diesen beiden Kategorien zu trennen. Dies ist heute manchmal gar nicht mehr so einfach, weil Verlags- und Ressortleitungen ihren Autoren häufiger vorgeben, Geschichten sehr einseitig zu recherchieren und vor allem zu erzählen – auf

Grund einer angeblich höheren Stringenz. Schließlich dürfe der Leser nicht überfordert werden.

Recht auf das ganze Bild: Diesen Tendenzen gilt es gegenzusteuern. Denn warum soll den Lesern »journalistische PR« vorgesetzt werden? Sie haben vielmehr einen Anspruch darauf, das ganze Bild zu sehen. Deshalb ist es im Geiste eines aufgeklärten und aufklärenden Journalismus heute wie früher unabdingbar, sorgsam abzuwägen und seiner journalistischen Sorgfaltspflicht nachzukommen, also alle relevanten Seiten bei einem Ereignis zu Wort kommen zu lassen.

Was macht den perfekten Wirtschaftsjournalisten aus? Das ist relativ egal, denn perfekt ist schließlich niemand. Es gibt jedoch Eigenschaften, die *alle* angehenden Journalisten mitbringen sollten. Solche, die zwar alle aufweisen sollten, die aber im Wirtschaftsjournalismus besonders wichtig sind. Und solche, die spezifisch für das Genre sind. Zusammengenommen formt sich aus diesen zwölf Tugenden ein Anforderungsprofil für einen Typus Wirtschaftsjournalist, wie ihn die Zunft gebrauchen kann.

1. Neugierde: Dies ist die *conditio sine qua non*, die absolute Grundvoraussetzung, für jedwede journalistische Tätigkeit. Man muss aber nicht nur neugierig sein, sondern es auch bleiben. Denn bei vielen Journalisten schleichen sich über die Jahre Routine und Phlegma ein.

2. Flexibilität: Beim Feuilleton bleibt der Theaterkritiker meist sein Berufsleben lang Bühnenexperte. In vielen Wirtschaftsredaktionen ist es dagegen üblich, dass Redakteure die Branchen oder Politikfelder, die sie beobachten, nach einigen Jahren wechseln. Flexibilität bedeutet aber auch, fähig zu sein, im aktuellen Geschäft relativ rasch und reibungslos zwischen verschiedenen Themen und Tätigkeiten wechseln zu können.

3. Analytisches Vermögen: Wirtschaft ist häufig eine sehr komplexe Materie, besonders wenn es ins Detail geht. Der Wirtschaftsjournalist muss im Stande sein, die Materie auf das Wesentliche und Wichtige zu konzentrieren und zu reduzieren. Und er muss die Vorgänge bewerten können.

4. Fachkompetenz: Diese ist zweifellos unabdingbar, um die Komplexität in den Griff zu kriegen. Fachkompetenz ist zudem Voraussetzung, um mit seinen Gesprächspartnern – gerade den Entscheidern – auf Augenhöhe kommunizieren zu können. Wichtig sind deshalb möglichst umfassende wirtschaftswissenschaftliche Kenntnisse – in Betriebswirtschaftslehre (BWL) für diejenigen, die über Unternehmen berichten, und in Volkswirtschaftslehre (VWL) für diejenigen, die im Unterressort Wirtschaftspolitik arbeiten wollen. Am besten ist jedoch ein breites Grundwissen in beiden Disziplinen. Zugleich muss der Wirtschaftsjournalist fähig sein, sich genauso schnell wie umfassend einen Überblick über neue Branchen zu verschaffen (siehe Flexibilität).

5. Vermittlungskompetenz: Das publizistische »Schwarzbrot« des Wirtschaftsgeschehens muss der Wirtschaftsjournalist den Medienkonsumenten verständlich präsentieren – ohne auf unzulässige Weise zu vereinfachen, zu verzerren oder gar zu entstellen. Gefragt sind also Menschen mit pädagogischer Neigung.

6. Kreativität: Die viel zitierten »Edelfedern« sind überall – nur nicht in der Wirtschaftsredaktion. Angeblich. Dabei stellt das Wirtschafts- und Finanzressort die größte Herausforderung an feuilletonistische Schöngeister dar, sind es doch gerade die oft trocken wirkenden Stoffe aus der Welt der Wirtschaft, die anschaulich und möglichst unterhaltsam verpackt werden wollen.

7. Präzision: Wer sich mit Wirtschaft und Finanzen beschäftigt, sollte ein Gefühl für Zahlen haben – und zwar ein gutes. Stimmt nur eine Ziffer nicht (manchmal auch die hinter dem Komma), kann die Stimmigkeit und damit die Glaubwürdigkeit eines gesamten Artikels verloren gehen. Höchste Präzision ist aber auch bei Sachverhalten angebracht, bei denen Zahlen nicht im Vordergrund stehen. Denn es geht oft um viel Geld.

8. Kritische Einstellung: Diese verwechseln einige Journalisten mit einer patzigen Art, auf Pressekonferenzen Fragen zu stellen. Doch Hunde, die bellen, beißen bekanntlich nicht. Was hier gemeint ist: Die Interessen und damit die angebotenen Informationen von Quellen – insbesondere von PR-Managern – kritisch zu hinterfragen. Grundhaltung: kritisch-distanziert, aber nicht ablehnend oder gar feindselig.

9. Unabhängigkeit: Auf diese Tugend geben Journalisten viel. Handeln sie auch danach? Sympathien und Aversionen bestimmen zwangsläufig immer zwischenmenschliche Beziehungen, bei politischen Fragen spielt außerdem die Weltsicht des Journalisten herein. Was die Gegenseite jedoch erwarten kann: Dass man ihr unvoreingenommen gegenübertritt. Die Unabhängigkeit hat aber noch eine weitere Facette: Wie in der Wirtschaftswissenschaft dominiert auch in Wirtschaftsredaktionen der angebotsorientierte Ansatz. Dies sollte freie Geister jedoch nicht davon abhalten, vorgezeichnete Bahnen schablonenhaften Denkens zu verlassen und ihre eigenen – dogmenunabhängigen – Ansichten und Lösungsvorschläge zu entwickeln.

10. Sachlichkeit und Fairness: Das berühmt-berüchtigte »Zuspitzen« von Geschichten lässt sich nicht immer verhindern – sei es auf Geheiß »von oben« oder einfach nur in Folge von Konkurrenzdruck. Dem ist aber eine andere Triebkraft entgegenzusetzen: die journalistische Sorgfaltspflicht. Anders gewendet: Es gilt, alle relevanten Seiten anzuhören und auch angemessen darzustellen. Und es gehört der Mut dazu, eine eigene Arbeitshypothese zu verändern oder einen Artikel gar fallen zu lassen, wenn die Recherchen dies nahe legen.

11. Hartnäckigkeit: Nicht zu verwechseln mit Aufdringlichkeit. Gerade im Wirtschaftsjournalismus ist es wegen der sehr begrenzten Auskunftspflicht von Unternehmen aber immer wieder notwendig, Widerstände zu überwinden. Oft führen die Recherchen nur so zu einem wirklich fundierten Ergebnis.

12. Kommunikationsstärke: Eine Binsenweisheit? Schließlich handelt es sich ja um einen Kommunikationsberuf. Jeder Journalist dürfte sich für kommunikativ halten. Viele haben jedoch zugleich eine egozentrische Ader. Die wird dadurch verstärkt, dass Journalisten sich neben den Kunden, Mitarbeitern und Kapitalmärkten gleichberechtigt als »vierte Gewalt« verstehen, wie es einmal der ehemalige Chef einer deutschen Großbank auf die Unternehmensberichterstattung bezogen formulierte. Die eigene Bedeutung wird zudem oft durch den Umstand überschätzt, Kontakt zu ranghohen und teils namhaften Personen zu haben. Vor Egozentrik und Arroganz sollte sich der Wirtschaftsjournalist jedoch hüten. Denn sie behindern eine offene und authentische Kommunikation mit Informanten. Und ein dauerhaft funktionierendes Informanten-Netzwerk ist das A und O für jeden Wirtschaftsjournalisten.

Themenfelder

Wirtschaftsressorts bestehen in aller Regel aus den Unterressorts *Wirtschaftspolitik*, *Unternehmen* und *Finanzen*. Diese Trias wird in jüngerer Zeit durch die *Verbraucherthemen* ergänzt, wobei dieser Bereich bei Zeitungen, Zeitschriften und Onlinemedien oft (noch) kein eigenes Unterressort bildet. Vielmehr werden die Servicethemen häufig in die Finanzen integriert.
Vor allem Wirtschaftsmagazine haben zusätzliche Unterressorts, die zum Beispiel Themenfelder wie »Management« oder »Beruf und Karriere« betreuen. Im Folgenden ein Überblick über die vier wichtigsten Themenfelder
- Wirtschaftspolitik
- Unternehmensentwicklung
- Finanzen
- Verbraucherthemen.

Wirtschaftspolitik umfasst die volle Breite politischer Themen, die von volkswirtschaftlicher Bedeutung sind: Konjunktur- und Förderpolitik, Haushalts- und Steuerpolitik, Wettbewerbspolitik und Regulierung, Arbeitsmarkt- und Sozialpolitik, Währungs- und Außenwirtschaftspolitik, Umweltpolitik.

Mehr als Politik. Die *Wirtschaftspolitik* macht jedoch nicht bei der Politik im engeren Sinne halt. Zu dem Bereich gehören auch Nachrichten über wirtschaftliche Entwicklungen wie etwa das vierteljährliche Wirtschaftswachstum oder die Inflationsrate. Nicht minder wichtig ist das Feld der Verbandspolitik, zumal wenn es um die Spitzenverbände der deutschen Wirtschaft (BDI, DIHK, BDA) und die Gewerkschaften geht. Wenn zum Beispiel eine Debatte über die Arbeit des BDI-Vorsitzenden entbrennt, bekommt die Wirtschaftspolitik auch eine persönliche Note.

Schwerpunkte und regionale Komponenten: Trotz der Themenbreite dominieren bestimmte Felder die wirtschaftspolitische Berichterstattung. Bedingt durch ihre unmittelbare Relevanz und die oft hitzig geführten Debatten darüber, stehen die Konjunkturpolitik, die Haushalts- und Steuerpolitik sowie die Gesundheits- und Arbeitsmarktpolitik eindeutig im Mittelpunkt. Hinzu kommen Themen rechtlicher Natur, die populären Charakter haben, weil sie die meisten Menschen betreffen. Beispiel: Die Diskussion um die Liberalisierung der Ladenschlusszeiten. Auf regionaler und lokaler Ebene spielt häufig die Förder- und Ansiedlungspolitik eine zentrale Rolle.

Globalisierung und ihre Folgen: Auch die wirtschaftspolitischen Initiativen und Entscheidungen der Europäischen Union sind parallel zu ihrer objektiv zunehmenden Bedeutung stärker ins Blickfeld des Wirtschaftsjournalismus gerückt. Demgegenüber führt die Außenwirtschaftspolitik überraschenderweise immer noch ein Schattendasein. So wird über die Verhandlungsrunden der Welthandelsorganisation WTO meist nur berichtet, wenn es lautstarke Proteste gegen sie gibt. Die Globalisierung hat eher zur Folge gehabt, dass verstärkt aus anderen Ländern berichtet wird – über aufkommende Konkurrenten in der Weltwirtschaft wie China und Indien. Oder über mehr oder minder erfolgreiche Versuche anderer Volkswirtschaften, ihre strukturpolitischen Probleme wie den Umbau der Sozialsysteme in den Griff zu bekommen.

Wirtschaft versus Politik. Bei der Bildungs-, Verkehrs- sowie Energie- und Umweltpolitik bestehen deutliche Überschneidungen zwischen dem Wirtschafts- und Politikressort. Es kommt auch häufiger vor, dass beide Ressorts innerhalb eines Mediums darum ringen, wer ein Thema aus den zentralen Themenfeldern Konjunktur- und Finanzpolitik sowie Arbeitsmarkt- und Finanzpolitik behandeln darf. Dabei sind die Herangehensweisen und Ergebnisse der beiden Redaktionen sehr unterschiedlich: Während beim Politikressort stärker die Akteure und die Machtfrage im Vordergrund stehen, beleuchten die *Wirtschaftspolitiker* die ökonomische Logik und die Auswirkungen auf Unternehmen und Verbraucher.

Unternehmensentwicklung: Den Rohstoff bilden hier kalkulierbare Termine wie die Bekanntgabe von Quartals- und Jahresergebnissen. Richtig spannend wird es in der Unternehmenswelt jedoch meist erst, wenn für den Journalisten unvorhergesehene Ereignisse und Entwicklungen eintreten – wenn ein Konzern den anderen schluckt, wenn sich Konkurrenten Preisschlachten liefern, wenn Manager ihren Hut nehmen müssen und durch andere ersetzt werden. Zunehmend stehen in diesem Bereich die Unternehmenschefs im Scheinwerferlicht. Auch negative Entwicklungen wie Massenentlassungen und Werksschließungen gehören zu wichtigen Themen.

Volkswirtschaftliche Auswirkungen: Gerade bei den spektakulären Fällen spielt oft eine wirtschaftspolitische Komponente mit 'rein. Denn eine »Elefantenhochzeit« zwischen Unternehmen kann zum Beispiel die Frage aufwerfen, ob in der entsprechenden Branche der Wettbewerb ausgeschaltet wird. Und ein drastischer Personalabbau bei einem Großunternehmen spiegelt im schlimmsten Fall einen Trend in der gesamten Wirtschaft wider.

Branchen und Trends. Was zeigt: Es geht nicht nur um einzelne Unternehmen, sondern um Branchen und Wirtschaftszweige. Die Situation von Branchen wird beleuchtet, aber auch wichtige Trends. Wenn zum Beispiel eine neue Technologie extrem preisgünstige Telefonate über das Internet ermöglicht, stellt sich die Frage, ob und inwieweit die Unternehmen der Telekom-Industrie diese neue technische Möglichkeit in Geschäftsmodelle umsetzen.

Das Unterressort Finanzen bedeutet in erster Linie »Börse« – aber noch weit mehr als das. Hier werden die Entwicklungen an den Aktien-, Anleihe-, Devisen- und Rohstoffmärkten beobachtet. Während die Marktberichte darüber ähnlich der Quartalsberichterstattung bei den Unternehmen einen Hauch von Chronistenpflicht haben, liegt die Kür darin, wichtige Trends und Strukturveränderungen aufzuspüren und zu analysieren – handele es sich um Finanzplätze, die plötzlich »in« werden, oder um Trends zu bestimmten Anlageprodukten.

Geldpolitik und Banken: Auch im Bereich Finanzen spielt die Politik eine wichtige Rolle. Wenn Gesetzesänderungen – zum Beispiel steuerlicher Art – Anleger betreffen, gehört das Thema ins Finanzressort. Obwohl Teil der Wirtschaftspolitik, ist auch die Geldpolitik traditionell eine Domäne der »Finanzer«. Schließlich hat ein Auf und Ab der Leitzinsen meist unmittelbare Auswirkungen auf die Finanzmärkte. Zu den Besonderheiten großer Tageszeitungen gehört es, dass die wirtschaftliche Entwicklung von Banken und Börsengesellschaften oft im Finanz- und nicht im Unternehmensteil behandelt wird.

Finanzprodukte unter der Lupe. Einen integralen Bestandteil bilden Berichte über Finanzprodukte und Anlagemöglichkeiten. Dabei wird zum Beispiel die Entwicklung von Aktien ganzer Branchen unter die Lupe genommen, oft gibt es »Checks« einzelner Werte. Die Berichte über speziellere Finanzprodukte wie Derivate gehen stärker in die Breite. Meist werden keine bestimmten Produkte empfohlen, sondern – wenn überhaupt – Produktkategorien, die von Experten bewertet werden. Darin unterscheidet sich diese Variante des Finanzjournalismus bei aller Ähnlichkeit vom Servicejournalismus. Die Grenzen sind zuweilen allerdings fließend.

Verbraucherthemen. Hier wird, wie der Name schon andeutet, direkt der Konsument angesprochen und bei etwaigen ökonomischen Handlungsabsichten beraten – und zwar mit konkreten Bewertungen und Empfehlungen. Anders gewendet: Bei Nutzwert-Artikeln und -sendungen begegnen sich Finanzjournalismus und der klassische Ratgeber-Journalismus, wie ihn seit Jahrzehnten die Stiftung Warentest mit ihren Publikationen pflegt.

Geldwerter Vorteil: Bei allen Verbraucherthemen steht der geldwerte Vorteil, der für den Konsumenten entstehen kann, im Mittelpunkt. Deshalb spielen die Bereiche Steuern und Versicherungen eine herausragende Rolle. Das Spektrum reicht aber weit über typische Finanzthemen hinaus. Wenn zum Beispiel Handytarife oder Online-Auktionen für Handwerker-Dienstleistungen auf den Prüfstand gestellt werden, ist zwar immer der Preisvorteil am wichtigsten. Doch werden auch stärker das Kleingedruckte und die allgemeinen Rahmenbedingungen untersucht.

Berufsfelder

Journalisten sind freie, auf Unabhängigkeit bedachte Geister – dies gilt auch für Wirtschaftsjournalisten. Dabei dürfte ihnen entgegen kommen, dass sich die Redaktionen meist durch flache Hierarchien auszeichnen. Es gibt einen Ressortleiter, seinen Stellvertreter – und viele gleichberechtigte Redakteure und Reporter. Im Einzelnen lässt sich zwischen den folgenden Tätigkeiten unterscheiden:

- Redakteur und Blattmacher
- Reporter
- Regionalkorrespondent
- Parlamentskorrespondent
- Auslandskorrespondent
- Ressortleiter
- Freier Wirtschaftsjournalist.

Redakteur und Blattmacher: Redakteure sind oft nicht als Autoren tätig – zumindest nicht in erster Linie –, sondern kümmern sich hauptsächlich um organisatorische Aufgaben. Bei Printmedien nennt man diese Position auch »Blattmacher« (früher auch: Tagesredakteur). Blattmacher sichten potenzielle Themen, indem sie die Nachrichtenagenturen checken, Angebote von Autoren einholen und die Konkurrenzmedien auswerten (vgl. das Kapitel »Themen finden«). In Absprache mit der Ressortleitung und im Rahmen der Redaktionskonferenz entscheiden sie mit darüber, welche Themen ausgewählt, wo sie platziert und wie sie aufgemacht werden. Letzteres meist in Zusammenarbeit mit einem professionellen Layouter. Eine der Hauptaufgaben besteht außerdem darin, die eingehenden Texte der Autoren vor ihrer Veröffentlichung zu redigieren.

Karrieretipp: Oft werden Jungredakteure zum Blattmachen und für rein redaktionelle Tätigkeiten engagiert. Obwohl viele lieber schreiben und recherchieren wollen, sind die Jahre als Programmplaner oft sehr lehrreich. Man bekommt ein Gefühl dafür, welche Nachricht wichtig und welche weniger bedeutsam ist. Und man lernt auch, die Nachrichten untereinander zu gewichten, wenn man zum Beispiel verschiedene Angebote von den Korrespondenten erhält. Wer dann später selbst als Reporter oder Korrespondent tätig wird, versteht besser die Abläufe in der Zentralredaktion – und kann dies zum Vorteil aller Beteiligten nutzen.

Mischformen: Bei einigen Medien werden die Funktionen von Blattmacher und Autor strikt getrennt. Bei anderen arbeiten Redakteure im Rotationsverfahren zeitweise als Blattmacher und betreuen zugleich eigene Sachgebiete, über die sie auch berichten. Diese Hybridform ist auch häufig bei Onlinemedien anzutreffen, wo Redakteure die aktuelle Nachrichtenlage überwachen, gegebenenfalls Agenturtexte in ihre Internet-Portale stellen, häufig die Texte bearbeiten und umformulieren – und manchmal auch eigene Recherchen vornehmen, wenn auch meist nur per Telefon.

Stichwort Newsroom: Ein neue Entwicklung bei den Printmedien ist der Newsroom. In dieser Schaltzentrale sitzen Vertreter der Chefredaktionen und der einzelnen Ressorts, um die Themenplanung effizienter und effektiver untereinander abstimmen zu können. Der Newsroom fungiert oft auch als Schnittstelle zwischen den Print- und Onlineredaktionen innerhalb eines Mediums.

Reporter: Er ist im Gegensatz zum Redakteur ausschließlich als Autor tätig. Einige Redaktionen stellen eine Art publizistisches Sondereinsatzkommando auf, dessen Mitglieder – meist »Edelfedern« – ohne persönliche Spezialisierung verschiedenste aktuelle Themen covern. Hier sind aber vor allem Reporter gemeint, die für bestimmte Branchen oder Themenfelder zuständig sind. Sie müssen sich ein hohes Maß an Expertise auf ihrem Fachgebiet aneignen und ständig nach Exklusivgeschichten graben. Sie sind ortsungebunden – können also von der Zentrale aus arbeiten oder sich auf einem Außenposten befinden. Die Reporter genießen in der Regel ein höheres Maß an Bewegungsfreiheit als schreibende Redakteure – auch in räumlicher Hinsicht. Dafür ist der Erwartungsdruck höher. Das Konzept des Branchenreporters hat bei einer Reihe von Medien den althergebrachten Regionalkorrespondenten verdrängt.

Regionalkorrespondent: Größere Medien haben Regionalkorrespondenten an den wichtigsten Wirtschaftsstandorten in

Deutschland, nämlich Frankfurt/Main, Köln/Düsseldorf, München, Hamburg und Stuttgart. Die neuen Bundesländer werden meist – wenn überhaupt – von Berlin aus betreut. Ausnahme: Medien aus den neuen Bundesländern. Die Regionalkorrespondenten berichten über alle wirtschaftlichen Geschehnisse in ihrer Region – branchenübergreifend. Einige Korrespondenten sind sowohl für Wirtschaft als auch für Politik in ihrem »Sprengel«, wie das Einzugsgebiet im Journalisten-Jargon analog zum Kirchenbezirk genannt wird, zuständig.

Parlamentskorrespondent: Er arbeitet von der Bundeshauptstadt Berlin aus oder von den Hauptstädten der Bundesländer. Treffender müsste es »Regierungskorrespondent« heißen. Denn Parlamentskorrespondenten – zumindest diejenigen, die über Wirtschaftspolitik berichten – kümmern sich oft mehr um die Exekutive als die Legislative. Hat ein Medium mehrere wirtschaftspolitische Berichterstatter, teilen sich diese meist die Themenfelder nach den zu betreuenden Ministerien mit wirtschaftspolitischer Relevanz auf: In der Bundespolitik sind dies das Wirtschafts-, Finanz-, Arbeits-, Gesundheits-, Verkehrs- und Umweltministerium sowie das Ministerium für Ernährung, Landwirtschaft und Verbraucherschutz. Die Auswahl deutet es bereits an: Oft sind die Parlamentskorrespondenten auch für das Politikressort tätig – neben den regulären Politik-Korrespondenten, die für Parteipolitik, Innenpolitik etc. zuständig sind. Zu ihren Aufgabenfeldern gehört zudem die Verbandspolitik: Sie beschäftigen sich mit den Forderungen der wirtschaftsnahen Lobbygruppen, die Parlament und Regierung beeinflussen wollen.

Auslandskorrespondent: Vielen Journalisten erscheint die Position des Auslandskorrespondenten als Traumjob, könnten sie dann doch endlich für ein paar Jahre oder länger in ihrem Lieblingsland verbringen und journalistisch arbeiten. Dafür müssten sie jedoch oft wenig vorteilhafte Arbeitsbedingungen in Kauf nehmen. Denn Auslandskorrespondenten haben häufig nicht so guten Zugang zu den Entscheidern, weil die einheimische Konkurrenz in der Regel deutlich höhere Priorität genießt. Eine Ausnahme bilden die Standorte internationaler Organisationen wie die Europäische Union. Im wirtschaftspolitischen Brüssel ist – salopp gesprochen – fast jeder Ausländer.

Allround-Talente gefragt. Oft bleibt Auslandskorrespondenten jedoch nichts anderes übrig, als auf die »Hochkaräter« zu verzichten beziehungsweise sehr lange auf Interviews mit ihnen warten zu müssen. Deshalb weichen sie thematisch in Nischen aus, um überhaupt eigenrecherchierte Geschichten zu produzieren. Fachlich gesehen, müssen Auslandskorrespondenten als »Allrounder« arbeiten – also für die Wirtschaftspolitik wie für die Unterressorts Unternehmen und Finanzen. Je nach Größe des Mediums sind sie auch für andere Ressorts tätig. Zunehmend arbeiten Korrespondenten mit den Fachredakteuren in Deutschland zusammen, wenn zum Beispiel ein ausländisches Großunternehmen hier zu Lande aktiv wird oder neue Aktivitäten plant.

Ressortleiter: Der Chef der Wirtschaftsredaktion kann nur noch begrenzt als Autor tätig sein. Ressortleiter fungieren nämlich in erster Linie als Redaktions*manager*. Sie organisieren und koordinieren. Dies beginnt mit der Leitung der Redaktionskonferenz, dem Auswählen und Gewichten der Themen. Der Ressortleiter hat hier (von der Chefredaktion abgesehen) das letzte Wort. Er ist aber auch Verantwortlicher im Sinne des Presserechts, muss also im Zweifelsfall für die Inhalte seines Bereichs rechtlich gerade stehen. Welche Themen wer wie bearbeitet, ist aber auch eine ökonomische Entscheidung: Die meist knappe Ressource Mitarbeiter muss der Ressortleiter so einsetzen, dass das publizistisch bestmögliche Ergebnis herauskommt. Für die Leitung eines Ressorts sind folglich auch Fähigkeiten zur Menschenführung gefragt. Ressortleiter sind zugleich Sparkommissare: Sie verwalten die knappen Budgets für freie Mitarbeiter und Dienstreisen.

Freier Wirtschaftsjournalist: Bekanntlich dient die freie Mitarbeit oft als Steigbügel, um sich bei einer Redaktion fest (angestellt) in den Sattel schwingen zu können. Einige »Freie« entscheiden sich aber bewusst für diese Variante – oder haben keine andere Wahl, weil es keine vakanten Positionen für eine Festanstellung gibt. Freie Journalisten arbeiten wie Kleinunternehmer. Sie sind Dienstleister, die das Risiko tragen müssen, nicht genug Aufträge zu akquirieren, und sie müssen – im Gegensatz zu den festangestellten Redakteuren, Reportern und Korrespondenten – die Kosten für ihren Rechercheaufwand selbst tragen. Dafür können sie jedoch auch die Früchte ernten. Für viele fallen die Einkünfte eher spärlich aus, gleichwohl geht es freien Wirtschaftsjournalisten finanziell besser als zum Beispiel freien Feuilletonisten. Dies liegt in den oft höheren Honoraren begründet und hängt zudem damit zusammen, dass die Zahl der Journalisten und damit der Konkurrenz geringer ist.

Nischenstrategie angesagt: Freie Journalisten müssen zwar oft in Nischen ausweichen, weil die festangestellten Redakteure selbst die wichtigsten Themengebiete abdecken. Wer dies jedoch schafft und zugleich seine Artikel an mehrere, zumal feste Abnehmer verkauft, kann sich nach einer Anlaufzeit gut etablieren. Besonders groß scheint in den Wirtschaftsredaktionen die Nachfrage nach spannend aufbereiteten Verbraucherthemen zu sein. Letztlich ist der Erfolg vom Standort abhängig. Er muss schlicht passen. Wer von Flensburg aus über die Frankfurter Börse berichten will, hat – trotz Telefon und Internet – schlechte Karten.

Zweifelhafte Verquickung mit PR-Aktivitäten: Immer mehr freiberufliche Journalisten versuchen, ihr Einkommen durch zusätzliche PR-Tätigkeiten aufzubessern. Die Versuchung ist groß: Die PR-Branche zahlt deutlich besser. Sowohl journalistisch wie auch werblich aktiv zu sein, bedeutet jedoch eine ethische Grenzüberschreitung – zumal dann, wenn sich dies auf ein Themengebiet oder gar bestimmte Unternehmen konzentriert (vgl. das Kapitel »Rechtliche und ethische Normen«). Journalisten, die sich als Diener zweier Herren verdingen, gelten in Redaktionen schnell als »verbrannt«. Ihre journalistische Unabhängigkeit wird ihnen nicht mehr abgenommen, sie erhalten keine Aufträge mehr.

Medienfelder

Wirtschaftsthemen werden querbeet in allen Medien behandelt. Allerdings mehr oder minder ausführlich, mit mehr oder weniger Tiefgang. Die Berichterstattung aus der Welt der Wirtschaft dominieren die Printmedien, die zugleich verstärkt das Internet als Plattform nutzen. Funk und Fernsehen spielen – von wenigen Ausnahmen abgesehen – eine untergeordnete Rolle. Da hier nicht alle für die Wirtschaftsberichterstattung wichtigen Medien Erwähnung finden können, sei auf die Linkliste online verwiesen 💻. Vorgestellt werden im folgenden

- Nachrichtenagenturen
- Printmedien
- Online-Medien
- Audiovisuelle Medien.

Die Nachrichtenagenturen sind die Großhändler des Journalismus: Sie beliefern in erster Linie Medien der anderen Gattungen (Print, Rundfunk, Online) in elektronischer Form mit Informationen über Ereignisse. Diese Nachrichten dienen entweder als Planungsgrundlage für die Redaktionen oder sie werden für das eigene Produkt übernommen. Vor allem Regional- und Lokalzeitungen drucken Agenturmeldungen häufig eins zu eins ab. Und auch Online-Portale greifen gern auf Agenturmaterial zurück. Die Bezieher zahlen vertraglich vereinbarte Gebühren für die fortlaufende Lieferung und das Veröffentlichungsrecht.

Spezialisierte Agenturen: Bei den großen Nachrichtenagenturen handelt es sich um internationale Medienunternehmen mit einem weit verzweigten, meist weltweiten Korrespondentennetz. Hierzu zählen Associated Press (Kürzel: AP) aus den USA, Agence France Press (AFP) aus Frankreich und die Deutsche Presse-Agentur (dpa). Reuters (rtr) aus Großbritannien bietet wie die genannten Agenturen ein breites, ressortübergreifendes Spektrum an Informationen an, ist jedoch auf Wirtschaft und Finanzen spezialisiert. Weitere Wirtschafts-Nachrichtenagenturen sind Bloomberg, die dpa-Tochter dpa-afx sowie Dow Jones Newswire (DJ) und die Vereinigten Wirtschaftsdienste (vwd). Bei ihnen stehen die Entwicklungen börsennotierter Unternehmen und an den Kapitalmärkten im Mittelpunkt.

Breites Angebot. Das Angebot der Agenturen umfasst unterschiedliche Inhalte. Dazu gehören Textnachrichten, Infografiken, Audionachrichten, Filmaufnahmen und Multimedia-Pakete für Websites. Abnehmer sind nicht nur Medien, sondern auch Unternehmen, Behörden, Verbände und Gewerkschaften sowie Akteure an den Kapitalmärkten, zum Beispiel Börsenhändler und Finanzinvestoren. Die Agenturen bieten auch Interviews, Porträts und Hintergrundberichte an.

Tempo und Präzision. Die Nachrichtenagenturen sehen sich in vielerlei Hinsicht höheren Anforderungen als andere Medien ausgesetzt. Agenturnachrichten müssen einen besonders hohen Anspruch an sachlicher Richtigkeit und Verlässlichkeit erfüllen. Sie müssen möglichst wertfrei und objektiv sein, weshalb sie einen streng formalisierten und zugleich förmlichen Stil pflegen. Und sie müssen immer wieder aktualisiert werden. Denn häufig besteht die erste Information in einer kurzen Eilmeldung. Dies zeigt, dass die Agenturjournalisten auch schnell handeln können müssen. Wenn zum Beispiel ein Börsenhändler eine Nachricht von einem wirtschaftlich relevanten Ereignis erst mit größerer Verzögerung erfährt, kann er unter Umständen eine große Summe Geld verlieren.

Unter den Printmedien sind zuallererst die Tageszeitungen zu nennen. Der Marktführer »Süddeutsche Zeitung« wird vor allem von Entscheidern als Politik-Medium wahrgenommen. Bei der »Frankfurter Allgemeine Zeitung« (»FAZ«) und »Die Welt« steht die Wirtschaft stärker im Vordergrund. Die »FAZ« ist umfassend, fundiert und sachlich. Die »Welt« ist auf Grund ihres geringeren Umfangs selektiver und pointierter und setzt stärker verschiedene Darstellungsformen ein. Die »Süddeutsche« liegt zwischen diesen Polen. Der Wirtschaftsteil aller drei Zeitungen ist, ungeachtet ihrer weltanschaulichen Hauptlinie, angebotsorientiert (»neoliberal«) ausgerichtet. Sofern noch in Folge ihrer langen wirtschaftlichen Krise als »überregional« zu klassifizieren, so ist die linksliberale »Frankfurter Rundschau« ein wichtiges Forum für sozialpolitische Themen und gewerkschaftsnahe Positionen. Im Wirtschaftsteil der grün-alternativen »tageszeitung« (»taz«) aus Berlin stehen umweltpolitische Themen im Vordergrund.

Wirtschaftstageszeitungen. Die überregionalen »Vollzeitungen« (Politik, Wirtschaft, Feuilleton, Sport, Vermischtes etc.) prägen den öffentlichen Diskurs über Wirtschaftsthemen – im Konzert mit den reinen Wirtschaftstageszeitungen »Financial Times Deutschland«, »Handelsblatt« und »Börsenzeitung«. Diese haben deutlich niedrigere Auflagen als die Vollzeitungen, gehören aber oft noch mehr als diese zur täglichen Pflichtlektüre der Entscheider in den Unternehmen und an den Kapitalmärkten. Wie der Name andeutet, spielen bei den Wirtschaftstageszeitungen die Wirtschaftspolitik, Unternehmensentwicklung und Finanzen die alles überragende Rolle. Nachrichten aus anderen Ressorts kommen eher am Rande vor oder werden unter ökonomischen Aspekten beleuchtet. Die »Financial Times Deutschland« (»FTD«) hat dazu beigetragen, dass sich die aus dem angelsächsischen Sprachraum importierte »News Analysis« verbreitet hat. Der Konkurrent »Handelsblatt« sah sich durch den Markteintritt der »FTD« Anfang 2000 gezwungen, seinen bis dato nüchtern-sachlichen Stil in einen deutlich lebendigeren Auftritt umzuwandeln. Die auf Hochglanzpapier gedruckte »Börsenzeitung« versteht sich mit ihren stark kapitalmarktorientierten Hintergrundanalysen als Leitmedium für Top-Manager.

Nachrichtenmagazine, Sonntags- und Wochenzeitungen. Die »FTD« hat den Konkurrenzkampf um exklusive Nachrichten noch einmal zusätzlich angefacht. Eine führende Rolle spielte und spielt hier das wöchentlich erscheinende Nachrichtenmagazin »Der Spiegel«. Mit Ausnahme großer wirtschafts- und sozialpolitischer Themen steht die Ökonomie beim »Spiegel« allerdings nicht im Vordergrund. Dies gilt auch für den Konkurrenten »Focus«, der auf Grund seiner populären Ausrichtung weniger »harte« Wirtschaftsthemen aufgreift. Die Geschichten orientieren sich stärker am Nutzwert-Konzept, und manche von ihnen schaffen es sogar bis auf die Titelseite. Der Service-Ansatz ist auch bei der »Welt am Sonntag« (»WamS«) und bei der »Frankfurter Allgemeinen Sonntagszeitung« (»FAS«) sehr wichtig – vor allem bei den Finanzteilen. Der Rubrikname »Geld und mehr« der »FAS« unterstreicht, dass neben der Anlageberatung auch geldwerte Vorteile anderer Art behandelt werden. In den separaten Wirtschaftsteilen der beiden Sonntagszeitungen wird die Kultur der originellen, umfassend recherchierten und gefällig geschriebenen Hintergrundgeschichte gepflegt. Im Idealfall haben die Artikel sogar Exklusivcharakter. Ein ähnliches Konzept verfolgt die Wochenzeitung »Die Zeit« – sie nähert sich ihren Themen problemorientierter und politischer an und hat die gesamtgesellschaftlichen Auswirkungen von Wirtschaft stärker im Blick. Allerdings spielt der Wirtschaftsteil bei der »Zeit« keine herausragende Rolle.

Boulevardzeitungen wie »Bild«, »Kölner Express« oder »Berliner Kurier« haben keine gesonderten Wirtschaftsteile. Die scheinbar trockene Materie Wirtschaft wird für die Boulevardzeitungen nur dann wichtig, wenn die Nachricht Sensationscharakter aufweist – wenn Millionen von Menschen um ihre Rente »betrogen« werden, sich Manager angeblich oder tatsächlich bereichern oder wenn es um spektakuläre Einzelschicksale geht. Diese »Personality«-Geschichten lösen zuweilen Diskussionen aus und ziehen Folgen nach sich. So führte eine Artikel-Serie der »Bild«-Zeitung über den »Sozialamts-Abkassierer Florida-Rolf« zu einer öffentlichen Diskussion über den Missbrauch von Sozialhilfe und schließlich zu einer strengeren Kontrolle.

Regional- und Lokalzeitungen: In Deutschland gibt es rund 135 Tageszeitungen, die meisten davon sind regionale und lokale Abonnementzeitungen. Bei der Überzahl stehen wirtschaftlichen Entwicklungen im eigenen Einzugsbereich im Mittelpunkt, flankiert von Servicethemen. Unter den Regionalzeitungen gibt es allerdings auch einige, deren Wirtschaftsteile überregionalen Standards standhalten. Dazu zählen unter anderem die »Stuttgarter Zeitung«, der Berliner »Tagesspiegel« und die »Rheinische Post« aus Düsseldorf.

Rund ein Dutzend Wirtschaftsmagazine gibt es in Deutschland, die im wöchentlichen, 14-tägigen oder monatlichen Takt erscheinen. Zwischen den meisten Titeln herrscht ein harter Verdrängungswettbewerb. Das inhaltliche Spektrum der Magazine reicht von den Themenfeldern Unternehmen und Management über die Geldanlage bis zu einem breiten Fächer wirtschaftsnaher Servicethemen. Die Wirtschaftspolitik spielt nur eine untergeordnete Rolle.
Gemessen an der Auflage ist die Zeitschrift »Finanztest« eindeutiger Marktführer. Zu den Leitmedien, die die öffentliche Diskussion prägen, gehört die »Wirtschaftswoche«, die stark auf Exklusivgeschichten und die Zuspitzung ihrer Themen setzt. Ein hohes Maß an Exklusivität weist auch das »Manager Magazin« auf: Es kommt nicht selten vor, dass das »Manager Magazin« in einer Vorabmeldung bekannt gibt, wie der nächste Chef eines DAX-Unternehmens heißt. Einen integrierten Ansatz aus Hintergrundberichten über Unternehmen, Geldanlage und Nutzwert verfolgt »Capital«. Eine Ausnahmeerscheinung bildet das zehn Mal pro Jahr erscheinende Magazin »brand eins«, dessen Ausgaben ein Rahmenthema haben. Weitere Besonderheiten sind die essayistischen Texte, die wenig Zahlen aufweisen, und das kunstvoll arrangierte Layout.

Internationale Leitmedien. In der internationalen Wirtschaftsberichterstattung dominieren eindeutig die englischsprachigen Medien. Unter den Tageszeitungen sind dies die britische »Financial Times«, die Mutter der redaktionell unabhängigen deutschen Ausgabe (siehe oben), und die europäische Ausgabe des »Wall Street Journal« aus New York. Was sie schreiben, strahlt oft auch nach Deutschland aus, denn diese Zeitungen werden von Anlegern – auch Großinvestoren – wahr- und ernstgenommen. Schon eine kleine Exklusivmeldung in diesen Zeitungen kann den Aktienkurs eines Unternehmens erheblich beeinflussen. Relevanter für die intellektuelle Auseinandersetzung mit ökonomischen Themen ist »The Economist«. Die 14-täglich erscheinende Zeitschrift aus Großbritannien fällt durch genauso pointierte wie originelle Artikel und Essays auf, die in der internationalen Wirtschaftsszene oft und gern aufgegriffen werden.

Die ersten Online-Medien bestanden aus der Printausgabe auf der Website. Seit Mitte der neunziger Jahre haben die Print- wie auch die audiovisuellen Medien erste Online-Auftritte aufgebaut. Im Zuge der »New Economy«-Hysterie starteten viele Printtitel große Online-Offensiven, die mit dem Platzen der Internet-Blase im Jahr 2001 meist wieder aufgegeben werden mussten. Was übrig blieb: Manche Tageszeitungen stellen die Artikel von der Printausgabe des nächsten Tages am Vorabend online – in der Regel in optisch wenig ansprechender Form. Ergänzt werden die Websites der Printmedien durch aktuelle Meldungen von Nachrichtenagenturen. Viele, vor allem ältere Artikel sind für Nicht-Abonnenten kostenpflichtig.

Kaum reinrassige Online-Medien: Nur sehr wenige Tageszeitungen wie die »Financial Times Deutschland« haben früh eine zumindest in Ansätzen medienübergreifende Strategie verfolgt und ihre Printbeiträge durch zusätzliche Online-Informationen (für Abonnenten) ergänzt. Die Wirtschafts- und Finanzportale im Internet wie Onvista oder Finanznachrichten.de haben in der Regel sehr wenig Redaktionspersonal, so dass bei ihnen kaum mehr als Agenturmaterial zu finden ist. Allein die »Netzeitung«, bei der Wirtschaft und Finanzen eine wichtige Rolle spielen, hat ein reines »online only«-Konzept realisiert.

Sinkende Auflagen, mehr Breitband: Inzwischen leiden die Printmedien unter sinkenden Auflagen, weil vor allem viele jüngere Menschen kein bedrucktes Papier mehr lesen, um sich aktuell zu informieren. Sie gehen bevorzugt online. Aber auch die meisten anderen Generationen verfügen inzwischen über einen

Internet-Zugang, zunehmend verbunden mit einem schnellen Breitband-Anschluss. Ein weiterer Faktor: Unternehmen leiten ihre Werbegelder verstärkt vom Print- in den Online-Bereich um. Diese Triebkräfte haben die meisten Printmedien seit dem Jahr 2005 veranlasst, wieder auf das Internet zu setzen. Angespornt werden sie dabei zusätzlich durch den Erfolg von »Spiegel Online«. Dies hat dazu geführt, dass die neue Online-Welt von denjenigen Marken beherrscht wird, die aus dem Printsektor bekannt sind. Dies trifft auch auf die Wirtschaftsmedien zu.

Neue Strategie: Die neuen Strategien unterscheiden sich in Nuancen, eine gemeinsame Grundlinie zeichnet sich dennoch ab. So berichten die Internet-Portale der Printmedien so zeitnah wie möglich vom Geschehen. Dazu werden weniger Agenturmeldungen als vielmehr eigene Beiträge verwendet. Diese gehen über die nackte Nachricht hinaus und bieten dem Leser eine analytische Einordnung als Mehrwert. Dieser Ansatz unterscheidet sich eindeutig vom Konzept der »Netzeitung«, die nachrichtlichen Stil pflegt. Die personell ausgebauten Onlineredaktionen dürfen neben den Print-Kollegen eigenständig recherchieren und Artikel schreiben. So können Print- und Online-Produkte zwischen den beiden Kommunikationskanälen hin- und hergeschoben werden. Darüber hinaus arbeitet Online nicht mehr allein mit reinen Textnachrichten. Neben Fotos kommen auch Video- und Audioelemente ins Spiel. Nachrichten können sich Leser zudem per SMS aufs Handy schicken lassen oder als RSS-Feed abonnieren (vgl. das Kapitel »Recherchemittel«).

Mitmach-Journalismus: Eine bedeutende Komponente besteht schließlich im »user generated content« – in Inhalten, die die Nutzer selbst beisteuern können. Ganz im Geiste des »Mitmach-Internet« – auch bekannt als »Web 2.0« – wird Nutzern die Möglichkeit gegeben, zum Beispiel in Weblogs (vgl. das Kapitel »Recherchemittel«) wichtige Themen oder einzelne Artikel zu kommentieren und miteinander zu diskutieren. Als »Leserreporter« können sie zudem selbst eigene journalistische Beiträge und Fotos veröffentlichen. Dieses Konzept dient dazu, die Nutzer – die im Idealfall zugleich auch Leser der Printausgabe sind – an das Medium zu binden.

Stiefkind der audiovisuellen Medien: Es hat sich gebessert, doch nach wie vor ist Wirtschaft ein Stiefkind bei Funk und Fernsehen, zumindest im Vergleich mit den Printmedien. Dies hängt vor allem damit zusammen, dass sich komplexe Vorgänge und Zusammenhänge in den audiovisuellen Medien schwerer vermitteln lassen, zumal wenn sie mit Zahlen angereichert sind. Wirtschaftsgeschichten wirken vor allem auf die privaten Medien aber auch weniger »sexy« – es sei denn, sie schlagen hohe Wellen. Deshalb haben die öffentlich-rechtlichen Sender das Themengebiet stärker im Fokus als die Privaten. Ausnahmen bestätigen die Regel.

Fernsehen: Neuer Anlauf bei der Gesundheitsreform, Telekom-Chef muss gehen, Massenentlassungen bei Siemens-Tochter – die großen Wirtschaftsthemen finden problemlos in die Nachrichtensendungen, ob bei privaten oder öffentlich-rechtlichen Sendern. Im Zuge des Aktienbooms Ende der Neunziger Jahre hat die Börsenberichterstattung Einzug ins Fernsehen gehalten, oft zur besten Sendezeit. Nur ein Beispiel: »Börse im Ersten« kurz vor der »Tagesschau« um 20 Uhr.

Kritische Verbrauchertipps: Mit der Krise der Aktienmärkte hat das Fernsehen sein Spektrum erweitert und konzentriert sich seitdem auf einen verbrauchernahen Journalismus – oft verbunden mit kritisch-investigativem Einschlag. Das Paradepferd ist die wöchentliche »WiSo«-Sendung des ZDF. Mit »Plusminus« gibt es ein entsprechendes Pendant im ersten Programm. Darüber hinaus haben die meisten dritten Programme ähnliche Sendeformate (»Wochenmarkt«).

Private bevorzugen Börsenthemen: Der private Nachrichtensender ntv bietet seinen Zuschauern eine umfassende Wirtschaftsberichterstattung an, die sich stark an den Entwicklungen an den Kapitalmärkten orientiert. Reine Wirtschaftssender sind die englischsprachigen Bloomberg TV und CNBC, die in Deutschland allerdings nur begrenzt zu empfangen sind. Auch der private Nachrichtensender N24 widmet sich Wirtschaftsthemen. Bei den anderen Privatsendern sind sie indes nicht sehr präsent.

Radio: Öffentlich-rechtliche Sender (»HR Skyline« des Hessischen Rundfunks) und auch private Veranstalter (»FAZ Business Radio«) haben versucht, reine Wirtschaftsprogramme zu machen. Sie sind gescheitert. Wer heute eine umfassende Wirtschaftsberichterstattung auf hohem Niveau hören will, dem bleibt deshalb als einziger Anbieter das DeutschlandRadio Köln (»Deutschlandfunk«). Die Infowellen der öffentlich-rechtlichen Sender bieten immerhin auch Wirtschaftsinformationen, meist eingebettet in aktuelle Börsenberichte. Bei den privaten »Dudelwellen« sucht man vergeblich nach soliden Wirtschaftsberichten. Meist ist schon eine kurze Börsen-Info das höchste der Gefühle. Bei vielen TV- und Radiosendern lassen sich Wirtschafts- und Finanzinformationen online abrufen – oft handelt es sich um Agenturmaterial.

Stichwort: Rang- und Hackordnung. Das Fachmagazin »Der Wirtschaftsjournalist« hat im Jahr 2005 eine Umfrage unter Unternehmen in Deutschland durchgeführt. Diese gaben an, welche Medien für sie die höchste Branchenrelevanz und den größten öffentlichen Einfluss haben, wer am fairsten und mit größter sachlicher Exaktheit berichtet. Und welche Medien Pflichtlektüre für sie sind. Den ersten Platz in der Gesamtwertung belegte die Nachrichtenagentur Reuters. Von den Agenturen sind zudem dpa und ihre Tochter dpa-afx sowie vwd und Dow Jones unter die ersten Zehn gekommen. Bei den Tages- und Wirtschaftszeitungen schnitt die »Frankfurter Allgemeine Zeitung« am besten ab, gefolgt von »Börsenzeitung«, »Handelsblatt« und »Welt«. Von den Magazinen schaffte es nur »Der Spiegel« unter die Top Ten.

Ausbildungswege

Mit dem Studium an der Kölner Journalistenschule gibt es zwar einen geraden Weg in den Wirtschaftsjournalismus. Es existieren aber auch mehrere alternative Zugänge. Eine Variante besteht darin, Wirtschaftswissenschaften zu studieren und vorher oder nachher ein Volontariat zu absolvieren.

Weitere Möglichkeiten: Wirtschaftsstudium plus Aufbaustudium oder Besuch einer Journalistenschule. Wer Journalistik oder Publizistik studiert, sollte als zweites Hauptfach oder als erstes Nebenfach Ökonomie dazu wählen. Denn nur wenige Journalistik-Studiengänge bieten eine Spezialisierung auf Wirtschaft an wie die Katholische Universität Eichstätt (Bayern).

Es gibt aber auch zahlreiche Wirtschaftsjournalisten, die Sozial- oder Geisteswissenschaften studiert haben. Diese Seiteneinsteiger eignen sich die zwingend notwendigen Wirtschaftskenntnisse autodidaktisch oder durch »learning by doing« an.

Web-Adressen und weitere Informationen über die Ausbildungsmöglichkeiten finden sich online 💻.

Folgende Studiengänge sind möglich:
- Kölner Journalistenschule für Politik und Wirtschaft
- Business and Information Technology School (BITS), Iserlohn
- Fachhochschule des Mittelstands (FHM), Bielefeld.

Kölner Journalistenschule für Politik und Wirtschaft: Die 1968 gegründete Schule bildet Fachjournalisten für Politik und Wirtschaft in den Bereichen Print, Hörfunk und Online aus. Wer die Aufnahmeprüfung besteht, kann eine achtsemestrige Ausbildung beginnen, in deren Mittelpunkt die journalistische Praxis steht. Die Schule vermittelt sechs Pflichtpraktika in Wirtschaftsredaktionen meist namhafter Medien. Ab dem dritten Semester wird die journalistische Ausbildung mit einem Studium der Volkswirtschaftslehre mit sozialwissenschaftlicher Richtung an der Universität Köln verbunden.

Die Schule nimmt rund 20 Studierende pro Jahr auf. Es müssen Studiengebühren gezahlt werden. Die »KS« gilt als »Kaderschmiede« des deutschen Wirtschaftsjournalismus: Sie hat zahlreiche renommierte Journalisten der Zunft hervorgebracht.

Business and Information Technology School (BITS), Iserlohn: Die staatlich anerkannte private Fachhochschule bietet jeweils bis zu 30 Studierenden pro Semester einen Bachelor-Studiengang in »Business Journalism« an. Das Studium an der Fachhochschule in Iserlohn dauert sechs Semester und besteht aus einer praxisorientierten Grundausbildung, Seminarblöcken in Brüssel und Perth/Australien sowie vertiefenden Studien. Hier werden sowohl Wirtschaftsjournalistik als auch Unternehmenskommunikation unterricht. Auch hier fallen Studiengebühren an.

Fachhochschule des Mittelstands (FHM), Bielefeld: Die staatlich anerkannte Privathochschule bietet einen Bachelor-Studiengang »Medienkommunikation & Journalismus« an – entweder als dreijähriges Vollzeitstudium oder berufsbegleitend über vier Jahre. Das in Trimester gegliederte Studium besteht aus journalistischen und betriebswirtschaftlichen Komponenten. Wie bei der BITS können sich Studierende in Richtung Wirtschaftsjournalismus und/oder Public Relations für Unternehmen orientieren. Ebenfalls Studiengebühren.

SHR Hochschule Calw: Diese private Hochschule in Baden-Württemberg bietet einen Master-Studiengang »Content Management« mit betriebswirtschaftlichem Schwerpunkt an. Ab dem Wintersemester 2007/08 soll in Calw innerhalb dieses Rahmens eine dreisemestrige Vertiefung »Wirtschafts- und Verbraucherjournalismus« möglich sein. Im Mittelpunkt stehen die Verbraucher- und Marktforschung, Verbraucherpolitik und die besonderen Techniken des Nutzwertjournalismus.

Universität Hohenheim: Die Universität Stuttgart-Hohenheim bietet einen Aufbaustudiengang Journalistik an, der es den Studierenden erlaubt, einen Schwerpunkt im Bereich »Wirtschaft und Soziales« zu bilden. Voraussetzung ist ein abgeschlossenes Hochschulstudium. Der Ergänzungsstudiengang, der Theorie und Praxis (viermonatiges Pflichtpraktikum) miteinander verbindet, dauert vier Semester und schließt mit dem akademischen Grad »Diplom-Journalist/in« ab.

Eine Journalistenschule zu absolvieren bietet sich als Alternative zum wirtschaftsjournalistischen oder allgemeinjournalistischen Fachstudium mit Wahlschwerpunkt Wirtschaft an. Die meisten, insbesondere die verlagseigenen Schulen können nur im Rahmen eines Volontariats besucht werden. Fast alle Journalistenschulen nehmen Volontäre aller Fachrichtungen auf, wobei die angehenden Wirtschaftsjournalisten sich meist in der Minderheit befinden. An dieser Stelle nur drei Beispiele:

Georg von Holtzbrinck-Schule für Wirtschaftsjournalismus, Düsseldorf: Die Schule bildet die jährlich rund zehn Volontäre der Verlagsgruppe Handelsblatt (»Handelsblatt«, »Wirtschaftswoche« etc.) aus. Das Volontariat ist in eine einjährige Grundausbildung und eine halbjährige Spezialisierung unterteilt. Der Unterricht findet en bloc eine Woche im Monat statt. Im Mittelpunkt stehen regelmäßige Übungen zur Themenfindung, zum Recherchieren und Interviewen, zum Schreiben und Redigieren. In der Regel erhalten die Volontäre im Anschluss an die Ausbildung eine (meist einjährige) Anstellung als Jungredakteur.

Axel Springer Akademie, Berlin/Hamburg: An der Akademie werden die jährlich rund 35 Volontäre der Axel Springer AG (»Bild«, »Welt«, »Euro am Sonntag« etc.) ausgebildet. Das Volontariat beginnt mit einer halbjährigen Einführung in journalistische Arbeitstechniken mit Schwerpunkt Multimedia. Für die restliche Zeit steht die praktische Ausbildung im Mittelpunkt. Die Volontäre sind an bestimmte Medien des Springer-Verlags angebunden. Rund jede sechste Volontärsstelle vergibt die Akademie an angehende Wirtschaftsjournalisten – der Bedarf an Nachwuchsjournalisten mit volks- oder betriebswirtschaftlichem Studium ist wachsend.

Deutsche Fachjournalisten-Schule, Berlin: Bei der Berliner Schule kann man sich in einem ein- oder zweijährigen Fernstudium zum Fachjournalisten ausbilden lassen. Die Ausrichtung auf Wirtschafts- und Verbraucherjournalismus ist dabei möglich. Die Ausbildung besteht aus drei Kernmodulen (Recherchieren, Texten, Journalistische Darstellungsformen) und neun Wahlpflichtmodulen. Pro Jahr stehen 15 bis 30 Studienplätze zur Verfügung. Studiengebühren.

Weiterführende Literatur:

Gabriele Goderbauer-Marchner/Christian Blümlein, Berufsziel Medienbranche: Wirtschaftsjournalismus (BW Bildung und Wissen, Nürnberg 2002).

Jürgen Heinrich/Christoph Moss, Wirtschaftsjournalistik. Grundlagen und Praxis (Verlag für Sozialwissenschaften, Wiesbaden 2006)

Themen finden, entwickeln, recherchieren

Das Idealbild ist ein Stereotyp: Der »rasende Reporter«, der nur seine Spürnase zu Hilfe nehmen muss, ein paar Informanten kontaktiert, den Beteiligten tief auf den Zahn fühlt – und einmal mehr mit der großen Enthüllungsgeschichte aufwartet. Das andere Extrem gleicht nicht minder einer Karikatur: Es ist der »Lautsprecher«, der einfach nur Pressemitteilungen abschreibt, brav zu Pressekonferenzen trabt und stets das nachbetet, was ihm dort gesagt wird.

Alltagsgeschäft Terminjournalismus. In der Realität dürfte die Mehrheit der Journalisten auf der Richterskala eher in der Nähe des Verlautbarungsjournalismus anzusiedeln sein. Ein Grund dafür liegt in dem Zeitdruck, dem vor allem tagesaktuell arbeitende Journalisten unterworfen sind und der oft wenig Raum für tiefer gehende Recherchen lässt. Ein weiterer ist sicher die Trägheit, die sich bei vielen Journalisten nach jahrelanger Routine einschleicht. Die dritte – möglicherweise sogar wichtigste – Ursache ist daran zu sehen, dass ein Großteil der Arbeit naturgemäß aus »Terminjournalismus« besteht. Der Begriff ist bewusst mit Anführungszeichen versehen, weil er eben nicht immer mit genau festgelegten Terminen wie Pressekonferenzen verbunden ist: Unter Terminjournalismus sollen alle Formen subsumiert werden, bei denen der Journalist reagiert. Dazu gehören zum Beispiel also auch Themenangebote von Unternehmen oder Wirtschaftspolitikern.

Unabhängigkeit wahren. Gegen diese Spielart des Journalismus ist grundsätzlich nichts einzuwenden. Die entscheidende Frage lautet, wie man mit ihr umgeht. Ein guter Journalist hütet sich davor, PR-Phrasen und –»Botschaften« ungefiltert zu referieren. Vielmehr recherchiert er gründlich und sorgt dafür, dass auch Termine und Themenangebote zu unabhängigen, eigenständigen Artikeln aufbereitet werden. Welcher Techniken sich der Wirtschaftsjournalist dazu bedienen kann, soll im Folgenden gezeigt werden.

Vom Termin- zum Initiativjournalismus. Dies ist die Pflicht. Die Kür besteht in dem, was hier als »Initiativjournalismus« bezeichnet werden soll. Wie sieht dieser aus? In aller Regel benötigt der Journalist Impulse von dritter Seite, um ein Thema zu entwickeln. Beim Initiativjournalismus wartet er jedoch nicht ab und reagiert, sondern wird von sich aus aktiv. Auch hierzu gibt es Tipps. Ob Termin- oder Initiativjournalismus – was nicht zuletzt mit diesem Kapitel gezeigt werden soll: Bereits das Finden von Themen, der Prozess der Nachrichtenauswahl, ist integraler Bestandteil der Recherche.

Was ist ein Thema?
Auswahlkriterien und Entscheidungsprozesse

Tag für Tag wird der Wirtschaftsjournalist mit Themenangeboten und -möglichkeiten geradezu überschüttet. Hunderte von Agenturmeldungen laufen »über den Ticker«. Pressemitteilungen und Einladungen zu Pressekonferenzen in Form von E-Mail, Fax und Brief landen im virtuellen und real existierenden Postfach. PR-Agenten, Unternehmenssprecher, Wirtschaftspolitiker und ihre Referenten rufen an, um ihre Themen zu verkaufen. Leser, Hörer oder Zuschauer wollen per Brief oder Anruf Kritik loswerden, Anregungen und Hinweise für »heiße« Themen geben. Hinzu kommen Tipps von bekannten oder bisher unbekannten Informanten. Nicht zu vergessen der »Ausstoß« anderer Medien. Und, und, und. Um nicht in der Informationsflut unterzugehen, ist der Wirtschaftsjournalist gezwungen, zu filtern und (aus)zusortieren. Und zwar nach folgenden Kriterien:

- Welche Information kann gleich in den Papierkorb? Welche ist für mich dagegen als Hintergrund-Info wichtig, muss aber nicht unbedingt in einen Artikel oder einen Radio- bzw. Fernsehbeitrag münden?
- Was könnte ein Thema sein, dem ich stärker auf den Grund gehe und aus dem ein Artikel/Beitrag entstehen könnte?

Öffentliches Interesse und maximale Verbreitung. Um die zweite Frage beantworten zu können, gelten wiederum drei Hauptkriterien – wobei die Aktualität (»Was ist das Neue am Thema?«) eine Konstante bildet:

- **Von welcher Tragweite ist das Ereignis für die Öffentlichkeit?** Besteht ein allgemeines öffentliches Interesse an dem Thema, weil es sehr viele Menschen betrifft? Ist es wichtig für die öffentliche Meinungsbildung? Das klingt freilich etwas hochtrabend. Die Latte lässt sich auch etwas niedriger legen – je nach Medium und individuellem Anspruch. »Wird ein Trend aufgezeigt?«, ist auch schon ein berechtigtes Auswahlkriterium. Weitere Kriterien können die so genannten Nachrichtenwerte sein: Wie außergewöhnlich und überraschend ist das Ereignis? Hängt es mit einer bekannten Person zusammen? Handelt es sich um die Weiterentwicklung eines Ereignisses, das die Medien bereits breiter berücksichtigt haben? Und so weiter. Kurzum: Es geht hier um das »Mann beißt Hund«-Prinzip. Wenn ein Hund einen Menschen beißt, ist dies in der Regel keine so große Nachricht. Wenn dagegen ein Mann einen Hund mit seinen Beißwerkzeugen attackiert, dann schon eher. Auf die Welt der Wirtschaft bezogen: Wenn ein Vorstandschef einen Mitarbeiter aus dem mittleren Management entlässt, dann ist dies in der Regel keine besondere Nachricht. Wenn es jedoch die Arbeitnehmer schaffen, zum Beispiel über ihren Einfluss im Aufsichtsrat einen Vorstandschef zum Rücktritt zu zwingen, dann ist dies ein außergewöhnlicher Fall, der äußerst berichtenswert ist.
- **Wie exklusiv ist das Thema?** Hat man es allein oder muss man es mit anderen Medien teilen? Und wenn man es denn für sich hat, ist es auch Stoff, der als Meldung bei den Nachrichtenagenturen laufen könnte? (vgl. das Kapitel »Exklusivgeschichte«)

- ■ **Spricht das Thema das eigene Publikum (Leser, Hörer, Zuschauer) an?** Oder: »Was läuft gut?«, wie es in den Redaktionen heißt. Denn nicht unbedingt das, was der Journalist selbst »super spannend« findet, muss auch beim Publikum ankommen. Die Frage »Was läuft?« wird bei der »Bild«-Zeitung mit Sicherheit in aller Regel ganz anders beantwortet als bei der Wochenzeitung »Die Zeit«. Einige Medien verfolgen diesen Ansatz auf systematische Weise. Beim Konzept des »redaktionellen Marketing« arbeiten Redaktion auf der einen und Vertrieb sowie Anzeigenabteilung auf der anderen Seite eng zusammen. Das Ziel ist dabei, so viel Publikum wie möglich anzusprechen. Die Kooperation begrenzt sich allerdings auf die Themen. Die journalistische Unabhängigkeit der Redaktion bleibt erhalten (vgl. das Kapitel »Rechtliche und ethische Normen«).

Die »redaktionelle Linie«. Ideen und Angebote für mögliche Themen durchlaufen zunächst einen individuellen Filter, der allerdings oft auch schon von dem nachgeschalteten institutionellen Filter geprägt ist. Zu diesem gehört nicht nur die Frage »Was läuft?«. Grenzen setzt zudem die so genannte redaktionelle Linie, wie immer diese auch im konkreten Fall aussehen mag. So wird zum Beispiel eine Wirtschaftszeitung, die eine neoliberale, arbeitgeberfreundliche Linie verfolgt, deutlich zurückhaltender sein, Positionen der Gewerkschaften exponiert darzustellen, als ein eher links orientiertes Blatt. Wer bei dem jeweiligen Medium arbeitet, weiß dies und wird sich entsprechend verhalten. Handelt es sich um speziellere Themen, wird die offizielle Linie bei Tageszeitungen meist durch einen Leitartikel formuliert und damit dann für die weitere Berichterstattung und Kommentierung vorgegeben.

Die Redaktionskonferenz. Die Nagelprobe für ein Thema findet bei der Redaktionskonferenz statt, denn hier prüfen die Ressortleiter und die anderen Redakteure – sozusagen als personifizierter institutioneller Filter –, ob das vorgeschlagene Thema auch tatsächlich für das Medium geeignet ist. Die Redaktionskonferenz bei einer Tageszeitung läuft zum Beispiel so ab:

Teilnehmer sind die Ressortleitung (Leiter und Stellvertreter) sowie die Redakteure, vor allem die, die die Funktion des Blattmachers (vgl. das Kapitel »Beruf Wirtschaftsjournalist«) innehaben. Die Korrespondenten befinden sich meist nicht in der Zentrale, wo die Konferenz stattfindet. Bei einigen Medien sind sie telefonisch zugeschaltet. Die Blattmacher der Unterressorts Wirtschaftspolitik, Unternehmen und Finanzen stellen zunächst die Themen vor, die ihnen die Autoren/Korrespondenten vorgeschlagen haben und die sie selbst für wichtig halten, nachdem sie die Nachrichtenagenturen und die Konkurrenzmedien ausgewertet haben. Dann wird diskutiert und festgelegt, welche davon die Top-Themen sind, die die Wirtschaftsseiten aufmachen könnten. Gibt es Überschneidungen, wird darüber verhandelt, in welchem Unterressort das Thema plaziert wird. Oft überlegen die Teilnehmer der Redaktionskonferenz auch, wie man bei einem Thema am Besten vorgeht (Sollen bestimmte Korrespondenten zusammenarbeiten? Soll der Bericht über den Führungswechsel bei dem Großunternehmen A mit einem Porträt des neuen, aber bisher völlig unbekannten Chefs verbunden werden? Falls ja, wer könnte das Porträt schreiben? etc.). Die Diskussion kann aber auch völlig neue Aspekte und Dimensionen eines Themas zu Tage fördern (»Ist ja interessant. Ich habe gehört, der neue Chef wollte ursprünglich bei Unternehmen B anheuern ...«). In der Konferenz wird meist auch schon vorläufig festgelegt, welche Themen kommentiert werden und wer diese Aufgaben übernehmen soll. Die meisten Konferenzen beginnen oder schließen außerdem mit einer Blattkritik der vorigen Ausgabe (»Wo waren wir gut? Wo waren wir schlecht? Wie können wir diesen und jenen Fehler künftig vermeiden?«).

Konferenzarten: Die Redaktionskonferenzen anderer Medien laufen, wenn auch mit Variationen, nach einem ähnlichen Schema ab: Die Themen werden vorgestellt. Eignen sie sich überhaupt? Falls ja, wie werden sie untereinander gewichtet? Wo laufen sie? Wie kriegt man den besten Dreh rein? Wer macht es? In der Regel ist es mit einer Sitzung nicht getan. Neben der Redaktionskonferenz im Ressort findet in aller Regel noch eine Gesamtkonferenz des Mediums statt, bei der noch einmal diskutiert, gewichtet und möglicherweise auch umplaziert wird. Zumal dann, wenn entschieden werden muss, ob ein wirtschaftspolitisches Thema in der Wirtschaft oder in der Politik laufen soll. Einige Medien haben gesonderte Kommentarkonferenzen, Ressortleiterkonferenzen, Tagesabschlusskonferenzen oder Perspektivkonferenzen für die längerfristige Planung.

Von der Pressemitteilung bis zum heißen Tipp: Impulse von dritter Seite

Was ist von Themenangeboten Dritter zu halten? Grundsätzlich ist es sicher besser, aus eigener Initiative Themen anzuschieben. Weil dies mehr Gestaltungsmöglichkeiten gibt, weil die journalistische Unabhängigkeit so besser gewahrt bleibt, vor allem aber auch weil man die Themen selbst setzt und nicht dirigiert oder gar manipuliert wird. Wer nur reagiert, macht sich zum Verlautbarungsjournalisten. Doch können auch Angebote interessant und relevant sein. Der Wirtschaftsjournalist sollte sich allerdings immer im Klaren darüber bleiben, dass die Anbieter bestimmte, nämlich ihre eigenen Interessen verfolgen. Nur wenn er den angebotenen Stoff nach seinen eigenen Vorstellungen formt und die journalistischen Grundregeln der Recherche (siehe unten) beachtet, kann er verhindern, sich zum Sprachrohr bestimmter Interessen machen zu lassen.

Auf diesen Wegen können Impulse von dritter Seite kommen:

- Pressemitteilung
- Pressekonferenz
- Meldungen von Nachrichtenagenturen
- andere Medien
- Angebote von Unternehmen
- Angebote von Wirtschaftspolitikern und ihren Referenten
- Angebote von PR-Agenturen
- Tipps von Lesern, Hörern, Zuschauern

Pressemitteilungen (PM) enthalten die verschiedensten Informationen: neue Produkte, neue Preise, neue Trends, neue Kunden, neue Initiativen, neue Studien, neue Manager ... Die »PM« ist zwar der Klassiker – das häufigste Kommunikationsmittel zwischen Unternehmen und Wirtschaftspolitikern auf der einen sowie Journalisten auf der anderen Seite. Das Gros von ihnen ist jedoch unbrauchbar und kann gleich in den Papierkorb wandern, weil es sich um Detailinformationen, um Spezialinfos über oft wenig interessante Nischenmärkte und -produkte oder auch ganz banal um verkappte Werbebroschüren handelt. Hier nur drei Beispiele aus der realen Welt – ob man es glaubt oder nicht, Titel und PM dieser Art flattern dem Journalisten nicht gerade selten auf den Tisch:

```
XY empfiehlt Unternehmen neue Strategie für das
Qualitätsmanagement von Software – Durchdachte
Technologien, kombiniert mit Methodologien,
Best Practices und Professional Services

Neuer Geschäftsbereichsleiter für Plasma-An-
lagen

Fachgruppe für Haustürfüllungen wächst weiter
```

PM betonen das Positive. Mit Pressemitteilungen werden für die Wirtschaftsmedien aber auch relevante Informationen wie Quartalszahlen, Übernahmen, wichtige Personalentscheidungen, Strategiewechsel, wichtige neue Produkte oder Stellungnahmen zu größeren politischen Ereignissen übermittelt. Bei PM besteht auf Grund ihrer inflationären Verbreitung die Herausforderung darin, noch stärker, als dies bei gezielten Angeboten von Seiten Dritter der Fall ist, herauszufiltern, was als Thema in Frage kommt und was nicht. Stuft der Journalist die Info als relevant und themenwürdig ein, ist es damit noch längst nicht getan. Die PM gehört verifiziert oder widerlegt, oftmals auch ergänzt und erweitert. Pressemitteilungen betonen zudem das Positive oder versuchen, schlechte Nachrichten abzudämpfen. Oft sind die Auskünfte aber auch nicht erschöpfend. Heißt es zum Beispiel in einer Pressemitteilung

```
Vorstandschef Gerold Meier legt zum Ende des
Quartals sein Amt nieder. Sein Ausscheiden er-
folgt im gegenseitigen Einvernehmen zwischen
Meier und den Gesellschaftern.
```

… dann liegt nahe, dass der Vorstandschef vor Ablauf seines Vertrages gehen muss. Die PM sagt zwar etwas über das Wie – im gegenseitigen Einvernehmen, also ohne Prozess vor dem Arbeitsgericht –, aber nichts über die Ursachen, das Warum. Dem gilt es nachzugehen.

Ist diese Recherche eine Selbstverständlichkeit? In der Theorie ohne Zweifel, im journalistischen Alltag keineswegs. Zeitdruck, oft aber auch Bequemlichkeit verleiten Journalisten dazu, Verlautbarungen ungeprüft zu übernehmen. Bei Fällen wie dem obigen wahrscheinlich seltener, weil hier offensichtlich ist, dass der Grund für das Ausscheiden des Managers nicht genannt werden soll. Doch viele andere Bekanntmachungen, die nur unzureichend Auskunft geben oder hinter denen sich Widersprüche verbergen, werden nicht kritisch hinterfragt. Wer dies jedoch macht, stößt zuweilen auf eine ganz andere Wahrheit und kann seiner Geschichte einen anderen Dreh oder zumindest eine veränderte Gewichtung geben.

In journalistische Sprache »übersetzen«: Eine zweite Aufgabe besteht darin, die Nachricht in der eigenen Sprache und im eigenen Duktus wiederzugeben. Anders gewendet: Nicht selten werden Passagen aus den Pressemitteilungen wortwörtlich abgeschrieben. Das ist besonders peinlich, wenn diese in der Jubelsprache abgefasst sind, wie sie in der PR-Szene üblich ist (... erzielte in diesem Jahr einmal mehr ein Rekordergebnis). Auch werden oft die in den PM eingebauten Sprechblasen der Firmenchefs übernommen, nur um Zitate vorweisen zu können (»wir freuen uns außerordentlich, auch in diesem Jahr ein Rekordergebnis erzielt zu haben«, sagte Vorstandschef Meier). Gerade auch bei den audiovisuellen Medien besteht wegen des Zwangs, Originaltöne einzubauen, die Gefahr, solche Plattitüden tatsächlich zu senden. Pressestellen und PR-Agenturen sind in den vergangenen Jahren verstärkt dazu übergegangen, weniger marktschreierisch daher zu kommen, sondern vielmehr einen »seriöseren« Duktus zu pflegen, der gewissermaßen journalistischen Stil simuliert. Dies soll die Neigung erhöhen, das eine oder andere »einfach mal so« zu übernehmen. Das kann umso gefährlicher sein, weil hier die Manipulation meist subtiler erfolgt.

Pressekodex: Ziffer 1 der Publizistischen Grundsätze des Deutschen Presserats – ein Kodex für gutes journalistisches Handeln (vgl. das Kapitel »Rechtliche und ethische Normen«) – verpflichtet Journalisten und Verlage dazu, Pressemitteilungen nicht unredigiert abzudrucken. Allein das Kürzen einer PM gilt dabei nicht als redaktionelle Bearbeitung.

Die Pressekonferenz (PK) behalten sich Unternehmen, Politiker und Verbände für Botschaften vor, die sie für so wichtig halten, dass eine Pressemitteilung allein nicht ausreicht. Bei der PK sind nicht nur die Sprecher, sondern auch die Entscheider anwesend – ob Vorstandsvorsitzender oder Minister. Ihre Präsenz, verbunden mit dem Format einer Veranstaltung statt einer schriftlichen Mitteilung, soll für ein Höchstmaß an öffentlicher Aufmerksamkeit sorgen: Möglichst viele Medien sollen über das Ereignis berichten und das in möglichst großem Stile. Zuweilen werden aber auch Pressekonferenzen veranstaltet, weil ein Thema erklärungsbedürftig erscheint und eben ohne detaillierte Behandlung missverstanden werden könnte.

Presse- und Hintergrundgespräche: Artverwandt mit der PK ist das *Pressegespräch*. Seine Form ist nicht fest definiert. Oft handelt es sich jedoch um Pressekonferenzen im kleineren Kreis, zu denen nur ausgewählte Journalisten eingeladen werden. Ziel ist es, ein intensives Fachgespräch zu führen. Auch die Form des *Hintergrundgesprächs* ist nicht streng festgelegt. In der Regel ist damit ein Gespräch gemeint, bei dem der Veranstalter geladenen Journalisten Informationen gibt, die dem besseren Verständnis dienen sollen, aber nicht zur (unmittelbaren) Veröffentlichung gedacht sind.

Typische PK-Anlässe sind die Jahresbilanz und Quartalszahlen von Unternehmen, Übernahmen/Verkäufe/Kooperationen, neue Produkte und Tarife, Strategie- und Politikwechsel oder die Vorstellung eines vermeintlich wegweisenden Gutachtens. Auf Messen nutzen ausstellende Unternehmen manchmal einfach auch die Gelegenheit, sich bekannt zu machen (vgl. das Kapitel »Klassiker des Wirtschaftsjournalismus«).

Wie läuft eine Pressekonferenz ab? Im Regelfall so, dass zunächst der Veranstalter spricht. Meist liegen an den Plätzen der Journalisten schon vor PK-Beginn Pressemappen bereit, in denen sich eine Pressemitteilung, manchmal auch der komplette Redetext und zusätzliche Unterlagen sowie Fotomaterial befinden. Nach der Rede findet eine Frage-und-Antwort-Runde statt, bei der die Journalisten zum Zuge kommen.

»Botschaften« verbreiten: Das Ziel einer Pressekonferenz besteht aus Sicht der Veranstalter darin, ihre »Botschaften« (manchmal sind es auch Werbebotschaften) so ungefiltert wie möglich in die Medien zu bringen. Nicht wenige Journalisten lassen sich auch widerstandslos oder sogar unreflektiert zu »Lautsprechern« von Unternehmen und Politikern machen. Meist aus den bereits erwähnten Gründen Bequemlichkeit oder Zeitmangel. Dies liegt bei tagesaktuellen Medien oft darin begründet, dass die Journalisten mit Darstellungen konfrontiert werden, die sich unter Zeitdruck nicht ausreichend überprüfen lassen. So heben Unternehmen bei Bilanzpressekonferenzen die positiven Entwicklungen und Ergebnisse hervor und versuchen, die negativen hingegen zu verschleiern oder gar nicht erst zu erwähnen.

> **Tipp:** Da der Journalist bei der PK nur mit PR-Info-Häppchen versorgt wird, sollte er sich auf solche Veranstaltungen gut vorbereiten und wissen, welche Problemzonen bei diesem Unternehmen besonders zu beachten und welche Kriterien zur Bewertung wichtig sind. Ist das Unternehmen groß und bedeutend genug, bieten sich für die Vorbereitung ein Vorbericht oder ein Aktiencheck (vgl. das Kapitel »Klassiker des Wirtschaftsjournalismus«) an.

Atmosphäre des Wohlwollens: Journalisten verfallen aber auch in eine Verlautbarungsmentalität, weil sie sich einlullen lassen – von den Jubelmeldungen der Veranstalter wie auch von der Atmosphäre auf Pressekonferenzen. Wenn nach der PK Häppchen gereicht werden oder gar ein üppiges Buffet aufgefahren wird, dann ist dies sicher auch eine Geste der Gastfreundschaft, aber eben nicht nur: Die Journalisten sollen den Ort des Geschehens mit einem Wohlgefühl (nicht nur im Bauch) verlassen, das manchmal sogar noch mit kleinen Geschenken – wohlgemerkt für alle Teilnehmer – verstärkt wird. Und wenn der Vorstandschef oder Parteivorsitzende nach der PK sich noch unter die Journalisten mischt und nett plaudert, so mag ihm dies zwar sicher auch ein rein persönliches Bedürfnis sein. Es dürfte aber auch mit dem nützlichen Nebeneffekt verbunden sein, dass sich der geschmeichelte Journalist so vielleicht etwas wohlwollender stimmen lässt. All dies ist grundsätzlich nicht verwerflich – der Journalist sollte sich jedoch darüber im Klaren sein, dass der eine PK-Veranstalter ihn weniger, der andere mehr über diesen Weg positiv beeinflussen will.

Meldungen von Nachrichtenagenturen entstehen, indem die Redakteure der Nachrichtenagenturen eigene Interviews führen, eigene Geschichten recherchieren, zu Pressekonferenzen gehen. Dennoch beruht ein großer Teil ihrer Berichterstattung auf Pressemitteilungen, die sie auswerten. Insofern nehmen die Agenturen für die Journalisten anderer Medien eine PM-Vorauswahl unter dem Relevanz-Kriterium vor. Und dies auch noch sehr rasch nach der Veröffentlichung der einzelnen Pressemitteilungen, weil eine hohe Reaktionsschnelle zu den Qualitätsmerkmalen der Nachrichtenagenturen gehört.[1] Obwohl sich die Agenturberichte durch eine hohe Verlässlichkeit auszeichnen, sind aber auch sie nicht immer fehlerfrei.

Exklusivmeldungen: Über die Agenturen laufen auch die so genannten Exklusivmeldungen (»... nach einem Bericht des Nachrichtenmagazins ...«): Medien geben die Ergebnisse ihrer Recherchen an die Nachrichtenagenturen weiter, um über diese für eine möglichst breite Streuung dieser Meldung zu sorgen. Greifen die Agenturen diese Exklusivmeldungen tatsächlich auf, nehmen dies die Redaktionen der anderen Medien als Zeichen für die Relevanz des Themas. Vor allem leitende Redakteure springen auf sie an und sprechen den zuständigen Journalisten im eigenen Hause darauf an (»Ist das wichtig? Warum haben wir das nicht?«). Die Exklusivmeldungen, die über den Ticker gehen, werden zudem oft in der Redaktionskonferenz besprochen.

Andere Medien: Abgucken, zumal Abschreiben wurde schon in der Schule geahndet. Wer als Journalist wortwörtlich abschreibt, kann wegen Plagiats sogar rechtlich belangt werden. Solche Fälle kommen vor. Ebenso dass Themen einfach »geklaut« werden. Andererseits: Es ist vollkommen legitim, ja unabdingbar, einen Blick darauf zu haben, was »die anderen« bringen, besonders was die direkte Konkurrenz macht. »Wie haben sie das große Thema von gestern aufbereitet? Was haben sie, was wir nicht haben? Und warum?« – Fragen, die in jeder Redaktionskonferenz gestellt werden, bevorzugt von den leitenden Redakteuren.

Den Überblick bewahren. Die zweite Frage (»Was haben die, was wir nicht haben?«) kommt immer dann auf, wenn die Konkurrenz einen Trend entdeckt und groß herausgebracht hat oder wenn sie mit einer spannenden und vielleicht sogar Wellen schlagenden Exklusivgeschichte aufwartet. In diesem Fall gilt es, der Sache nachzugehen. In einem ersten Schritt muss überprüft werden, ob an der Sache überhaupt etwas dran ist und alle Informationen zutreffen. Nach dem Verifizieren folgt das »Weiterdrehen«: Die Geschichte soll nicht nur einfach nacherzählt, sie soll weitergesponnen oder ihr soll ein neuer Blickwinkel gegeben werden. Der tägliche Blick in andere Tageszeitungen, Wirtschaftsmagazine, aber auch Fachzeitschriften aus dem eigenen Bereich ist allerdings auch schon deshalb notwendig, um einen Überblick darüber zu bekommen, was in der eigenen Branche oder im eigenen Politikfeld vorgeht. Denn der einzelne Journalist kann nie alles abdecken.

Angebote von Unternehmen: Wer sich neu in ein Themengebiet oder eine Branche einarbeitet, sollte in der Regel eine Kennenlern-Runde bei den entsprechenden Unternehmen drehen. Wer dies offiziell im Namen seines Mediums macht, für den werden sich die Türen umso leichter öffnen. Der Journalist lernt in erster Linie die Unternehmenssprecher kennen, manchmal vermitteln diese auch nicht zur Veröffentlichung gedachte Hintergrundgespräche mit den Vorständen oder anderen hochrangigen Managern. Nicht selten bieten Pressesprecher dem Neuling auch das nächste Interview mit dem Firmenchef an. Dies ist einerseits als freundliche Geste gemeint, um dem Journalisten die Möglichkeit zu geben, Zugang zu den Entscheidungsträgern zu bekommen und schnell eine Stimme im öffentlichen Diskurs zu erhalten. Andererseits soll diese vermeintliche Vorzugsbehandlung dem Neuling schmeicheln und bei ihm – möglichst dauerhafte – Sympathie für das Unternehmen wecken.

Kleinode und Ladenhüter: Wer bei seiner Einführung verschiedene Unternehmensteile und -sparten kennen lernt, findet entweder selbst schon Themen oder bekommt dabei welche von den Sprechern angeboten. Bei einigen handelt es sich durchaus um ernstgemeinte, manchmal bisher unentdeckte »Kleinode«, bei anderen um Ladenhüter, die dem unbedarften Neuling verkauft werden sollen. Vor einer Zusage sollte dies der Journalist immer noch einmal überprüfen.

Gezielte Ansprache: Unternehmen arbeiten mit Kommunikationsplänen, in denen sie die großen Themen und wichtigen Termine des Jahres festhalten. Dort legen sie auch fest, in welcher Form (Pressekonferenz, Exklusivinterview etc.) und in welchen Medien sie diese Themen platzieren wollen. Aber auch wenn die Unternehmenskommunikation kurz- oder mittelfristig eine »Botschaft« an die Öffentlichkeit bringen will, sucht sie das entsprechende Medium gezielt aus.
Kriterien sind meist:
- die Relevanz des Mediums,
- seine kritische oder bevorzugt weniger kritische Haltung gegenüber dem Unternehmen,
- welche Zielgruppen es anspricht.
Hinzu kommt, dass einige Pressestellen Wert darauf legen, die Themen unter den Journalisten, die regelmäßig mit ihnen zu tun haben, gleichmäßig zu verteilen. Kurzum: Der Journalist sollte sich im Klaren darüber sein, dass er Themen ganz gezielt angeboten bekommt.

Unabhängigkeit wahren: Er sollte die Absichten und Interessen des Anbieters stets hinterfragen und sich die intellektuelle Freiheit gewähren, die vom Unternehmen gewünschte »Botschaft« nicht zwingend eins zu eins zu übernehmen – wenn er denn am Abschluss seiner Recherchen zu einem anderen Ergebnis gelangt. Ein Artikel oder Beitrag gerät dann nicht in den Ruch der PR, wenn zu einem Thema darüber hinaus weitere Unternehmen befragt werden. Eine andere Möglichkeit, sachliche Distanz zu wahren, besteht darin, Analysten, Unternehmensberater oder zum Beispiel Experten aus der Wissenschaft Einschätzungen abgeben zu lassen. Wer zudem länger mit einem Unternehmen zu tun hat, wird nach einer Weile auch Manager aus anderen, vielleicht verwandten Abteilungen kennen gelernt haben als die, mit denen er für seine aktuelle Geschichte gerade zu tun hat. Es liegt nahe, auch von diesen Managern – an der Pressestelle vorbei – die Meinung einzuholen, ohne sie freilich mit dem Namen zu zitieren.

Angebote von Wirtschaftspolitikern und ihren Referenten.
Politiker arbeiten bei Themenangeboten weniger nach Plan als Unternehmen. Zugleich gehen sie aber noch selektiver vor, arbeiten bevorzugt mit »befreundeten« und »gleichgesinnten« Journalisten zusammen. Angebote von Politiker-Seite setzen also in aller Regel voraus, dass man sich gegenseitig kennt – und meist mehr noch als dies. Politiker arbeiten hierbei oft mit Exklusiv-Angeboten, die sie an nur einen Journalisten vergeben. Damit verbinden sie allerdings auch die Erwartung, dass er sich dem Thema ganz oder zumindest weitgehend in ihrem Sinne widmen wird. Wer dies nicht tut, dürfte nicht wieder so schnell ein Exklusiv-Angebot bekommen.
Der Journalist muss hier noch stärker als bei den Unternehmen eine Gratwanderung unternehmen, um seine Unabhängigkeit zu wahren. Themen – zumal solche mit weniger exklusivem Charakter – ergeben sich oft im Laufe von Gesprächen mit Politikern (»Machen Sie doch mal darüber was!«). Für größere, übergreifende Themen veranstalten weniger die einzelnen Politiker selbst als vielmehr die jeweiligen Fraktionen oder Ministerien Pressekonferenzen und Fachtagungen.

Genau prüfen: Anstöße kommen oft auch von den persönlichen oder Fachreferenten der Politiker – teils auf Geheiß des Politikers, teils aus eigener Initiative heraus, wenn ihnen ihr Chef freie Hand dazu gibt. In diesem Fall handelt es sich in der Regel um Referenten, die mit der entsprechenden Materie sehr vertraut sind. Es gibt allerdings auch andere, die stärker organisatorische Aufgaben wahrnehmen, und deshalb als nur begrenzt informierter »Verkäufer« von Themen fungieren. Basiert die Zusammenarbeit nicht auf längerer Erfahrung, sollte der Journalist durch besonders ausgiebiges Nachfragen genau überprüfen, ob ihm und seinem Medium das vorgeschlagene Thema etwas bringt.

Angebote von PR-Agenturen: Oft sind es kleinere und weniger bekannte, manchmal auch ausländische Unternehmen, die PR-Agenturen beauftragen, sie in die Öffentlichkeit zu bringen. Denn das ist in der Regel deutlich billiger für sie, als Anzeigen oder Werbespots zu schalten. Da es nicht ganz einfach ist, diese Unternehmen in die zumal bedeutenderen Medien zu hieven, und viele Agenturen dabei obendrein nicht nach Stunden, sondern nach ihrer Trefferquote bezahlt werden, wird das »Thema« meist sehr vielen Medien angeboten.

Variationen desselben Themas. Das »Thema« ist in der Regel das Unternehmen selbst. Wenn das nicht fruchtet, versuchen die Agenturen oft, das Unternehmen in Verbindung mit einem möglichst aktuellen Thema oder eingebettet in einen Trend zu verkaufen. Zuweilen werden Themen auch als vermeintlich exklusiv angeboten (»Sie werden garantiert als einziger Journalist mit dem Präsidenten des kroatischen Maschinenbauverbands sprechen!«). Gelockt wird nicht selten auch damit, den Termin mit einem Mittag- oder Abendessen in einem vornehmen Restaurant zu verbinden.

Einige PR-Agenturen gehen auch mit Branchen- und Marktstudien (meist von Unternehmensberatungen) hausieren, die sie am Anfang mit dem Zauberwort »exklusiv« verkaufen. Einige Agenturen versuchen, diese Studien auch Monate später zu platzieren. Der Journalist sollte hier einen Blick ins elektronische Archiv (vgl. das Kapitel »Recherchemittel«) werfen, um zu überprüfen, ob die Studie nicht schon längst andere Medien verwertet haben. Manchmal ist dies aber auch irrelevant: Wenn sie nicht total veraltet sind, können selbst schon nicht mehr ganz so taufrische Studien sinnvolle Ergänzungen zu einem Thema darstellen, an dem man ohnehin gerade arbeitet. Doch Vorsicht: Einige Studien werden ausschließlich dafür eingesetzt, um zu »beweisen«, wie wichtig und unverzichtbar die Aktivitäten des Unternehmens sind, das die PR-Agenturen den Medien »verkaufen« will.

Positive Ausnahmen. Bei aller Vorsicht, die man bei Angeboten von PR-Agenturen walten lassen sollte: Wenn das Unternehmen trotz Unbekanntheit tatsächlich in der einen oder anderen Hinsicht exzeptionell ist, kann es sich durchaus für ein Porträt eignen. Oder es könnte zumindest Teil einer umfassenderen Branchen- oder Trendgeschichte werden. PR-Referenten versuchen meist, per Telefonanruf (einige Angebote werden auch per Mail verschickt) ihre Themen zu verkaufen. Vor einer Zusage sollte sich der Journalist jedoch Unterlagen zum Thema/Unternehmen zuschicken lassen und überprüfen, ob das Thema auch wirklich das hält, was der PR-Referent versprochen hat.

Nicht alle PR-Agenturen wollen Ladenhüter oder minder interessante Themen »verkaufen« und in möglichst vielen Medien unterbringen. Es gibt auch Agenturen, die strategische Kommunikation oder Finanzkommunikation betreiben und genau wissen, welche Anforderungen anspruchsvolle Journalisten an Themen stellen. Sie sprechen Journalisten gezielt und selektiv an (vgl. das Kapitel »Mitspieler – Gegenspieler? Die Informanten des Wirtschaftsjournalisten«).

Tipps von Lesern, Hörern, Zuschauern: Zu den unverwüstlichen Mythen des Journalismus gehört der unverhoffte Anruf eines Lesers oder der Leserbrief eines treuen Zuschauers, der den entscheidenden Anstoß für die Enthüllungsgeschichte des Jahres gibt. Dies soll in der Tat schon vorgekommen sein. In der Regel sind »Themenvorschläge« aus dem Publikum jedoch eher mit einer gewissen Vorsicht zu genießen und münden – wenn überhaupt – in Beiträge, die zwar Missstände aufdecken, selten jedoch übermäßig spektakulär sind. Am wertvollsten erweisen sich in aller Regel Hinweise für Verbraucherthemen.

Besondere Vorsicht ist deshalb angebracht, weil auch hier das Eigeninteresse als Motiv im Vordergrund steht – und dies in einer neuen Dimension. Während Unternehmen und Politiker in aller Regel Themenangebote machen, um ein spezifisches Interesse ihrer Institution zu fördern, spielen bei dieser Art von Angebot persönliche Motive die dominierende Rolle. Oft sind es vermeintlich oder tatsächlich Geschädigte, die sich zu Wort melden – und sehr oft schwingen dabei Frust, Verärgerung, Rachegelüste oder sogar Hass mit. Dies sollte der Journalist stets mitberücksichtigen.

Einzelfall oder Massenphänomen? Zuweilen melden sich Manager oder auch einfache Mitarbeiter, die sich ungerechtfertigt gekündigt fühlen und glauben, ihr ehemaliger Arbeitgeber wende unfeine, wenn nicht gar ungesetzliche Methoden an. Das kann durchaus der Fall sein. Mindestens genauso wahrscheinlich ist jedoch, dass sie die Medien als Vehikel nutzen wollen, um sich öffentlich rehabilitieren zu können. Hier gilt es, schon beim ersten Gespräch sehr genau nachzufragen und zu prüfen, ob der Informant in spe die Geschichte aus eigennützigen Motiven nicht doch etwas zu sehr aufbauscht. Meist suchen jedoch Verbraucher, die sich als hilflose Opfer fühlen, den Kontakt mit den Medien:

- Der brave Facharbeiter, der vor zwei Jahren einen Garagenanbau hat vornehmen lassen, an dem sich jetzt Baumängel zeigen, die zuständige Firma aber nicht Abhilfe leisten will.
- Die Hausfrau, die ihren Telefon-Anschluss schon vor Monaten abgemeldet hat, von der Telefongesellschaft aber Mahnbescheide erhält, sie solle doch ihre monatlichen Grundgebühren begleichen.

Oft denken die Betroffenen nicht so weit, dass sie wahrscheinlich Einzelfälle sind, an denen das öffentliche Interesse eher begrenzt ist.[2] Eine Geschichte, die von öffentlichem Interesse ist, wird aber erst dann daraus, wenn es eine ganze Reihe, besser noch: eine Vielzahl von Betroffenen gibt und dabei Missstände aufgedeckt werden, hinter denen Methode steckt – ob sie vom Verursacher so gewollt sind oder nicht.

Der Blick ins elektronische Archiv sollte einen ersten Hinweis darauf geben, ob sich ähnliche Fälle schon einmal zugetragen haben. Der Anruf bei den potenziellen Verursachern ist selten zielführend: Von »Auf keinen Fall!« bis »Ist das erste Mal, das ich so etwas höre« sind alle Arten von Dementis die Regel. Deshalb liegen vor allem zwei Möglichkeiten nahe, um zu eruieren, ob es sich tatsächlich um eine »Geschichte« handeln könnte. Erstens: die Verbraucherzentrale anrufen. Möglicherweise gab es dort ja schon ähnliche Beschwerden oder sogar einschlägige Fälle mit einem juristischen Nachspiel. Zweitens, in Diskussionsforen und Weblogs im Internet recherchieren – um hier vielleicht sogar mit einigen Geschädigten direkt ins Gespräch zu kommen. Nach dieser »Beweisaufnahme« könnte der Anruf beim möglichen Verursacher schon deutlich aufschlussreicher ausfallen.

[1] Kapitalmarktorientierte Nachrichtenagenturen wie Reuters, Bloomberg, Dow Jones oder dpa-afx versorgen auch Händler mit Marktinformationen, für die manchmal Sekunden über hohe Gewinne oder Verluste entscheiden können. Deshalb ist Reaktionsschnelle für Agenturen ein wichtiger Wettbewerbsvorteil.

[2] Eine Ausnahme bilden hier besonders skurrile Einzelfälle, die deshalb berichtenswert erscheinen, weil sie einen hohen Unterhaltungswert aufweisen und einen Umstand besonders plakativ darstellen (den Bürokratismus einer Behörde oder Ähnliches).

Die saubere Recherche

»Könnte ein Thema sein«, »Ist unbedingt eine Geschichte« – wenn der Journalist und/oder die Redaktionskonferenz diese Grundsatzentscheidung gefällt haben, gilt es »anzurecherchieren«, will heißen: erste Recherche-Schritte zu unternehmen. In den Redaktionen ist seit Jahrzehnten der flapsige Spruch im Einsatz: »Durch zu viel Recherche mache ich mir nur meine gute

Geschichte kaputt!« Konkret: »Mir ist eine heiße Story kolportiert worden. Wenn ich der Sache zu sehr auf den Grund gehe, stellt sich möglicherweise heraus, dass doch gar nichts dran oder sie nur halbwahr ist.« Genau dies ist aber die Aufgabe eines jeden Journalisten: Sorgfältig und sauber zu recherchieren, um so sachlich und informiert wie möglich zu berichten – auch auf die Gefahr hin, dass an dem heißen Tipp, der persönlichen Eingebung oder auch an der Meldung, die den Ticker hoch und runter läuft, doch nicht so viel dran ist. Oft zeigt sich dies schon beim »Anrecherchieren«.

Ist die Information zutreffend?, lautet die erste Frage, die mit einem klaren »Ja« beantwortet werden muss, um die Story überhaupt weiterzuverfolgen. Dazu wird eine journalistische Basisrecherche durchgeführt, die Antworten auf die ersten vier »W«-Fragen sucht: Wer? Was? Wann? Wo? Fehler bei den Quellen schleichen sich öfter ein, als man denkt.

Beispiel: Ein Konkurrenzmedium schreibt, der Vorstandschef eines Konzerns werde zum Quartalsende vorzeitig zurücktreten, und bezieht sich dabei auf Unternehmenskreise. Das kann nicht einfach nacherzählt, sondern muss beim Konzern selbst nachgefragt werden.

Weitere Fehlerquellen: Oft ist die Materie viel komplexer, weshalb stets eine gewisse Wahrscheinlichkeit besteht, dass andere Medien das Thema – bewusst oder unbewusst – sachlich nicht hundertprozentig korrekt dargestellt haben. Deshalb gilt es, die Betroffenen immer selbst zu befragen.
Fehler können sich auch beim Autor einschleichen: Zum Beispiel wenn es zu Missverständnissen mit den Quellen und Informanten kommt. Zuweilen geht der Journalist Informanten aber auch einfach auf den Leim, die gezielt Fehlinformationen streuen.
In jedem Fall ist zu überprüfen, inwieweit der jeweilige Informant zugleich auch Urheber oder Akteur ist. Denn je näher die Quelle zu den Sachverhalten steht, desto weniger neutral und zuverlässig ist sie. So müssen Informationen, die nicht voll verifiziert

werden können, unbedingt entsprechend gekennzeichnet werden und der jeweiligen Quelle zugewiesen werden, egal wie konkret diese zu benennen ist. ... sagte ein Sprecher des Bundeswirtschaftsministeriums nennt Ross und Reiter, während heißt es aus Ministeriumskreisen schon sehr viel nebulöser klingt und deshalb eine geringere Wertigkeit aufweist.

»Einer schreibt vom anderen ab«: Die Meldungen von Nachrichtenagenturen sind in der Regel sauber recherchiert, da die Agenturjournalisten meist handwerklich versiert sind und schon bei ihren Meldungen die Basisrecherche vorgenommen haben. Tempo – der Druck, als Erster mit der Nachricht auf dem Markt zu sein – spielt bei ihnen allerdings eine nicht minder wichtige Rolle. Deshalb sind auch die Agenturen nicht vor dem Fehlerteufel gefeit. Schnell, zu schnell wird hier schon einmal etwas nachgeplappert, was sich im Nachhinein als doch nicht (vollständig) korrekt herausstellt.
In ihren Zweit- und Drittmeldungen füttern die Agenturen die eigentliche Nachricht mit Hintergrundinfos an. Auch diese gilt es zu überprüfen, sofern sie von größerer Bedeutung sind. Dieselbe Prozedur ist auch bei relevanten Infos anzuraten, die man von anderen Medien zu übernehmen gedenkt. »Einer schreibt vom anderen ab«, sagen Pressesprecher oft in Anspielung darauf, dass die Fehlinformation einer Publikation mehrfach von anderen Medien übernommen wird.
Dies passiert nicht selten dadurch, dass der Journalist das elektronische Archiv seines Mediums nutzt, um zu sichten, was zum Thema bereits erschienen ist und um sich in den aktuellen Sachstand einarbeiten zu können (vgl. das Kapitel »Recherchemittel«). Die Archivinfos werden meist als faktische Information wahrgenommen. Es können sich aber auch Spekulationen und Fehlinformationen darunter befinden.

Kalter Kaffee – frisch aufgebrüht: Zuweilen stellt sich nicht nur die Frage, ob die Information zutreffend, sondern auch ob sie neu ist und damit Nachrichtenwert besitzt. So verbreiten Nachrichtenagenturen manchmal vermeintliche Exklusivmeldungen anderer Medien, bei denen sich nach einem Blick ins Archiv herausstellt, dass die Information schon mehrere Wochen alt ist. Das Medium, das die Geschichte ausgegraben hat, hat sie nur als neu verkauft.

Vollrecherche: Zeigt sich nach der Basisrecherche, dass das Thema von größerer Bedeutung ist, muss es erweitert und vertieft werden. Mit dieser *Vollrecherche* versucht der Journalist, die weiteren, bisher offen gebliebenen »Ws« zu beantworten: das »Wie?« und das »Warum?«. Konkret: Wie war der genaue Verlauf des Geschehnisses? Welche Motive hatten bzw. haben die Beteiligten? Welche ursächlichen Zusammenhänge bestehen zwischen den Ereignissen bzw. den beteiligten Personen? Eine wichtige Frage, die das Publikum nicht minder interessieren dürfte, lässt sich nicht durch die sechs »Ws« abdecken: die Frage nach den *Folgen*. Bei allen drei Komponenten – Hergang, Motive/Ursachen, Folgen – ist es sinnvoll, mit einer oder mehreren Hypothesen zu arbeiten. Dies gibt der Recherche eine Richtung, wenn auch nicht immer die richtige. Es besteht freilich immer die Möglichkeit, die Richtung zu justieren oder die These umzuformulieren. Mit der Recherche soll überprüft werden, ob die Hypothese haltbar ist. Ein Höchstmaß an Unvoreingenommenheit ist sicher sachdienlich. Allerdings ist der Glaube vermessen, vollkommen ergebnisoffen recherchieren zu können. Der Journalist arbeitet in aller Regel mit einer Hypothese – und mag sie sich noch so tief im Hinterkopf versteckt haben.

Formen eines unabhängigen Terminjournalismus

Der Journalist macht sich allein dann schon nicht zum reinen Sprachrohr von Unternehmen und Wirtschaftspolitikern, wenn er in unabhängigem Geiste eine Vollrecherche durchführt und den Dingen auf den Grund geht. Es gibt indes noch weitere Möglichkeiten, sich den Vorgaben der Themenanbieter zu entziehen. Eine Option besteht darin, über das Sujet nicht sklavisch in der

Stilform des klassischen Berichts zu informieren. Der Bericht kommt gerade bei Pressekonferenzen sehr häufig zum Einsatz und gibt im Wesentlichen eins zu eins wieder, was die Teilnehmer der PK gesagt haben. Aber auch andere Stilformen sind denkbar:

- Feature
- Interview
- Kommentar
- News Analysis.

Feature: Statt mit einem nüchternen Nachrichtensatz einzusteigen, kann der Artikel wie bei einem Magazin-Stück »angefeatured« werden, also mit atmosphärischen Eindrücken starten. Reportage- und Berichtselemente, die ein Feature ausmachen, können sich immer wieder im Laufe des Artikels abwechseln. Ein Feature ist allerdings nur dann sinnvoll, wenn etwa bei der Pressekonferenz eine besondere Stimmung herrscht. Ein guter Anlass ist zum Beispiel der erste Auftritt eines neuen Vorstandschefs.

Interview: Nach der Pressekonferenz könnte vorab ein Einzelinterview mit dem Manager/Politiker vereinbart werden. Dabei können wichtige Zusatzinfos herausspringen. Im Interview lässt sich der Gesprächspartner aber auch leichter bei wichtigen Fragen festnageln als durch ein oder zwei Fragen im Rahmen der Pressekonferenz. Denn hier lässt es sich hartnäckiger nachfragen, weil nicht andere Kollegen darauf warten, dass sie ihre Fragen stellen können. Ein Interview bietet sich aber auch dann an, wenn in der Pressekonferenz nicht wirklich Neues gesagt wurde. Dies kann zum Beispiel vorkommen, wenn die Unternehmensergebnisse bereits in Form »vorläufiger Zahlen« vor einer Bilanz-PK bekanntgegeben wurden und die Frage-Antwort-Runde in der Konferenz wenig guten Stoff für einen Bericht abwirft. Im Interview kann dann zum Beispiel etwas »breiter« und auch etwas lockerer gefragt werden, etwa über die künftige Strategie des Unternehmens.

Werkseinweihungen sind eine weitere Einsatzmöglichkeit des Interviews. Oft dominieren bei ihnen wenig inhaltsschwere Grußworte und Reden von Politikern und Unternehmenschefs (»... gut für diese Region, gut für uns alle ... hier ist das größte Werk Europas für die Herstellung schlanker Streichholzschachteln entstanden ...«), die einen Bericht ungewollt zu einer Jubel-Arie machen. Auch hier gilt: Im direkten Interview lässt sich das Gegenüber leichter dazu bewegen, konkreter und substanzieller zu werden. Eine weitere Variante: Nicht mit dem Unternehmenschef oder dem Landesfürsten aus der Politik, sondern mit Mitarbeitern sprechen – der Eindrücke wegen möglichst nach der Einweihung. Dabei besteht freilich die Gefahr, dass die Pressestelle besonders zahme Mitarbeiter für ein solches Gespräch organisiert. Wer aber darauf dringt, mit dem Betriebsrat zu sprechen, der hat zumindest die Chance, auch eine kritische Würdigung zu hören – zum Beispiel wie viele Opfer die Arbeitnehmer bringen mussten, damit das neue Werk hier zu Lande gebaut wurde und nicht in einem Billiglohnland.

Kommentar: Ein Kommentar steht in aller Regel nicht für sich allein, sondern ergänzt einen Bericht. Er ordnet Geschehnisse ein und bewertet sie vor allem. Insofern dient er dazu, eine Reihe von Fragen zu beantworten, die Pressekonferenzen und andere Verlautbarungen aufwerfen: Ist die Jubelstimmung, die dort der Vorstand über den Jahresabschluss verbreitet hat, wirklich berechtigt? Bleibt dem Management wirklich nichts anderes übrig, als wie nun angekündigt ein Viertel aller Stellen abzubauen? Welche Alternativen gibt es?

News Analysis: Der Hintergrundbericht mit analysierenden und kommentierenden Passagen bietet sich dann an, wenn der Bericht nicht durch einen Kommentar ergänzt werden kann. Die News Analysis ist aber auch dann die am besten geeignete Darstellungsform, wenn das reine Referieren einer Pressekonferenz um andere Komponenten erweitert werden soll.

Für die Verbraucher übersetzen. Damit die »Botschaft« einer Pressekonferenz von Unternehmen oder Politikern nicht einfach nacherzählt wird, nimmt der Autor, soweit es möglich ist, die viel massenwirksamere Verbraucherperspektive ein (vgl. Kapitel »Beruf Wirtschaftsjournalist«) und prüft die PK-Inhalte darauf, welche Auswirkungen sie auf den Konsumenten haben oder haben könnten.

Beispiel: Im März 2006 kündigte die Lufthansa an, günstige Flüge für 99 Euro für innereuropäische Flugverbindungen anzubieten. Das erklärte Ziel der Fluggesellschaft war es, mit dieser Maßnahme Marktanteile von den Billigfliegern zurückzugewinnen. Ein Artikel könnte nicht nur über die Ankündigung informieren, sondern darüber hinaus der Frage nachgehen, ob damit nicht die Billigflieger ihrerseits gezwungen seien, ihren Service zu verbessern. Denn die Lufthansa ist für eine vergleichsweise gute Kundenbetreuung bekannt. Der Rechercheaufwand für einen solchen Artikel hält sich in Grenzen: Ein paar Anrufe genügen.

Andere Stimmen zu Wort kommen lassen. Um beim Lufthansa-Beispiel zu bleiben: Eine solche Spekulation kann der Autor freilich nicht selbst schreiben, obwohl nicht wenige Journalisten sich gern auf fiktive »Branchenexperten« berufen, wenn sie selbst eine Einschätzung geben. Deutlich seriöser ist es, reale Personen im Zitat zu Wort kommen zu lassen. Naheliegende Ansprechpartner sind bei Unternehmen Konkurrenten oder deren Verbände bzw. politische Gegner. In unserem Fall wären es die größeren Billig-Airlines. Eine weitere Möglichkeit: Unabhängige Experten (hier: Stiftung Warentest, Fluggastverbände etc.). Wer dagegen kapitalmarktorientierter recherchiert, sollte Analysten befragen, welche Auswirkungen die neue Lufthansa-Strategie auf den Aktienkurs des Unternehmens haben könnte. Audio-visuelle Medien lassen zudem gern Verbraucher zu Wort kommen (»Was halten Sie davon?«) – weniger um ein repräsentatives Stimmungsbild zu vermitteln als vielmehr um Vor- und Nachteile bzw. Pro und Contra einer Sache aufzuzeigen.

Einen bestimmten Aspekt herausgreifen: Nicht der Absender einer Pressemitteilung, Veranstalter einer Pressekonferenz oder sonstige Initiator einer Geschichte bestimmt deren Einschlag und Duktus, sondern Autor und Medium. Wer sich dessen bewusst ist und bleibt, hat auch den Mut, selbst einen bestimmten Aspekt eines Themas herauszugreifen, auch wenn man damit nicht im Strom der meisten Journalisten schwimmt, die über das gleiche Sujet berichten. Einige Medien verstehen diese Vorgehensweise nicht nur als Zeichen von unabhängigem Journalismus, sondern auch als publizistisches Alleinstellungsmerkmal. Der Ansatz bietet sich gerade auch bei Bilanzpressekonferenzen an (vgl. das Kapitel »Klassiker des Wirtschaftsjournalismus«), bei denen sich die Journalisten oft mit einer wahren Informationsflut konfrontiert sehen und zum Filtern gezwungen sind. Wie können solche Einzelaspekte aussehen, die in den Mittelpunkt eines Berichts oder bevorzugt einer News Analysis gestellt werden könnten? Meist drehen sie sich um Fragestellungen wie: Wie genau sieht die Zukunftsstrategie des Unternehmens aus und wie erfolgsversprechend ist sie? Was ist das größte Problem, das das Management in nächster Zeit zu bewältigen hat? Werden die neuen Maßnahmen ausreichen, um den Aktienkurs wieder zu stimulieren? Wie hat sich das Unternehmen auf seinem größten Teilmarkt oder dem stärksten Wachstumsmarkt geschlagen und wie sehen dort die weiteren Aussichten aus?

Beispiel: Die Deutsche Bahn AG. Vorstandschef Hartmut Mehrdorn wollte den Staatskonzern so schnell wie möglich an die Börse bringen – möglichst bis 2007 oder 2008. Dazu erstellte eine Investmentbank in den Jahren 2003/04 Gutachten, in dem die dafür notwendige Geschäftsentwicklung festgelegt wurde. Bei den darauffolgenden Bilanzpressekonferenzen war es deshalb naheliegend, die Jahresabschlüsse mit den Vorgaben abzugleichen und zu überprüfen, ob und wie die Bahn dabei vorankam, sich fit für die Börse zu machen.

Das »Weiterdrehen«

Beim so genannten Weiterdrehen greift der Journalist eine bereits bekannte Nachricht auf und versucht, zusätzliche relevante Informationen zu recherchieren und/oder die News unter einem neuen Aspekt zu beleuchten. Unter Journalisten gehört das Weiterdrehen zu den eher unbeliebten Übungen, weil es für viele einem »Nachklappern« anderer Medien gleichkommt, die schneller waren. Gleichwohl gehört das Weiterdrehen zum Alltag jeder Redaktion, denn weder ein Journalist noch ein Medium hat ein Monopol bei exklusiven Nachrichten. Abgesehen davon bietet sich das Weiterdrehen auch bei Nachrichten an, die nicht exklusiv lanciert werden, sondern von denen alle Medien gleichzeitig erfahren.

Verifizieren: Geschickt gemacht, lässt sich aus dem Weiterdrehen durchaus publizistisches Kapital schlagen. Doch zuvor muss die Nachricht überhaupt erst verifiziert werden, sofern sie die Nachrichtenagenturen als Exklusivmeldung laufen lassen (vgl. das Kapitel »Die Exklusivgeschichte«) (»… nach einem Bericht der XY Zeitung …«). Dafür gilt es, zunächst die entsprechende(n) Pressestelle(n) zu kontaktieren und sich eine offizielle Stellungnahme einzuholen. Sollte die Pressestelle den Vorgang nicht öffentlich kommentieren wollen (Beliebter Standardspruch: »Zu Spekulationen und Gerüchten nehmen wir grundsätzlich keine Stellung«), kann der Journalist immer noch nach einer nicht zitierfähigen Hintergrundinformation fragen. Sollte der Sprecher auch dazu nicht bereit sein, sollten im nächsten Schritt ohnehin Informanten aus dem Umfeld des betroffenen Unternehmens/Managers/Politikers angesprochen werden (Unternehmensberater, Investmentbanker etc.).

Folgende Varianten sind für das Weiterdrehen denkbar:
- Neue Aspekte recherchieren
- Die Gegenseite hören
- Vom Einzelfall auf den Markt übertragen, vom Ausland aufs Inland projizieren
- Die eigene Exklusivgeschichte weiterdrehen.

Neue Aspekte recherchieren. Beispiel: Die XY-Zeitung meldet unter Berufung auf »gut informierte Kreise«, dass Hermann-Josef Z. angeblich neuer Vorstandschef einer deutschen Großbank wird. In dem Artikel heißt es, der Aufsichtsrat sei sehr unzufrieden mit den Geschäftsergebnissen der vergangenen zwei Jahre gewesen, für die der bisherige Amtsinhaber Hubert A. verantwortlich war.

Ein Sprecher der Großbank will die Meldung nicht offiziell kommentieren, bestätigt sie aber hinter vorgehaltener Hand. Mit der neuen Berufung stellen sich verschiedene Fragen: Wird Hermann-Josef Z. den gesamten Vorstand umbauen? Falls ja, mit welchen neuen Managern? Waren es wirklich allein die dürftigen Gewinnsteigerungen, die Hubert A. zu Fall brachten? Oder gab es vielleicht andere Ursachen? Hat er strategische Fehler gemacht? Hat er den Aufsichtsrat gegen sich aufgebracht? Wie könnte die neue Strategie unter Z. aussehen?

Die Gegenseite hören. Beispiel: Der Chef eines großen Mobilfunk-Netzbetreibers sagt in einem Exklusiv-Interview, das Netz mit der neuen Technologie werde mit starker Verzögerung starten, weil die Handy-Hersteller entgegen ihren Zusagen noch keine voll funktionsfähigen Mobiltelefone für die neue Technologie liefern könnten.

Gesagt ist gesagt – die Meldung wird wohl so stimmen. Durch einen Anruf beim Netzbetreiber lassen sich zwar möglicherweise noch ein paar weitere Details in Erfahrung bringen. In diesem Fall liegt es aber nahe, die öffentlich kritisierten Handy-Hersteller anzusprechen. Denn es könnte gut sein, dass sie eine ganz andere Sicht der Dinge haben.

Vom Einzelfall auf den Markt übertragen, vom Ausland aufs Inland projizieren. Beispiel 1: Die Rating-Agenturen stufen die Anleihen von zwei US-amerikanischen Autokonzernen auf »Ramsch-Status« herab.

Für die kriselnden Autokonzerne ist dies ein herber Schlag. Die Unternehmen sind allerdings so bedeutend, dass sie den gesamten Rentenmarkt mit »runterziehen« könnten. Wie groß ist die Gefahr?, könnte die Leitfrage für eine Umfrage unter Experten (z. B. Strategen von größeren Bankhäusern) lauten.

Beispiel 2: In den USA fand ein umfangreicher Kreditkarten-Betrug statt, der bei den Karteninhabern einen Schaden von mehreren Milliarden Dollar verursachte.

Da die Kreditkarten-Firmen weltweit und damit auch in Deutschland tätig sind, liegt die Frage nahe, inwieweit die Betrüger oder auch andere ihr Unwesen auch hier zu Lande treiben können. Und wer hier haftet? Die Firmen oder die Karteninhaber?

Die eigene Exklusivgeschichte weiterdrehen. Beispiel: Eine große Boulevardzeitung meldete, dass Hunderttausende von Renten von den dafür zuständigen Versicherungsanstalten falsch berechnet worden seien.

Am nächsten Tag schob dieselbe Zeitung einen Artikel mit dem Titel »Hat man Ihre Rente auch falsch berechnet? Worauf Sie achten sollten« hinterher. Erst wurde also Panik verbreitet – dann bot sich das Medium als Helfer an. Dies war natürlich nicht von heute auf morgen, sondern von langer Hand geplant. Ebenso ist es möglich, eine Exklusivgeschichte in mehrere »Happen« aufzuteilen, also in Abständen weiterzudrehen. Zuweilen bekommt man aber auch Reaktionen von Beteiligten oder Randfiguren auf eine Exklusivgeschichte, die Stoff zum Weiterdrehen bieten.

Formen des Initiativjournalismus

Wenn der Journalist selbst die Initiative ergreift, dann passiert dies (zumindest im Regelfall) nicht in Folge göttlicher Eingebung. Auch hier kommen die Anstöße von dritter Seite, zum Teil sind es hochoffizielle Anlässe – der Journalist wartet nur nicht, bis er von einem Unternehmen oder einem Wirtschaftspolitiker zum Jagen getragen wird, sondern packt ein Thema aus eigener Motivation an und auch zum von ihm selbst bestimmten Zeitpunkt. Der große Vorteil dieser Herangehensweise: Die Abhängigkeit von Informanten wird in Hinblick auf den Inhalt und die Stoßrichtung des Beitrags spürbar reduziert. Der Nachteil: Passt die Geschichte den Berichtsobjekten zeitlich wie inhaltlich nicht ins

Konzept, wird deren Bereitschaft begrenzt sein, wichtige Informationen herauszugeben.

Folgende Vorgehensweisen und Varianten dessen, was hier unter dem Sammelbegriff »Initiativjournalismus« subsumiert werden soll, sind möglich:

- Informanten regelmäßig abfragen
- Trends erkennen
- Interessante Zielobjekte einkreisen
- Im Vorfeld von Ereignissen recherchieren
- Folgen recherchieren.

Informanten regelmäßig abfragen: Informanten melden sich meist nur dann, wenn sie den richtigen Zeitpunkt für gekommen halten. Soll die Nachricht obendrein nicht breit gestreut werden, zum Beispiel in Form einer Pressemitteilung, muss man zudem zum erlauchten Kreis der berücksichtigten Journalisten gehören. Wer aktiv an seine Quellen herangeht, hat ganz sicher nicht die Garantie, auch tatsächlich auf eine gute Story zu stoßen – zumal wenn sein Gegenüber schon Pläne hat, die Geschichte einem anderen Journalisten anzubieten. Dennoch ist es immer einen Versuch wert, Informanten auch ohne konkreten Anlass zu kontaktieren und zu fragen »Was gibt es Neues?«. Die Chance, zumindest einen Tipp oder eine Idee zu bekommen, ist in jedem Fall viel höher, als das nächste Treffen mit der Quelle allein dem Zufall zu überlassen. Der Journalist mag zwar eine Spürnase haben. Aber die Informanten hören in der Regel das Gras noch besser wachsen, weil sie schlicht näher am Geschehen sind.

> **Tipp:** Den Pressesprecher eines betreuten Konzerns einmal pro Woche anrufen und nach Neuem befragen, selbst wenn das Unternehmen nicht von sich aus an die Öffentlichkeit gegangen ist. Dazu eine Liste wichtiger Informanten für das Unternehmen (Betriebsräte, Berater, Analysten etc.) aufstellen und in regelmäßigen Abständen kontaktieren. Meist hilft es, darüber Buch zu führen, weil eine solche Checkliste zu einer stärkeren Disziplin motiviert.

Trends erkennen. Wer zumal ein Fachgebiet betreut, bekommt bald einen Überblick darüber, wie sich zum Beispiel die betreute Branche in den vergangenen Jahren entwickelt hat. Allein deshalb schon sollte und wird der Journalist eine »Nase« dafür haben, wie sich die Branche weiterentwickeln könnte. Anregungen bekommt er zudem aus Gesprächen mit Experten (Unternehmensberater, Analysten, politische Referenten etc.). Und wenn dann auch noch Nachrichten in eine bestimmte Richtung gehen, könnte sich bereits ein Trend abzeichnen.

Beispiel: Jahrelang haben Unternehmen das Outsourcing betrieben, also Aktivitäten, die nicht zu ihrem Kerngeschäft gehören, aus Kostengründen zu externen Dienstleistern ausgelagert. Ein großer Konzern mit Muttersitz in den USA und Tochtergesellschaft in Deutschland gab vor einem halben Jahr bekannt, das er einen Teil der ausgelagerten Aktivitäten wieder in das Unternehmen hineinholt. Nun kündigt ein größerer Mittelständler ebenfalls an, ein Insourcing zu verfolgen. Möglicherweise zeichnet sich ein Trend ab. Werden andere folgen, weil sich das Outsourcing doch als Fehlschlag erwiesen hat?

Falsche Trendsetter und Hype-Jäger: Wer etwas zum Trend deklariert, sollte dafür jedoch auch genügend Hinweise und Indikatoren gesammelt haben. Nicht selten erklären Medien oder auch einzelne Journalisten etwas zum Trend, obgleich die Faktenlage ziemlich dürftig ist. Oft steht dabei das Motiv dahinter, sich als vermeintliches »Trüffelschwein« zu profilieren oder sich zum Trendsetter hoch zu stilisieren. Wer jedoch wiederholt etwas zum Trend erklärt, was keineswegs trendy wird, macht sich unglaubwürdig. Einige Medien und Autoren verfolgen wiederum stärker den Ansatz, vermeintliche Trends zu entzaubern und als »Hype« (englisch für Übertreibung) zu entlarven – sei dieser nun von anderen Medien oder von den Berichtsobjekten gefördert worden.

Beispiel: Eine neue Funktechnologie soll es ermöglichen, extrem billig und zudem deutlich schneller als über das Festnetz im Internet zu surfen. Eine Reihe von Medien erhebt den Funk zur Trendtechnologie und sagt voraus, dass sie Festnetzanbieter in arge finanzielle Schwierigkeiten stürzen wird, wenn diese nicht sehr stark selbst in diese investieren würden. Eine Anti-Trendgeschichte könnte der Frage nachgehen, ob die neue Technologie überhaupt flächendeckend einsetzbar ist und ob sie nicht sehr hohe Investitionen erfordert, die die Unternehmen zurückschrecken lässt.

Interessante Zielobjekte einkreisen. Wer zum Beispiel eine Branche betreut (Auto, Pharma, Logistik etc.), sollte sich darüber Gedanken machen, welche Unternehmen in diesem Bereich künftig verstärkt ins Blickfeld des öffentlichen Interesses gelangen könnten.

Auch hier heißt es, zunächst Trends zu erkennen – in diesem Fall: die wichtigsten Branchentrends –, um darauf basierend die Unternehmen identifizieren zu können, die davon wahrscheinlich am stärksten betroffen sein werden. Ein großes Porträt dieses Unternehmens kann dazu führen, dass man bei den Recherchen dazu auf weitere interessante Themen stößt, derer man sich vorher noch nicht bewusst war.

Beispiel: In der Versicherungsbranche gibt es seit einiger Zeit einen europaweiten Trend zur Konzentration. Deutschland ist davon weitgehend verschont geblieben. Bisher. Wenn ein ausländischer Versicherer einen deutschen *Konkurrenten* übernehmen wollte, welcher könnte das sein? Wer nun auf die Pressestelle dieses Unternehmens mit einem Porträtwunsch zugeht, sollte es jedoch tunlichst unterlassen, dabei den Begriff »Übernahmekandidat« in den Mund zu nehmen. Es gibt sicher auch andere Begründungen. Sollte es tatsächlich zu einem Aufkauf kommen, ist der Rechercheur gut gerüstet: Er weiß genau, wo die Stärken und Schwächen des Unternehmens liegen und hat Kontakte, die ihn im Verlauf der Übernahme möglicherweise mit wichtigen Informationen versorgen können. Und wahrscheinlich haben sich bei den Recherchen für das Porträt noch ganz neue Aspekte aufgetan, die Stoff für weitere Geschichten liefern.

Im Vorfeld von Ereignissen recherchieren. Nicht alle Ereignisse – zum Beispiel Firmenzukäufe – passieren aus scheinbar

heiterem Himmel, weil alle Beteiligten bis zum Tag X ihr verein-
bartes Stillschweigen durchgehalten haben. Viele Ereignisse
deuten sich einige Zeit vorher bereits an, andere entwickeln sich
gerade und dauern über Wochen oder gar Monate (Streiks und
Tarifverhandlungen). Und wieder andere finden sogar an einem
festen Termin statt wie Bilanzpressekonferenzen. Gerade bei
diesen bietet sich an, im Vorfeld zu recherchieren. Wer nun beim
Pressesprecher anruft, um vorab nach den Geschäftszahlen zu
fragen, wird auf Verwunderung, Belustigung oder beides stoßen.
Denn die Zahlen behalten sich die Unternehmen in aller Regel für
ihre Pressekonferenz vor – es sei denn, sie sind derart katastro-
phal, dass die eine oder andere Kennzahl schon vorab lanciert
wird, damit die Überraschung der Journalisten auf der PK nicht
mehr allzu groß ist.

**Für die Recherche bedeutet dies, auf andere Informanten
auszuweichen.** Dies können Manager innerhalb des Unternehmens sein, die man zuvor aus einem anderen Zusammenhang
kennengelernt hat. Es kann sich aber auch um potenzielle Quellen aus dem Umfeld des Unternehmens oder aus der Branche
handeln: Unternehmens- und Personalberater, Investmentbanker und Analysten. Aber auch Geschäftspartner wie Zulieferer.
Analysten geben vor der Bilanzpressekonferenz ohnehin Ge-
winn- und Umsatzprognosen ab, sofern es sich um ein Dax-Unternehmen handelt.

Realistische Rechercheziele: Es wäre sehr ambitioniert, nun
wirklich die Geschäftszahlen herausfinden zu wollen. Dies gelingt nur äußerst selten. Die Recherche kann aber dazu dienen –
bleiben wir beim Beispiel der Bilanz-PK –, um die wichtigsten
Wachstums- und Problemfelder eines Unternehmens herauszu-
arbeiten und einen Blick auf seine Zukunftschancen zu werfen.
Oft sind die Problemzonen bereits bekannt – noch öfter lassen
sich durch eine fundierte Recherche neue Aspekte herausfinden. Manchmal geben sie sogar den Stoff für eine Exklusivgeschichte ab.
Beispiel: In einer Woche will der Pharmakonzern XY seine Ge-

schäftszahlen vorlegen. Das Unternehmen schreibt seit Jahren solide Gewinne. Es gibt keinerlei Anzeichen dafür, dass sich im abgelaufenen Jahr etwas verändert haben könnte, denn die Ergebnisentwicklung in den ersten drei Quartalen war durchaus positiv. Nicht das größte Problem, dennoch bereits länger ein Ärgernis für XY: Schon seit Monaten blockiert die zuständige Aufsichtsbehörde in den USA die Zulassung eines neuen Herz-Medikaments. Bei der Recherche rutscht einem Analysten – quasi in einem Nebensatz – heraus, der Konzern zöge das Mittel vorerst vom US-Markt zurück und wolle weitere Schritte prüfen. Darauf angesprochen, will er nicht weiter über das Thema reden. Also heißt es, bei anderen Analysten, Beratern sowie schließlich beim Unternehmen selbst anrufen: Wissen sie etwas davon? Welche Konsequenzen hätte dies für die weiteren Geschäftsaussichten des Unternehmens? etc.

Folgen recherchieren. Journalismus ist ein schnelles Geschäft – diese Binsenweisheit trifft sogar auf Medien zu, die nicht täglich oder wöchentlich erscheinen. Die übergroße Mehrheit der Journalisten richtet ihren Blick darauf, was gerade passiert (ist) und was passieren könnte, weil es am spektakulärsten erscheint. Dabei kann der Journalist auch auf so manch verborgenen publizistischen Schatz stoßen, wenn er auch die langfristigen Folgen und Wirkungen von Ereignissen und Entwicklungen im Blick behält. Die »Vorher-Nachher-Geschichte« (Wurde die Ankündigung wirklich eins zu eins umgesetzt?) hat nicht nur ihren journalistischen Reiz, sie zeugt auch von Tiefgang und einem profunden Interesse an der Materie.

Beispiel 1: Partei A und B haben bei den Koalitionsverhandlungen vereinbart, die Mehrwertsteuer zu erhöhen, dafür jedoch zugleich die Lohnnebenkosten senken zu wollen. Doch plötzlich redet keiner mehr von den Lohnnebenkosten – und keinem scheint es aufzufallen. Fast keinem. Warum wurde die Idee fallen gelassen? Welche Folgen wird die einseitige Vorgehensweise für die Konjunktur und die Sozialsysteme haben?

Beispiel 2: Der Bankensektor hat in den vergangenen Jahren Zehntausende von Stellen gestrichen. Statt betriebsbedingter Kündigungen wurde das Personal in der Regel »sozialverträglich« abgebaut. War der Verlust des Arbeitsplatzes für die Betroffenen selbst wirklich so sozial, wie es die Banken behaupten?

»Wirbel um die Dux AG«: Recherche im Fallbeispiel

Im E-Mail-Fach landet eine Pressemitteilung – Absender: der Autozulieferer Dux AG. Der Text lautet kurz und knapp: »Der Eigentümer der Dux AG, die Familie Fürstenberg, veräußert den Unternehmensbereich Einspritzpumpen an die Investorengruppe Financial Dynamics. Die Dux AG wird sich damit künftig wieder auf ihr Kerngeschäft, die Entwicklung von Kühlsystemen, konzentrieren.« Ende.

Wie nun mit der Info umgehen? Zunächst stellt sich die Frage: Ist die Pressemitteilung überhaupt relevant? Allerdings! Die Dux AG gehört zu den größten Unternehmen in der Region, und der Bereich Einspritzpumpen ist sehr bedeutend. Doch wie groß genau? Wie viel hat Dux dafür bekommen? Und was bedeutet der Verkauf? Fragen über Fragen. Doch der Reihe nach und damit zunächst zu der Frage, ob die Nachricht überhaupt zutreffend ist. Sieht ganz danach aus, denn der Absender ist der Verkäufer selbst. Sieht der Käufer das auch so, dass die Transaktion unter Dach und Fach ist? Denn der hat nicht mit unterzeichnet. Ein Grund mehr, der Sache auf den Grund zu gehen. Zunächst zu den vier »Ws«:

Wer? Verkäufer: Die Dux AG bzw. deren Eigentümer, die Familie Fürstenberg. Käufer: Der Investor Financial Dynamics. Noch nie gehört. Also prüfen, um wen genau es sich dabei handelt.

Was? Der Unternehmensbereich Einspritzpumpen. Aber wie groß ist dieser überhaupt im Vergleich zu dem Kerngeschäft mit Kühlern? Und damit verbunden die wichtige Frage: Wie viel bekommt Dux für den Bereich? Denn Angaben zum Kaufpreis enthielt die Mitteilung nicht.

Wann? Klar, jetzt. Aber seit wann will Dux seine Einspritzer-Abteilung verkaufen? Und wie lange laufen schon entsprechende Verhandlungen?

Wo? Hier – am Stammsitz von Dux. Doch es gab schon einmal Gerüchte, dass Dux sein Einspritzwerk ins Ausland verlagern wollte. Wird das Financial Dynamics jetzt durchziehen? Was wird dann aus den rund 500 Arbeitsplätzen hier?

Schnell zeigt sich, dass es nicht bei den vier »Ws« bleibt. Die Fragen der Basisrecherche ziehen schnell weitere, nahe liegende Fragen nach sich. Und dann sind auch auch noch das »Wie?« und »Warum?« zu beantworten.

Wie? Höchstwahrscheinlich mit Hilfe einer oder mehrerer Investmentbanken. Das ist im Moment weniger wichtig, da es sich nicht um einen spektakulären Börsengang handelt. Die Info könnte allerdings noch relevant werden.

Warum? Das ist die große Frage. Der Eigentümer hat zwar angegeben, dass er sich wieder auf sein Kerngeschäft, Kühlsysteme, konzentrieren will. Das reicht aber noch längst nicht aus. Heißt das, dass das Geschäft mit den Einspritzpumpen kriselt? Oder bedeutet dies, dass Dux bei den Kühlsystemen Marktanteile verliert und Geld benötigt, um hier verstärkt dringend notwendige Investitionen vornehmen zu können? Oder gibt es vielleicht eine ganz andere Erklärung?

Wie nun vorgehen? Zunächst den Pressesprecher der Dux AG anrufen. Aber zuvor noch selbst recherchieren, um für das Gespräch mehr »Futter« zu haben. Wer ist Financial Dynamics? Das läßt sich am einfachsten durch eine Internet-Recherche und durch einen Blick in das elektronische Archiv des eigenen Mediums herausfinden (vgl. das Kapitel »Recherchemittel«). Dabei stellt sich heraus: Bei Financial Dynamics Incorpotated (FD) handelt es sich um einen Finanzinvestor aus den USA, der sich weltweit, vor allem aber in Europa bei mittelständischen Unternehmen verschiedenster Branchen einkauft. Das Ziel scheint ganz offenbar darin zu bestehen, eine möglichst hohe Rendite zu erzielen und die Unternehmen dann so schnell wie möglich wieder mit maximalem Gewinn weiter zu verkaufen.

Die Archiv-Recherche spuckt ganze zwei Artikel über FD aus, was entweder zeigt, dass das Unternehmen noch nicht sehr bedeutend ist oder aber stark hinter den Kulissen agiert. Der erste Artikel aus einem Wirtschaftsmagazin ist ein Feature über die zunehmende Bedeutung amerikanischer Finanzinvestoren in Deutschland. FD wird dort als ziemlich ruppig beschrieben: Der Investor habe bei übernommenen Unternehmen in Belgien und Großbritannien radikal Kosten gespart und Mitarbeiter entlassen. Der andere Artikel aus einer Wirtschaftstageszeitung ist ein Gespräch mit dem Europa-Chef von Financial Dynamics. Dieser behauptet dort, seine Gruppe und andere Finanzinvestoren würden dazu beitragen, wieder Schwung in die deutsche Wirtschaft zu bringen. Man sei kein »Kaputtsanierer«.

Die weitere Recherche bringt nicht allzu viel: Die Dux AG hat bisher offenbar keine quantitativen Angaben zu ihrer Einspritz-Sparte gemacht. Aus dem Material und diesen Überlegungen wird nun eine Frageliste erstellt, der Dux-Sprecher angerufen.

Ja, sicher sei der Verkauf vollzogen, sagt der Sprecher, und zwar sei die Transaktion im Rahmen eines Bieterverfahrens im Laufe der vergangenen fünf Monate realisiert worden. Zum Preis hätten beide Seiten jedoch Stillschweigen vereinbart. Freilich ließe sich dazu auch Financial Dynamics ansprechen, doch die Aussichten auf Erfolg sind wegen der Vereinbarung äußerst gering. Als weitere Möglichkeit ließe sich die für die Transaktion beauftragte Investmentbank befragen. Doch den Unternehmenssprecher sollte man auf keinen Fall unmittelbar nach der nicht beantworteten Frage nach dem Kaufpreis darauf ansprechen. Denn sonst weiß dieser sofort, wozu diese Info benötigt wird. Die beteiligten Investmentbanken werden sowieso meist nicht genannt.

Welchen Anteil die Einspritzpumpen am Gesamtumsatz und am Gesamtgewinn des Unternehmens ausmachen? Dazu will der Sprecher offiziell auch keine Stellung nehmen. Zum Gewinn mache Dux als Familienunternehmen ohnehin grundsätzlich keine

Angaben. Doch inoffiziell sagt er, dass die Einspritzpumpen knapp 20 Prozent der Gesamterlöse ausmachten. »Zitieren Sie dies bitte nur mit dem Verweis ›aus Unternehmenskreisen‹«, betont er.

Zum »Warum?« will er sich auch inoffiziell nicht weiter äußern. Er sagt aber, und dies sei zitabel: »Bei den Kühlsystemen werden wir jetzt stärker als bisher schon investieren.« Eine Krise? Dux mache Gewinne, das habe ja auch Unternehmenschef Friedrich Fürstenberg auf der vorigen Jahrespressekonferenz hervorgehoben. Was Financial Dynamics mit dem Einspritzwerk vorhabe, wisse er nicht, sagt der Sprecher. Das müsse man FD schon selbst fragen. Auf Nachfrage nennt er die Nummer einer PR-Agentur, die FD in Deutschland vertritt.

Ursachen und Folgen: Der erste Anruf war zwar hilfreich, denn der Sprecher hat die Basisinfos um einige Fakten und Hinweise ergänzt. Doch die wichtige Frage nach dem »Warum?« und den möglichen Folgen hat er unbeantwortet gelassen.

Auch der PR-Agent von Financial Dynamics hat wie der Dux-Sprecher offensichtlich genaue Vorgaben, was er sagen darf und was nicht. Auch er bestätigt den Kauf, will aber keine Auskunft über den Preis und Umsatz der Einspritz-Sparte geben. Deshalb bietet sich ein Strategiewechsel an: Allgemeinere Fragen stellen. »Kauft Financial Dynamics grundsätzlich nur sanierungsbedürftige Unternehmen und Unternehmensteile?« Nein, sagt der Sprecher. »Das ist von Fall zu Fall unterschiedlich. Entscheidend sind immer die Rendite-Erwartungen.« Ließe sich denn zumindest sagen, dass FD vorrangig Sanierungsfälle kaufe? Der PR-Agent merkt, worauf die Frage hinausläuft. »Ja, das stimmt zwar«, bestätigt er. »Aber daraus lassen sich keinerlei Rückschlüsse auf Dux ziehen.« Könne er denn darüber etwas sagen, wie FD die angestrebte hohe Rendite bei den gekauften Unternehmen erziele? Indem es zum Beispiel sehr radikal die Kosten senke, so wie es auch vor kurzem ein renommiertes Wirtschaftsmagazin geschrieben habe? »Dieser Artikel war ja doch ziemlich überzogen«, sagt der Sprecher. »Aber ein striktes Kostenmanagement spielt bei Financial Dynamics schon eine bedeutende Rolle. Da ist bei vielen mittelständischen Unternehmen noch Einiges an Potenzial.« Er will allerdings keine Auskunft darüber geben, wie hoch es bei Dux ist. Personalabbau? Verlagerung der Produktion ins Ausland? Es sei noch viel zu früh, darüber etwas zu sagen. Dies könne außerdem nur der Europa-Chef von FD und der sei bereits gestern wieder in die USA zurückgekehrt.

Ein erstes Bild: Auch die Auskünfte des FD-Repräsentanten waren mit Sicherheit nicht erschöpfend, doch aus den Aussagen beider Sprecher formt sich in Verbindung mit den Hintergrund-Informationen ein erstes Bild. Wer tagesaktuell und obendrein unter Zeitdruck arbeitet, könnte mit den recherchierten Infos schon einen Artikel schreiben. Sicher wäre es ratsam, zumal sich der Aufwand in Grenzen hielte, den Dux-Sprecher ein weiteres Mal anzurufen, um ihn mit den bei Financial Dynamics recherchierten Infos zu konfrontieren. Die Mehrzahl tagesaktueller Artikel weist ein solches Recherche-Niveau auf.
Ein entsprechender Bericht, basierend auf den handschriftlichen Notizen, die der Journalist während der Gespräche angefertigt hat, könnte dann so aussehen:

`Autozulieferer Dux verkauft Einspritzpumpen-Sparte`
`US-Investor erhält Zuschlag für bedeutenden Unternehmensteil - Zukunft der Arbeitsplätze unklar`
`Der Automobilzulieferer Dux AG hat seinen Unternehmensbereich Einspritzpumpen an Financial Dynamics verkauft. Der US-amerikanische Finanzinvestor setzte sich in einem mehrmonatigen Bieterverfahren durch. Über den Kaufpreis haben beide Seiten Stillschweigen vereinbart. In dem Einspritzpumpen-Werk in Wildach beschäftigt Dux 550 Mitarbeiter. Wie diese Zeitung aus Unternehmenskreisen erfuhr, macht der Umsatz des Bereichs Einspritzpumpen circa 20 Prozent der Gesamterlöse aus, was einer`

Summe von rund 150 Mio. Euro entspräche. Im Geschäftsjahr 2006 erwirtschaftete die Dux AG einen Gesamtumsatz von 734 Mio. Euro.

Die Dux AG begründete den Verkauf damit, dass sie sich künftig wieder verstärkt auf ihr Kerngeschäft, die Entwicklung von Kühlsystemen, konzentrieren wolle. »Wir werden in diesen Bereich noch stärker als bisher schon investieren«, sagte ein Unternehmenssprecher. Er wollte keine Auskunft darüber geben, ob sich der veräußerte Teil oder das Kerngeschäft in einer Krise befänden und deshalb Dux zum Verkauf gezwungen gewesen sei. Der Sprecher verwies darauf, dass das Unternehmen im vorigen Jahr einen Gewinn erzielt habe. Eigentümer der Dux AG ist die Familie Fürstenberg. Das Familienunternehmen macht grundsätzlich keine genauen Angaben zum Jahresergebnis.

Der neue Eigentümer, die Investorengruppe Financial Dynamics Incorporated, ist auf die Übernahme mittelständischer Unternehmen in Westeuropa spezialisiert. Das wichtigste Kaufkriterium bildeten dabei die Renditeerwartungen, sagte der Deutschland-Repräsentant des im kalifornischen San José ansässigen Investors. Werde ein bestimmter Wert erreicht, würden die Unternehmen wieder veräußert. Financial Dynamics kaufe zwar vorrangig sanierungsbedürftige Firmen auf. Dies lasse aber keinen Rückschluß auf die Dux AG zu, betonte der Sprecher. Über die Strategie des US-Investors sagte er: »Striktes Kostenmanagement spielt eine bedeutende Rolle. Da gibt es bei vielen mittelständischen Unternehmen in Deutschland noch einiges Potenzial.« Er ließ jedoch offen, ob dies auch bei Dux Einspritzpumpen der Fall sei. Es sei außerdem noch zu früh, um zu sagen, ob ein

Stellenabbau notwendig oder ob möglicherweise die Produktion ins Ausland verlagert werde. Medienberichten zu Folge hat Financial Dynamics nach Übernahmen in Belgien und Großbritannien bei seinen Unternehmen bis zu 30 Prozent der Stellen gestrichen.

Ein grundsolider, aber auch etwas nüchtern wirkender Bericht. Die Frage, die die Mehrheit der Leser (zumal wenn es sich um eine Regionalzeitung handeln sollte) wahrscheinlich am meisten interessiert, wirft er erst am Schluss auf: Gehen durch die Übernahme Arbeitsplätze verloren oder nicht? Das geht hier jedoch nicht anders, weil die Nachricht des Verkaufs neu ist und am Anfang stehen muss. Was den Arbeitsplatzabbau betrifft, so geht es hier um die Folgen, die noch nicht konkret absehbar sind. Der Leser kann immerhin selbst seine Rückschlüsse ziehen. Dass die Übernahme auch Auswirkungen auf die Beschäftigungssituation haben könnte, wird immerhin in der Unterzeile deutlich gemacht. Ein Artikel über den Verkauf der Dux-Einspritzpumpen könnte allerdings auch so beginnen:

Arbeitsplätze bei Autozulieferer Dux in Gefahr
Verkauf des Unternehmensbereichs Einspritzpumpen an US-Investor – Financial Dynamics bekannt für harte Einschnitte
Bei der Dux AG stehen möglicherweise zahlreiche Arbeitsplätze auf dem Spiel. Das Familienunternehmen hat den Unternehmensbereich Einspritzpumpen an den US-amerikanischen Finanzinvestor Financial Dynamics veräußert. Nach Medienberichten ist das kalifornische Unternehmen bekannt dafür, bei seinen Übernahmeobjekten radikal die Kosten zu senken und dabei auch im großen Stile Stellen zu streichen. »Striktes Kostenmanagement spielt bei uns eine bedeutende Rolle«, sagte der Deutschland-Repräsentant von Financial Dynamics die-

```
ser Zeitung. »Da gibt es bei vielen mittel-
ständischen Unternehmen noch einiges Poten-
zial.« Der Sprecher ließ allerdings offen, ob
dies auch bei Dux der Fall sei.
Beim Dux-Einspritzwerk in Wildach sind 550
Menschen beschäftigt. Nach Angaben aus Unter-
nehmenskreisen   erwirtschaftet   der   Bereich
rund 20 Prozent des Gesamtumsatzes von Dux ...
```

Spekulation versus Fakten. Sicher lässt sich ein Artikel auch in diese Richtung »drehen«. Das »eigentliche« Thema steht so gleich am Anfang. Allerdings beginnt der Artikel nicht mit den Fakten, sondern mit einer Spekulation. Auf diese Weise kann sich der Autor leicht auf publizistisches Glatteis begeben, das Publikum – gewollt oder ungewollt – in die Irre führen und die potenziell Betroffenen möglicherweise in unberechtigte Besorgnis versetzen. Wer den eingeschlagenen Weg gehen will – und zumal mehr Zeit für die Recherche aufwenden kann –, könnte und sollte im vorliegenden Fall folgende weitere Schritte unternehmen:

- Den Dux-Betriebsrat befragen, ob er Informationen über wichtige Details (Kaufpreis, wirtschaftliche Bedeutung des Einspritzwerks) der Transaktion kennt, vor allem was die Frage des Personalabbaus betrifft. Zumindest könnte er eine Einschätzung geben.
- Die beteiligte Investmentbank und/oder Experten (Unternehmensberater, Professoren von Instituten, die sich mit der Automobilindustrie beschäftigen etc.) befragen. Es kann auch einen Versuch wert sein, beim Branchenverband oder der Mittelstandsvereinigung, in der Dux organisiert ist, zumindest einen kleinen Hinweis für die noch offenen Fragen zu bekommen oder weitere Ansprechpartner zu erhaschen.
- Beim Dux-Sprecher um ein Interview mit dem Unternehmenschef bitten. Der gibt möglicherweise doch genauer Auskunft. Fraglich allerdings, ob er so bald öffentlich zur Verfügung steht, denn nicht ohne Grund hat die Unternehmensführung das Medium der Pressemitteilung gewählt.

- Bei der PR-Agentur von Financial Dynamics um ein Gespräch mit dem Europa-Chef bitten. Eventuell anbieten, das Interview breiter zu fassen und damit über Dux hinausgehend die FD-Aktivitäten zu beleuchten.
- Dies ließe sich freilich auch machen, indem die Unternehmen bzw. die Betriebsräte von Unternehmen befragt werden, die FD bereits übernommen hat.

Weiterführende Literatur:

Michael Haller, Recherchieren. (6., überarbeitete Auflage, UVK Konstanz 2004)

Claudia Mast, Wirtschaftsjournalismus. Grundlagen und neue Konzepte für die Presse. (2. Auflage, Verlag für Sozialwissenschaften, Wiesbaden 2003).

Ele Schöfthaler, Die Recherche. Ein Handbuch für Ausbildung und Praxis. (2., überarbeitete Auflage, Reihe Journalistische Praxis, Econ Berlin 2006)

Klassiker des Wirtschaftsjournalismus

Fast könnte man sagen: Und täglich grüßt das Murmeltier. Denn auch im Wirtschaftsjournalismus gibt es Anlässe, Themen und Termine, die in regelmäßigen Abständen wiederkehren. Zum Standardrepertoire, man könnte auch sagen: zu den Klassikern des Wirtschafts- und Finanzjournalismus gehören Bilanzpressekonferenz und Hauptversammlung, Börsen- und Messebericht, Verbraucher- und Aktiencheck sowie Manager- und Unternehmensporträt. Für alle diese Darstellungsformen gelten bestimmte Grundregeln, gehören gewisse Kernelemente dazu. Und es gibt Aspekte, die unbedingt berücksichtigt werden sollten, um den PR-Abteilungen der Unternehmen nicht aufzusitzen.

Variation statt Routine: Journalisten gehen bei der Berichterstattung von Hauptversammlungen und Messen, aber auch beim Verfassen von Verbraucherchecks und Unternehmensporträts häufiger etwas lieblos und wenig engagiert vor. Um diese Klassiker für die Medienkonsumenten (wie auch die Produzenten) nicht zur drögen Routine verkümmern zu lassen, gibt es verschiedene stilistische und inhaltliche Variationsmöglichkeiten, die in diesem Kapitel vorgestellt werden.

Die Bilanzpressekonferenz

Wie sind die Geschäfte im vorigen Jahr gelaufen? Welche Maßnahmen sollen die Profitabilität steigern? Wohin soll die Reise in diesem Jahr gehen? Diese und ähnliche Fragen versuchen die meisten Unternehmen, im Rahmen einer Bilanz-Pressekonferenz zu beantworten. Die Unternehmen führen diesen Typus Pressekonferenz einmal im Jahr durch. Der genaue Zeitpunkt ist abhängig vom Geschäftsjahr, das beim Gros der deutschen Firmen identisch mit dem Kalenderjahr ist. Die meisten Bilanzpressekonferenzen finden deshalb zwischen Ende Februar und April statt. Bei Tochtergesellschaften angelsächsischer Konzerne endet das Geschäftsjahr meist am 31. März, die Bilanzpressekonferenzen verschieben sich dadurch entsprechend nach hinten.

Halbjahr und Quartal. Einige Unternehmen, vor allem die im DAX gelisteten, veranstalten auch zum Halbjahr eine Pressekonferenz, auf der sie eine Zwischenbilanz ziehen. Nach drei bzw. neun Monaten veröffentlichen die Firmen meist nur Quartalsberichte, nicht selten verbunden mit Telefonkonferenzen, an denen alle interessierten, manchmal aber auch nur »ausgewählte« Journalisten teilnehmen dürfen. Die Bilanz-PK findet in der Regel in der Zentrale des Unternehmens statt. Ist diese zu abgelegen, weicht das Unternehmen meist in ein größeres Hotel in der Landeshauptstadt oder einer Finanzmetropole wie Frankfurt/Main aus. Größere Unternehmen übertragen ihre Konferenzen oft als Videostream im Internet.

Publizitätspflicht: Aktiengesellschaften sind nach dem deutschen Wirtschaftsrecht verpflichtet, in regelmäßigen Abständen ihre wichtigsten Finanzkennzahlen zu veröffentlichen. Die große Mehrheit der börsennotierten Unternehmen verbindet dies mit einer Presse- sowie einer Analystenkonferenz. Auch nicht notierte Unternehmen, zum Beispiel Familien geführte Aktiengesellschaften oder größere GmbHs, veröffentlichen in der Regel Jahreszahlen. Es liegt aber stärker in ihrem eigenen Ermessen, welche Zahlen sie auf den Tisch legen – und welche nicht. Gerade beim Nettogewinn lassen sich diese Unternehmen nicht gern in die Karten schauen. Als hilfreich erweist sich in diesen Fällen, beim Handelsregister/Amtsgericht am Stammsitz des Unternehmens zu recherchieren (vgl. das Kapitel »Recherchemittel«).

»Die Königin der Finanzkommunikation«: Für die Unternehmen ist die Bilanz-PK die wichtigste Veranstaltung, um sich der Öffentlichkeit von ihrer (besten) betriebswirtschaftlichen Seite zu präsentieren. Nur Pressekonferenzen zu außergewöhnlichen Ereignissen wie spektakuläre Firmenzukäufe oder Massenentlassungen sorgen für noch größere Aufmerksamkeit. Auch für den Wirtschaftsjournalisten ist die Bilanzpressekonferenz sicher ein Muss. Doch sollte er sich dabei im Klaren darüber sein, dass bei der Bilanz-PK – wenn sie nur halbwegs gut läuft – die Stunde der PR-Abteilungen schlägt. Denn die Konferenz folgt einer genau festgelegten Dramaturgie, bei der die abschließende Fragerunde den einzigen größeren Risikofaktor darstellt.

Ad-Hoc- und Pressemitteilung: Wie sieht der genaue Ablauf aus? Am späten Vorabend oder noch häufiger am frühen Morgen vor der Bilanz-PK gibt das Unternehmen, sofern es börsennotiert ist, eine »Ad-hoc«, also eine Sofort-Mitteilung, heraus, in der die wichtigsten Eckdaten des abgelaufenen Geschäftsjahres aufgeführt und kommentiert werden. In der Regel wird zeitgleich zur Ad-hoc eine Pressemitteilung veröffentlicht, die in ihrer Tonalität meist noch blumiger und euphorischer ausfällt. Und zuweilen auch die eine oder andere wichtige Kennzahl bestenfalls beiläufig erwähnt oder sogar unterschlägt, weil sie nicht gerade positiv ausgefallen ist. So kann es vorkommen, dass die große Steigerung des operativen Gewinns mehrfach angepriesen wird, die Presseabteilung des Unternehmens aber den Umstand, dass unter dem Strich ein Nettoverlust verbucht werden musste, am Ende der Mitteilung in einem Nebensatz oder gar in einer der angefügten Tabellen versteckt.

Tempo vor Präzision: Die Mitarbeiter der Nachrichtenagenturen erkennen diese Finten in aller Regel, weil sie genau wissen, auf welche Kennzahlen sie zu achten haben. Allerdings ist der Konkurrenzkampf zwischen den Agenturen extrem hart und manifestiert sich vor allem in einem Wettrennen, als Erster mit der Nachricht auf den Markt zu kommen. Die Agentur-Journalisten müssen sich deshalb oft auch gezwungenermaßen auf die Pressemitteilung stürzen und schnellstmöglich die wichtigsten Informationen herausfiltern. Dabei werden die Feinheiten zuweilen erst einmal übersehen.

Medialer Streueffekt: Zum Beispiel wird dann mit schneller Feder vermeldet, dass das Unternehmen einen Milliardengewinn erzielt hat. Übersehen wird dabei jedoch in der Hast, dass dieser zum Großteil aus Sondereffekten wie Beteiligungsverkäufen und nicht aus dem laufenden Geschäft resultiert. Im Laufe des Tages werden die Agenturen sicher auch dies berücksichtigen, zumal in ihren längeren Meldungen. Dennoch setzen sich die ersten Jubel- oder auch Horrormeldungen in den Redaktionen anderer Medien und gerade auch bei deren Entscheidern fest – meist ganz im Sinne der Unternehmens-PR. In der Redaktionskonferenz und somit bei der Themenplanung wird dem Thema eine viel zu große oder falsche Bedeutung beigemessen. Die Berichterstatter vor Ort stehen dann vor der oft nicht ganz einfachen Aufgabe, diesen ersten, manchmal eben verzerrten oder gar falschen Eindruck bei ihren Chefs zu korrigieren.

Ein weiterer PR-Trick besteht darin, bereits ein paar Tage vor der Pressekonferenz eine bestimmte Nachricht und damit eine bestimmte Botschaft zu lancieren. Dies verstößt zwar gegen das Aktienrecht, wird aber immer wieder praktiziert, weil sich in aller Regel nicht nachweisen lässt, dass die Quelle die Presseabteilung des entsprechenden Unternehmens ist. Wenn also zum Beispiel eine Wirtschaftszeitung wenige Tage vor der ersten Bilanzpressekonferenz des neuen Vorstandschefs eines Großunternehmens vermeldet, dass der Konzern den höchsten Verlust seiner Geschichte bekannt geben muss, ist es ziemlich unwahrscheinlich, dass der zuständige Zeitungsredakteur dem Chefbuchhalter des Unternehmens beim Zusammenzählen der Zahlenkolonnen heimlich über die Schultern geschaut hat. Vielmehr liegt in solchen Fällen der Verdacht nahe, dass der Konzern selbst die Horrorzahl exklusiv an die Zeitung weitergegeben hat, um die Öffentlichkeit – und nicht zuletzt die Aktionäre – auf das Rekorddefizit vorzubereiten (vgl. das Kapitel »Exklusivgeschichte«).

Vorläufige Zahlen: Einige Unternehmen legen aber auch ganz offiziell vorläufige Zahlen vor, die dann einige Wochen später auf der Bilanz-PK in ihrer endgültigen, von Wirtschaftsprüfern testierten Form (siehe unten) präsentiert werden. Bei einer Reihe von Unternehmen ist dies Usus. Andere haben bestimmte taktische Motive, die sie zu diesem Schritt bewegen. Sind die Zahlen bereits bekannt, kann die PR-Abteilung den Fokus bei der Bilanz-Pressekonferenz stärker auf andere Aspekte lenken wie etwa auf die veränderte Unternehmensstrategie.

Teilnehmer: Die Bilanzpressekonferenz findet meist am Morgen oder am späten Vormittag des einige Wochen zuvor bekannt gegebenen Termins statt, damit die tagesaktuell berichtenden Journalisten ausreichend Zeit haben. An der Pressekonferenz nehmen der Unternehmenschef, bei Aktiengesellschaften also der Vorstandsvorsitzende, sowie weitere Mitglieder der Geschäftsleitung bzw. Vorstände teil. Meist assistiert der Finanzvorstand seinem Chef. In der Regel ist auch der Leiter der Konzernkommunikation, der »Pressechef«, mit von der Partie. Seine Rolle beschränkt sich jedoch darauf, die Veranstaltung, insbesondere die Fragerunde zu moderieren.

Beispiele aus der Praxis für den Ablauf von Bilanzpressekonferenzen auf den Webseiten zum Buch 🖥.

Der Vorstandschef gibt zunächst einen kurzen Überblick über den Geschäftsverlauf des vorigen Jahres, verbunden mit den wichtigsten Kennzahlen. Egal, ob die Zahlen gut oder eher schlecht sind – in aller Regel wird er behaupten, die am Anfang des Jahres angepeilten Ziele erreicht zu haben. Dies muss er nicht zuletzt auch schon deshalb sagen, weil es um seinen eigenen Job geht. Sind die Ziele unübersehbar verfehlt worden, begründen dies die Chefs in der Regel mit »Sondereinflüssen« in der Branche und/oder der allgemeinen Konjunkturflaute.

Strategie und Ausblick: Nach dem Überblick skizziert der Unternehmenslenker meist die weitere strategische Marschroute, um Wachstum und Profitabilität seiner Firma zu verbessern. Dazu berichtet er über den Stand bereits laufender Maßnahmen oder stellt neue Programme vor. Schließlich gibt der Vorstandsvorsitzende noch einen Ausblick auf das laufende Geschäftsjahr. Dieser ist umso wichtiger, als die Bilanz eine »Wasserstandsmeldung« für das abgelaufene Geschäftsjahr darstellt. Der Ausblick kann eher qualitativer Natur sein und zum Beispiel eine Aussage umfassen wie:

> »In diesem Jahr wollen wir den Fokus stärker als bisher auf unsere Gewinnmarge legen. Weiteres Umsatzwachstum ist in dem derzeit weitgehend gesättigten Markt zweitrangig für uns.«

Eine zentrale Frage, die Journalisten immer stellen sollten, wenn Unternehmen dagegen ihr Wachstum stark forcieren wollen: Soll dies organisch erfolgen oder anorganisch, d. h. durch Übernahmen? Der Ausblick kann aber auch quantitativer Natur sein, also in Form einer Prognose gegeben werden. Diese »guidance« ist insofern von hoher Relevanz, als sie Analysten und andere Kapitalmarkt-Experten am Ende des Geschäftsjahres als Messlatte dafür nehmen, inwieweit das Unternehmen seine Ziele erreicht hat oder nicht. Die Analysten nehmen aber auch selbst Schätzungen des Umsatzes und operativen Gewinns vor, kurz bevor das Unternehmen Zahlen vorlegt.

Oftmals reagiert der Aktienkurs sehr stark, wenn die Prognose übererfüllt wird oder umgekehrt die Ergebnisse weit hinter den Vorgaben zurückbleiben. Konkrete Prognosen spricht oft auch der Finanzvorstand aus, der in seinem Part ausführlicher auf das Zahlenwerk eingeht als der Vorstandschef. Seine Rede fällt gleichwohl standesgemäß kürzer als die des Vorsitzenden aus. Die Redezeiten orientieren sich an der geplanten Gesamtlänge der Pressekonferenz, die erfahrungsgemäß eine, in wenigen Fällen auch bis zu zwei Stunden dauert. Die Faustregel lautet: 50 Prozent der Zeit für die Vorträge, die andere Hälfte für die Fragerunde – mindestens.

Unterlagen: Zur Bilanz-PK erhalten die Journalisten von Unternehmensseite folgende, in so genannten Pressemappen zusammengestellte Unterlagen:

- die oben erwähnte *Pressemitteilung*
- die *Reden* der Teilnehmer oder zumindest Auszüge davon. Hier lautet die Grundregel: »Es gilt das gesprochene Wort!« Dies bedeutet zum einen, dass der Journalist bei Zitaten aus der Rede, die er verwendet, zu einer möglichst wortgetreuen Wiedergabe verpflichtet ist. Das heißt zum anderen aber auch, dass der oder die Redner in ihren Präsentationen manchmal spontane kleinere wie größere Änderungen oder Ergänzungen vornehmen – und diese dann zitiert werden müssen bzw. dürfen. Denn zuweilen ist ein eingeschobener Nebensatz oder ein Nachsatz durchaus bedeutsam, erhellend oder sogar entlarvend.
- die *Charts* – also Zahlenmaterial – die während der Reden an Leinwände des Konferenzraums geworfen werden und die Vorträge faktisch unterlegen sollen.
- oft auch *weitere Statistiken (»back up«),* zum Beispiel Übersichtstabellen mit Umsatz- und Gewinnentwicklung einzelner Konzernsparten. Viele dieser Tabellen sind dem Geschäftsbericht entnommen.
- der *Geschäftsbericht.* Ob dieser allerdings schon zur Bilanz-PK vorliegt, hängt davon ab, ob die Zahlen bereits endgültigen Charakter haben.[3]

Vorstandsvergütungen: Denn die Finanzzahlen eines Unternehmens werden zunächst in diesem selbst errechnet und überprüft, bevor sie noch einmal externe Wirtschaftsprüfer-Gesellschaften wie KPMG oder Ernst & Young testieren. Erst dann kann der Geschäftsbericht veröffentlicht werden. Zumindest bei einer Reihe börsennotierter Unternehmen gibt dieser Bericht Antwort auf die gerade in den vergangenen Jahren immer populärer gewordene Frage: Wie viel verdienen die Vorstände? Und vor allem: Wie viel kriegt der Chef? So gaben zum Beispiel die Geschäftsberichte 2003 und 2004 der Deutschen Bank Aufschluss darüber, dass Vorstandschef Josef Ackermann mit einem Jahresgehalt von deutlich über zehn Mio. Euro der mit Abstand am besten verdienende Manager Deutschlands ist. Diese Summe löste eine immer wieder aufflackernde öffentliche Debatte über die Frage aus, ob Spitzenmanager im Vergleich zu anderen Beschäftigten und zu ihrer Leistung unangemessen hohe Gehälter beziehen.

Lagebericht: Wird der Geschäftsbericht erst nach der Bilanzpressekonferenz veröffentlicht, was dann meist einige Wochen später der Fall ist, lohnt sich vor allem ein Blick in den Lagebericht. Er geht unter anderem auf den Geschäftsverlauf, die Risiken der künftigen Entwicklung sowie wesentliche Ereignisse nach dem Bilanzstichtag (meist der 31.12.) ein. Selten, aber manchmal eben doch kommt der Vorstand zu etwas anderen Einschätzungen oder zumindest Akzentuierungen als auf der Bilanzpressekonferenz verkündet. Zuweilen lohnt es sich aber auch, die endgültigen Zahlen mit denen auf der Pressekonferenz präsentierten auf größere Abweichungen hin zu überprüfen.

Zentrale Aufgabe Bilanzcheck: Welche Finanz-Kennzahlen, die Teil der Bilanz sind, sollte der Wirtschaftsjournalist auf jeden Fall checken? Welche Zahlen geben am Besten Aufschluss über den Zustand des Unternehmens? Welche gehören zu den Standardgrößen der Berichterstattung? Worauf gilt es darüber hinaus zu achten? Dazu vorab zwei grundsätzliche Anmerkungen. Die erste: Trotz des Begriffs »Bilanzpressekonferenz« dreht sich die Bilanz-PK in erster Linie um Daten, die Teil der Gewinn- und Verlustrechnung (G+V) des Unternehmens sind (Umsatz, Konzernüberschuss, Ebitda etc.). Die »eigentliche« Bilanz, die den Aktiva (Vermögenswerte) die Passiva (Eigen- und Fremdkapital) gegenüberstellt, ist in der Regel von geringerer Bedeutung. Sie ist vor allem dann von Belang, wenn das Unternehmen sich zum Beispiel eine bestimmte Kapitalkostenquote als Renditeziel gesetzt oder Rückstellungen gebildet hat (siehe unten). Oder aber wenn die Eigenkapitalquote so stark geschrumpft ist, dass ein Liquiditätsengpass und damit möglicherweise sogar die Insolvenz zu befürchten ist.

Vergleichsgrößen zu Rate ziehen. Zweite Anmerkung: Kennzahlen sind für sich genommen nicht immer sehr aussagekräftig –

selbst wenn das Unternehmen die frohe Kunde vom »Milliardengewinn« verbreitet. Richtig einordnen lassen sich die Zahlen erst, wenn man bestimmte Messgrößen heranzieht. So ist ein Vergleich mit Konkurrenten aus derselben Branche denkbar. Dass Unternehmen A im vorigen Jahr einen Nettogewinn von 250 Mio. Euro erzielt hat, Unternehmen B dagegen von 350 Mio. Euro, kann sicher Anhaltspunkte darüber liefern, wo ein Unternehmen steht – allerdings nur, wenn der jeweilige Umsatz als weitere Vergleichsgröße herangezogen, also die Rentabilität beider miteinander verglichen wird. Im Regelfall werden jedoch die Zahlen des abgelaufenen Geschäftsjahres denen des Jahres davor gegenübergestellt, um die Entwicklung aufzuzeigen.

Quartalsvergleich: Dies gilt auch für die Quartalsberichterstattung. Hier wird zum Beispiel das 3. Quartal des Jahres (Juli-September) mit dem 3. Quartal des Vorjahres verglichen. Dies ist insofern nachvollziehbar, als in vielen Branchen die einzelnen Quartale Besonderheiten aufweisen (Stichworte: »Weihnachtsgeschäft« und »Sommerflaute«). Die Unternehmen setzen bei Quartalszahlen aber auch gern den Jahresvergleich ein, weil innerhalb von 12 Monaten meist eine positive Veränderung – und sei es nur beim Umsatz – zu verzeichnen ist. Deshalb ist es für den Journalisten oft erkenntnisreich, auch einen Vergleich mit dem direkten Vorquartal vorzunehmen (»Laufen die Geschäfte immer noch so gut?«).

Hier nun die wichtigsten Kenngrößen und einige Aspekte dazu, die beim Studium der Unterlagen untersucht werden sollten bzw. über die beim Management genaue Auskunft während der Bilanzpressekonferenz eingeholt werden sollte:

- Umsatz
- Konzernüberschuss/-verlust
- Kapitalrendite
- Gewinn je Aktie
- Ebit und Ebitda.

Der Umsatz, synonym: die Erlöse, bezeichnet die Gesamtleistung eines Unternehmens – definiert als die Menge verkaufter Waren oder Dienstleistungen, multipliziert mit dem dafür in Rechnung gestellten Preis. Diese Kennzahl gibt darüber Auskunft, wie stark und wie schnell ein Unternehmen wächst, wenn man sie in Relation zu Vorjahren, früheren Quartalen, aber auch konkurrierenden Unternehmen setzt. Der Umsatz steht also für die Größe eines Unternehmens, sagt aber mitnichten etwas über dessen Rentabilität aus – hierfür ist der Gewinn ausschlaggebend. Dies mag selbstverständlich klingen, doch in der journalistischen Praxis – gerade in Nachrichtensendungen – kommt es nicht selten vor, dass fälschlicherweise der Umsatz als wichtigster Indikator für die »Gesundheit« von Unternehmen herangezogen wird. Manager sprechen bevorzugt vom »profitablen Wachstum«, was heißen soll: »Mein Unternehmen expandiert, macht aber zugleich auch Gewinn.«

Selbst ernannte Marktführer: Der Umsatz ist wichtig für das Unternehmen, weil er ein zentrales Kriterium für die Vergabe von Krediten und staatlichen Subventionen bildet. Er kann aber auch Aufschluss über die Marktanteile eines Unternehmens geben. Doch Vorsicht! Viele Firmen krönen sich selbst als »Marktführer« – was allerdings oft nur dann zutrifft, wenn der entsprechende Markt klein und eng definiert wird. Deshalb ist es sinnvoller, bei Fragen wie »Wer liegt vorne?« oder »Wer ist auf dem Vormarsch?« auf Untersuchungen von Marktforschungsunternehmen zurückzugreifen.

Beim Konzernüberschuss handelt es sich um den Betrag, der unter dem Strich als Reingewinn bzw. -verlust übrig bleibt. Insofern stellt er die wichtigste absolute Größe dar – bei börsennotierten Gesellschaften nicht zuletzt auch deshalb, weil er einen Anhaltspunkt darüber gibt, ob die Aktionäre eine Dividende (Beteiligung am Gewinn) erwarten können und wie hoch sie ausfallen könnte. Allerdings: Das Bilanzrecht gibt den Unternehmen einigen Spielraum bei der Gestaltung, so dass sich durch die geschickte Arithmetik bei bestimmten Positionen (zum Beispiel bei der Höhe von Abschreibungen) zumindest über einen bestimmten Zeitraum Kennzahlen wie der Konzernüberschuss (aber auch der Umsatz) in einem gewissen Rahmen modellieren lassen. Während die Unternehmen sich rechtfertigen, dass dies im Rahmen des Rechtmäßigen erfolge, sprechen Kritiker von »Bilanzkosmetik«.[4]

Sondereffekte: Beim Konzernüberschuss gilt es überdies darauf zu achten, ob er durch einmalige Sondereffekte geprägt ist. Bei international tätigen Unternehmen könnten zum Beispiel Wechselkurse sowohl den Umsatz als auch das Ergebnis beeinflussen. Negativ kann sich der plötzliche Ausfall eines Schuldners im Rahmen eines Großauftrags auswirken, positiv dagegen eine unerwartete Steuererstattung. Zu einem kurzzeitigen Gewinnsprung führt oft der Verkauf einer Tochtergesellschaft. Diese so genannte Veränderung im Konsolidierungskreis kann ebenso den Zukauf eines Unternehmens bedeuten. Ein möglicher Effekt hier: Der Umsatz steigt insgesamt zwar an, doch das Konzernergebnis wird in Folge des Integrationsaufwandes belastet.

Teure Töchter: Zuweilen kaufen Konzerne auch Unternehmen, bei denen es sich generell noch um Verlustbringer handelt. Da dies meist nicht nur ein Jahr lang der Fall ist, ist ein solcher Effekt aber schon nicht mehr einmalig. Deshalb sollte der Journalist hier das Management fragen, wann die neue Tochtergesellschaft die Gewinnschwelle erreicht. Ein weiterer wichtiger Aspekt ist die Segmentberichterstattung: Börsennotierte Unternehmen sind verpflichtet, Auskunft über die Ertragssituation ihrer einzelnen Sparten zu geben, sollten sie in welche aufgeteilt sein. Hier bietet sich eine Analyse der größten Veränderungen und Verschiebungen an.

Vergleichsmöglichkeiten: Auch beim Konzernüberschuss liegt der Vergleich mit dem Vorjahr nahe. Wenn jedoch der Umsatz viel schneller gewachsen ist als der Reingewinn, dann schmälert dies sicher die Erfolgsmeldung von der Gewinnsteigerung. Deshalb wird der Gewinn häufig ins Verhältnis zum Umsatz gesetzt, um die Gewinnmarge zu errechnen. Dies verbessert die Vergleichbarkeit zwischen Stichjahren. Die Gewinnmarge wird noch häufiger beim Ebitda (siehe unten) eingesetzt, weil sie aufzeigt, wie sich die operative Leistungsfähigkeit verändert hat.

Kapitalrendite: Die konkreteste Aussage über die Rentabilität eines Unternehmens liefert jedoch die Eigenkapitalrendite: Sie gibt Auskunft wie hoch der Gewinn im Verhältnis zum eingesetzten Eigenkapital ausgefallen ist. Die meisten Unternehmen geben sie jedoch nicht an. Der Journalist muss die entsprechenden Kennzahlen schon selbst aus der Bilanz heraussuchen. Unternehmen arbeiten indes zunehmend mit der Gesamtkapitalrendite, also dem Wert, der angibt, wie hoch sich das Gesamtvermögen des Unternehmens verzinst. Die Zielwerte von Großunternehmen liegen zwischen sieben und neun Prozent. Der verstärkte Einsatz der Kapitalrendite spiegelt wider, dass aus dem angelsächsischen Raum importierte Anleger-relevante Größen an Bedeutung gewinnen. Dazu gehört auch der …

Gewinn je Aktie: Hier wird die Zahl der ausgegeben Aktien zum Konzernüberschuss ins Verhältnis gesetzt. Anleger können zwischen verschiedenen Unternehmen vergleichen, wie viel Gewinn für sie herausspringt. Die Kennzahl ist aber noch aufschlussreicher, wenn man sie mit der Dividende vergleicht, die je Aktie ausgeschüttet werden soll. Der Vergleich zeigt, wie hoch die Ausschüttungsquote ist – ob das Management also einen Großteil des Gewinns an die Eigentümer auszahlt oder aber einbehält. Tritt der zweite Fall ein, sollte die Führungsriege nach den Gründen befragt werden (geplante Zukäufe? Verstärkter Schuldenabbau? Größere Investitionen?).

Ebit und Ebitda: Vor allem börsennotierte Unternehmen arbeiten bei Bilanzpressekonferenz und Veröffentlichung von Quartalszahlen häufig mit dem Ebitda. In Pressemitteilungen finden sich nicht selten Wendungen wie »Die XY AG konnte ihren Gewinn um zehn Prozent steigern« – manchmal sogar als Überschrift. Bei genauerem Hinsehen stellt sich jedoch heraus, dass es sich nicht um den Konzernüberschuss/Reingewinn handelt, sondern lediglich um das Ebitda, eine sehr grobe Gewinngröße. Ebitda steht für den englischen Begriff »Earnings before interest, taxes, deductions and amortisations«, also: Einnahmen vor Zinsen, Steuern und Abschreibungen (auf jeweils materielle und immatrielle Güter).

Vereinfacht gesprochen, könnte man das Ebitda als »operatives Ergebnis« bezeichnen, das Aufschluss darüber gibt, was das Unternehmen im Berichtszeitraum aus eigener Kraft verdient bzw. verloren hat. Es ist Indikator dafür, wie das Geschäft des Unternehmens läuft – nicht mehr und nicht weniger.

Da die Abschreibungen vor allem in kapitalintensiven Branchen häufig einen wesentlichen Posten bilden, ist das Ebit – oft als »Betriebsergebnis« bezeichnet, manchmal aber auch als »operatives Ergebnis – schon ein etwas genauerer Gewinn-Indikator. Tabelle 1 zeigt allerdings, dass Ebitda wie Ebit sehr grobe Gewinngrößen sind und wie weit noch der bilanztechnische Weg zum Konzernüberschuss ist.

Wie sich der Unternehmensgewinn errechnet

Umsatzerlöse
– Kosten (direkte/indirekte)
Ebitda (»operatives Ergebnis«)

– Abschreibungen (auf das Anlagevermögen)
Ebit (»Betriebsergebnis«)

+/– Beteiligungsergebnis
– Finanzergebnis (»Zinsen«)
Ergebnis vor Steuern

– Ertragssteuern
– Anteile anderer Gesellschafter
Nettoergebnis (»Konzernüberschuss«)

Vereinfachte Darstellung. Unternehmen benutzen Begriffe wie »operatives Ergebnis« nicht einheitlich.

Darüber hinaus lohnt sich immer ein Blick auf eine Reihe weiterer Kennzahlen:

- Cashflow (»Kapitalmittel-Überschuss«)
- Verschuldung
- Eigenkapitalquote
- Rückstellungen.

Der Cashflow (»Kapitalmittel-Überschuss«) umfasst den liquiditätswirksamen Teil des operativen Ergebnisses und gibt damit Auskunft über alle Veränderungen der flüssigen Mittel. Vom Cashflow aus der betrieblichen Tätigkeit müssen jedoch die Investitionen und die Mittelzu- bzw. -abflüsse aus der Finanzierungstätigkeit (Kapitalerhöhung, Rückzahlung von Krediten etc.) abgezogen werden, um den »Free Cashflow« zu ermitteln. Diese Größe gibt Aufschluss darüber, wie liquide das Unternehmen wirklich ist. Weist das Unternehmen den Cashflow nicht in seinen Bilanzpressekonferenz-Unterlagen aus, lässt er sich in der Kapitalflussrechnung der Bilanz einsehen.

Verschuldung. Die *Nettofinanzverbindlichkeiten*, wie es bilanztechnisch korrekt heißt, sind eine für die Finanzmärkte wichtige Größe. Wer nur gering oder gar nicht verschuldet ist, kriegt von den so genannten *Rating-Agenturen* eine gute Bonitäts-Einstufung und damit auch günstige Konditionen für neue Kredite. Die führenden internationalen Rating-Agenturen sind *Moody's*, *Fitch* sowie *Standard & Poor's*. Unternehmen wie übrigens auch Länder und Städte, die höher verschuldet sind, erhalten dagegen ein schlechteres Rating und müssen deshalb höhere Zinsen zahlen, wenn sie sich Fremdkapital beschaffen wollen. Eine solche Schuldenspirale kann zum Beispiel zu einer schlechteren Bewertung an der Börse führen.
Doch welches Unternehmen ist hoch und welches gering verschuldet? Die Verbindlichkeiten sind als absolute Größe hier nur bedingt aussagekräftig, denn Schulden von einer Milliarde Euro wären bei einem großen DAX-Konzern gering, während sie bei einem Mittelständler zur Insolvenz führen könnten. Die Kapital-

märkte greifen hier auf den so genannten Verschuldungsgrad zurück, das Verhältnis der Nettofinanzverbindlichkeiten zum Ebitda (siehe oben). Je niedriger der Wert, desto besser ist dies für das Rating. Einen ersten Anhaltspunkt bietet freilich auch der Schuldenabbau bzw. -zuwachs über den Berichtszeitraum.

Die Eigenkapitalquote bezeichnet das Verhältnis des Eigenkapitals (gezeichnetes Kapital, Rücklagen plus Konzerngewinn) zur Summe aller Passiva. Sie gibt einen Hinweis auf den finanziellen Spielraum des Unternehmens jenseits der festen Verbindlichkeiten. Die Eigenkapitalquote sollte 30 bis 40 Prozent betragen. Je höher sie ist, desto weniger risikoanfällig, kreditwürdiger und renditestärker ist ein Unternehmen. Im Umkehrschluss heißt dies: Sinkt die Quote drastisch, besteht die Gefahr einer Insolvenz. Besonders bei Unternehmen, die sich ohnehin schon in einer Krise befinden, lohnt sich der Blick auf die Eigenkapitalquote.

Rückstellungen: Bildet ein Unternehmen Rückstellungen, so könnte Gefahr im Verzuge sein. Zumindest rechnet das Management mit Risiken. Bilanztechnisch gesprochen, bilden Rückstellungen eine Schuld, deren Fälligkeit und/oder genaue Höhe ungewiss ist. Die Unternehmensleitung legt zum Beispiel Geld zurück, weil es einen noch laufenden Gerichtsprozess verlieren könnte, weil bei einem neuen Projekt plötzlich ungeahnt höhere Anlaufverluste entstehen könnten oder weil der Staat wahrscheinlich Steuern nachfordert. Diese Bilanzposition führt zur Minderung des Reingewinns. Zuweilen sind Unternehmen aber gerade auch deshalb geneigt, Rückstellungen zu bilden (Stichwort »Bilanzkosmetik«).

Tipp: Wer vor seiner Tätigkeit als Wirtschaftsjournalist Volks- oder Betriebswirtschaft studiert hat, absolviert in aller Regel Kurse in Rechnungswesen. Wer allerdings als Autodidakt einsteigt, sollte sich schnell weitere, vertiefende Kenntnisse aneignen, ist die Bilanzanalyse doch ein extrem wichtiges Instrument, um Unternehmen auf Herz und Nieren zu prüfen.

Wie sollte man über eine Bilanzpressekonferenz berichten?
Mit der Pressekonferenz will die PR bestimmte Zahlen und Entwicklungen hervorheben, ein ganz bestimmtes Bild von ihrem Unternehmen zeichnen. Im Frage-Antwort-Teil und durch einen folgenden individuellen Bilanzcheck kann und soll der Journalist die Vorgaben mit seinen eigenen Ergebnissen abgleichen. Selten übernimmt er danach das vorgezeichnete Bild, ebenso selten entwirft er auch ein völlig neues, anderes. In den meisten Fällen korrigiert er jedoch das Bild mehr oder minder stark.

Objektive Richtgrößen. Dass sich die Berichterstattung in den Medien zumindest in ihrer Grundtendenz oftmals gleicht, liegt daran, dass sich die meisten Journalisten an einer Reihe objektiver Richtgrößen zur Messung des Unternehmenserfolgs orientieren können. Dazu gehören in erster Linie Umsatz und Nettogewinn – vor allem ihre Veränderung gegenüber dem Vorjahr. In diesem Zusammenhang lässt sich überprüfen, ob das Management seine selbst abgegebene Prognose erfüllen konnte. Eine zusätzliche Bewertung ermöglicht der so genannte Analystenkonsens: Kurz vor Bekanntgabe der Zahlen geben Finanzanalysten (vgl. das Kapitel »Informanten«) Schätzungen ab, mit welchen Ergebnissen sie rechnen. Wirtschaftsnachrichtenagenturen wie Reuters ermitteln aus diesen Schätzungen einen Durchschnittswert. Und schließlich bildet die Reaktion der Börse einen wichtigen Maßstab.

Nachrichten und deren Einordnung durch News Analysis:
Gleichwohl entsteht immer allein schon dadurch eine subjektive Note, wie der Autor die einzelnen Komponenten seines Artikels gewichtet. Meist kann er zwischen einer Vielzahl von Aspekten auswählen. Um die Berichterstattung einerseits zu objektivieren, aber andererseits dem Leser ein Maximum an Orientierung und Kontext zu geben, bedienen sich viele Medien der News Analysis. Es existiert (bisher) keine allgemein gültige Definition für diese Darstellungsform. Im Kern handelt es sich um einen Hintergrundartikel, an dessen Anfang eine Nachricht steht, die danach ausführlich eingeordnet und bewertet wird. Dies erfolgt

durch Dritte – durch Experten verschiedener Art, bei der Bilanz-Berichterstattung meist durch Analysten.

Einschränkungen: Sicher, auch diese Vorgehensweise hat einen subjektiven Einschlag. Je nach dem, an welchen Experten man sich wendet oder welchen man zufällig gerade erreicht, wenn man tagesaktuell arbeitet, können die Einschätzungen und damit der Artikel höchst unterschiedlich ausfallen. Manche Journalisten zitieren die Expertenmeinungen auch nur, um ihren eigene Arbeitshypothese zu untermauern – filtern also die Einschätzungen in ihrem Sinne, selbst wenn sie dabei manche Kernaussage auslassen. Wer journalistisch sauber arbeiten will, sollte dies tunlichst unterlassen. Trotz dieser Einschränkungen ist die News Analysis sicher die am besten geeignete Stilform, um über eine Bilanzpressekonferenz zu berichten.

Wie ist eine News Analysis über eine Bilanz-PK zu gestalten? Auf Grund ihrer subjektiven Einfärbung darf sie durchaus szenisch einsteigen. Orientiert sie sich eher am klassischen Bericht, sollte sie mit ein bis zwei Leadsätzen beginnen, die eine Kernaussage enthalten – gewissermaßen die vom Autor herausgefilterte »Kernbotschaft« der Pressekonferenz. Diese sollte in den Kontext eingebettet werden, wie dies das »Handelsblatt« (16. 3. 2006) mit seinem Bericht über die Bilanzpressekonferenz des Autoherstellers BMW vormacht:

> Rekordabsatz eingefahren, Rekordgewinn versprochen: Der BMW-Konzern will im laufenden Jahr ein Vorsteuerergebnis von vier Milliarden Euro erwirtschaften. Das sind rund 22 Prozent mehr als im abgelaufenen Jahr.

Anlass, Hauptakteur, Zitat. Möglichst schnell sollte auch der Anlass genannt werden. Besonders elegant lässt sich dies in Verbindung mit einem Zitat des Hauptakteurs, dem Vorstandschef, umsetzen.

> »Damit soll das laufende Jahr das beste in der Unternehmensgeschichte werden«, sagte BMW-

Chef Helmut Panke auf der Bilanzpressekonferenz in München.

Persönliche Eindrücke. Um die etwas nüchterne Berichterstattung über Jahresabschlüsse aufzulockern, werden gerade bei der News Analysis gern auch persönliche Eindrücke geschildert. Zum Beispiel, dass der Vorstandschef in den vergangenen Wochen wegen eines misslungenen Firmenverkaufs enorm unter Druck gestanden habe, nun aber besonders aufgeräumt wirke, weil er sehr gute Zahlen verkünden könne. Das soll das Bild abrunden, in welcher Verfassung sich Unternehmen und Management befinden.

Kennzahlen und Aktienkurs. Oft bilden die Kennzahlen des abgelaufenen Geschäftsjahres selbst den wichtigsten Inhalt. Ebenso häufig besteht die Kernaussage in einer strategischen Neuausrichtung oder – wie im Falle von BMW – in einer Prognose. Dann sollten die wichtigsten Zahlen (Umsatz, Gewinn) jedoch auch in den ersten zwei Absätzen aufgeführt werden. Eine genauere Analyse oder Aufschlüsselung kann später erfolgen. Bei börsennotierten Unternehmen sollte zudem erwähnt werden, wie die Anleger die Unternehmensergebnisse aufgenommen haben.

Die Börse reagierte positiv. BMW-Aktien legten rund 2,5 Prozent zu.

Wichtige Äußerungen, Zahlenmaterial, Einordnung: Im Hauptteil werden die wichtigsten Äußerungen des Vorstands referiert, angefüttert durch weiteres Zahlenmaterial. Obgleich die Kennzahlen den Rumpf der Bilanzberichterstattung bilden, sollte sich der Bericht auf die wesentlichen Ziffern konzentrieren sowie auf solche, bei denen die größten Ausschläge stattgefunden haben. Da Zahlen den Lesefluss hemmen, weil sie dem Leser eine erhöhte Konzentration abverlangen, bietet es sich ohnehin an, die wichtigsten Kennzahlen im Überblick in Form einer Tabelle oder Grafik zu präsentieren. Im Hauptteil werden die Zahlen auch bereits kritisch unter die Lupe genommen und, wo notwendig, relativiert. So wie es das »Handelsblatt« mit der BMW-Ankündigung macht:

> Die Euphorie über das angestrebte Rekorder-
> gebnis hält jedoch nur auf den ersten Blick
> stand. Denn während im vergangenen Jahr die Op-
> tionsverpflichtungen auf ein Aktienpaket des
> Triebwerkherstellers Rolls-Royce das Vor-
> steuerergebnis mit rund 350 Mio. Euro belastet
> haben, wird im laufenden Jahr dasselbe Akti-
> enpaket das Ergebnis um 350 Mio. Euro verbes-
> sern – BMW hat einen Großteil der Aktien im
> ersten Quartal verkauft. Saldiert ergibt dies
> fast eine Ergebnisverbesserung in Höhe der an-
> gekündigten 700 Mio. Euro.

Einordnung durch Experten: Um den objektiven Berichtscharakter zu wahren, sollte der Autor nicht selbst die Einordnung vornehmen. Bevorzugt bezieht er sich auf Analysten – meist Finanz-, manchmal auch Industrieanalysten. Die Experten geben zudem oft eine abschließende Einschätzung ein.

> »Die großen Volumensprünge sind bei BMW erst
> einmal vorbei«, sagte Philip Rosengarten von
> der Marktforschungsagentur Global Insight.
> Immerhin sei es gelungen, Mercedes als größ-
> ten Premiumanbieter der Welt abzuhängen.

[3] Ist dem nicht so, müsste korrekterweise von der »Jahrespressekonferenz« die Rede sein.

[4] Eine solche Kontroverse gab es zum Beispiel um die Jahreszahlen der Deutsche Bahn AG in den Jahren 2003 und 2004. Bahn-Chef Hartmut Mehdorn ging gegen seinen schärfsten »Bilanz-Kritiker«, den FDF-Bundestagsabgeordneten Horst Friedrich, sogar mit einstweiligen Verfügungen vor.

Die Hauptversammlung

Auf den Hauptversammlungen (HV) schlägt die Stunde der Kleinaktionäre. Sie können diese einmal im Jahr stattfindende

Veranstaltung nutzen, um Vorstand und Aufsichtsrat des betreffenden Unternehmens ins Kreuzverhör, manchmal sogar unter
verbales Kreuzfeuer zu nehmen – wegen des schlecht verlaufe-
nen Geschäftsjahres oder des vermeintlich viel zu niedrigen Ak-
tienkurses, wegen angeblicher strategischer Fehlentscheidun-
gen oder wegen der aus ihrer Sicht offensichtlichen Raffgier der
Führungsriege. Die Hauptversammlung stellt eine Ausnahmesi-
tuation dar – nicht nur für Wirtschaftsjournalisten: Die Anleger
können hier einmal im Jahr von Rednerpult zu Podium, auf dem
Vorstand und Aufsichtsrat platziert sind, und damit quasi von
Angesicht zu Angesicht ihre Kritik loswerden.

Stimmungsbarometer: Die Saison für Hauptversammlungen
reicht vom Frühjahr bis in den Frühsommer hinein, nachdem die
Unternehmen ihre Geschäftsberichte und damit ihre testierten
Jahresbilanzen vorgelegt haben. Manchmal geht von den Kleinanlegern so viel Druck aus, dass das Management – mit ge-
bührendem zeitlichen Abstand – tatsächlich Kurskorrekturen vornimmt. Meist sind die Hauptversammlungen jedoch insofern eine
Show-Veranstaltung, als sie zwar als Ventil für Kritik oder auch Ärger fungieren, selten aber praktische Auswirkungen haben. Dem
Wirtschaftsjournalisten dienen die Hauptversammlungen in erster
Linie als Barometer für die Stimmung unter den kleineren Anlegern. Die Berichterstattung über unzufriedene Anleger kann dabei auch den öffentlichen Druck auf das Management erhöhen.

Spektakuläre Einzelfälle: Oft verlaufen Hauptversammlungen
wenig spektakulär, weil größere Investoren wie Fondsgesellschaften die Hauptversammlung nicht als Plattform für den kritischen Diskurs benötigen. Vielmehr haben diese in der Regel
direkten Zugang zum und/oder Einfluss auf das Management.
So kommt es selten vor, dass die Aktionäre einen Vorstand
mehrheitlich nicht entlasten (was einer Abwahl gleichkommt)
oder dass zumindest ein ernst zu nehmender Versuch dazu
stattfindet.
In einigen Fällen – zum Beispiel bei der Deutsche Börse AG im
Jahr 2005 – hat eine britische Fondsgesellschaft jedoch die

Hauptversammlung erfolgreich als strategisches Instrument genutzt. Sie drohte damit, eine Mehrheit zur Abwahl des Vorstands- und Aufsichtsratsvorsitzenden zu organisieren. Als sich diese tatsächlich abzeichnete, warfen die Manager der Deutschen Börse schnell das Handtuch, weil eine öffentliche Abwahl als peinlichere Alternative erschien.

Pflichtübung: Die meisten Hauptversammlungen verlaufen jedoch wenig ereignisreich und sind deshalb für die Berichterstattung nur begrenzt interessant. Dies liegt daran, dass die anwesenden Aktionäre – auch die kleineren Anleger – Vorstand und Aufsichtsrat meist mit einer Mehrheit entlasten, von denen zur Wiederwahl anstehende Vorsitzende auf den Bundesparteitagen nur träumen können.

Zudem nickt die überwältigende Mehrheit der Anteilseigner in aller Regel auch den Vorschlag des Vorstands über die Höhe der zu zahlenden Dividende ab. Dessen ungeachtet sollten Wirtschaftsredakteure von Regional- und Lokalzeitungen die Hauptversammlungen von Unternehmen aus ihrer Gegend zumindest besuchen, besonders wenn es sich um »Lokalmatadore« handelt. Es kann immer etwas Unvorhergesehenes passieren.

Aber auch überregionale Medien, voran die Zeitungen, berichten zumindest über die Hauptversammlungen der DAX-30-Unternehmen, zumindest in Form kürzerer Meldungen. Besondere Aufmerksamkeit finden die Hauptversammlungen der Deutschen Telekom, von Daimler-Chrysler und der Deutschen Bank, weil hier die Kleinaktionäre traditionell scharfe Kritik üben.

Ob eine Hauptversammlung spannend und damit zu einem größeren Medienereignis werden könnte, lässt sich meist schon aus der Tagesordnung ersehen, die auf den Einladungen an die Aktionäre steht, die aber auch die Pressestelle des betreffenden Unternehmens vorab zur Verfügung stellt. Worauf sollte der Journalist achten? Auf außerordentliche Anträge von Seiten des Vorstands, zum Beispiel für eine Kapitalerhöhung, einen Aktienrückkauf oder auch ein neues Aktienoptionsprogramm für das Topmanagement.

Für ein Aufhorchen oder gar ein Aufbegehren der anwesenden Aktionäre können auch die kurzfristig bekannt gegebenen Zahlen zum ersten Quartal sorgen. Ob mit viel Kritik oder Widerstand der Kleinaktionäre zu rechnen ist, lässt sich an den Gegenanträgen ablesen. Wenn etwa die Anleger glauben, dass das neue Aktienoptionsprogramm viel zu niedrige Leistungsanforderungen an das Management stellt, um in den Genuss der Ausschüttung zu kommen.

Es lohnt sich aber meist auch, vorher die Vertreter der organisierten Kleinaktionäre nach ihrer Einschätzung zu fragen. Die führende Rolle spielen hier die Deutsche Schutzvereinigung für Wertpapierbesitz (DSW) und die Schutzgemeinschaft der Kapitalanleger (SdK).

Wie läuft eine Hauptversammlung ab? Zunächst eröffnet der Aufsichtsratsvorsitzende in seiner Funktion als Versammlungsleiter die Hauptversammlung, indem er die anwesenden Aktionäre begrüßt und einige Ausführungen über den formalen Ablauf der Veranstaltung macht. Nur selten äußert sich der Chef des Kontrollgremiums inhaltlich. Sollte er dies jedoch tun, sollte der Journalist seine Ohren spitzen. Danach hält der Vorstandsvorsitzende eine längere Rede über das, was das Unternehmen im vergangenen Jahr geleistet hat, was es in diesem Jahr und in Zukunft leisten will. Diese Äußerungen enthalten für den Journalisten meist nichts Neues, ähneln sie doch oft sehr stark den Reden, die die Unternehmenschefs bereits auf der Bilanzpressekonferenz gehalten haben.

Häufig enthalten die Reden auch sanft selbstkritische Wendungen, die die Anleger besänftigen sollen, wie etwa:

    Ich weiß, meine Damen und Herren, der Aktienkurs sollte noch deutlich höher sein. Dafür werde ich mich auch weiterhin mit allen Kräften einsetzen.

Manchmal weisen die Reden aber auch Neues auf. So könnte zum Beispiel der Chef eines Dienstleistungsunternehmens eine neue Serviceoffensive ausrufen. Oder ein anderer verkündet, dass sein Unternehmen wieder bereit sei für größere Übernahmen, die langfristig den Aktienkurs nach oben treiben sollen.

Zentral: die Aussprache. Vor der abschließenden Abstimmung über die diversen Anträge kommt die Aussprache. Sie ist journalistisch gesehen meist am interessantesten – nicht nur weil sie den lebendigsten Bestandteil der Hauptversammlung ausmacht, sondern weil sie eben eine Vorstellung davon vermittelt, wie kleinere Anleger das Unternehmen und seine Strategie beurteilen.

Oben auf der Rednerliste stehen in der Regel Vertreter der organisierten Kleinaktionäre. Manchmal melden sich auch die Repräsentanten von Fondsgesellschaften zu Wort, zum Beispiel vom Deutsche-Bank-Fonds DWS.

Danach folgen einzelne, »freie« Kleinaktionäre. Auch ihre Wortmeldungen können von inhaltlicher Relevanz sein, doch ist hier eine gewisse Vorsicht angebracht. Denn bei einigen von ihnen handelt es sich um Hauptversammlungs-Profis, die von mehreren Unternehmen meist nur einige Aktien besitzen, die sie benötigen, um auf deren Hauptversammlungen Rederecht zu genießen. Einige dieser Personen reisen von Hauptversammlung zu Hauptversammlung und nutzen diese in erster Linie zur Selbstinszenierung oder für Störmanöver – wobei auch ihre Kritik manchmal durchaus Hand und Fuß hat.

Abstimmungen meist sekundär: Die Abstimmungen über die Anträge finden meist nur geringes Interesse der Journalisten, viele warten sie gar nicht mehr ab – oft liegen die Ergebnisse auch erst spät abends, lange nach Redaktionsschluss der meisten Tageszeitungen vor. Der Grund für das Desinteresse liegt auf der Hand: Die Kleinaktionäre, wenn sie denn auf Opposition eingestellt sind, verfügen in aller Regel nicht über eine ausreichende Mehrheit, um etwas zu bewegen.

Wie lässt sich die Hauptversammlung journalistisch aufbereiten? Folgende Darstellungsformen sind möglich:

- Vorbericht
- Bericht oder News Analysis
- Stimmungsbericht
- Kommentar
- Managerporträt.

Der Vorbericht kommt in der Regel nur bei größeren Unternehmen in Frage und/oder wenn zu erwarten ist, dass es auf der bevorstehenden Hauptversammlung hoch hergehen wird. Der Vorbericht sollte dann auf die Probleme und Schieflagen aufmerksam machen und auch die Aktionärsvereinigungen vorab befragen, welche Kritik sie auf der Hauptversammlung äußern werden und ob sie den Vorstand entlasten wollen oder nicht.

Bericht oder News Analysis: Die rein sachliche Abhandlung des Themas bietet sich vor allem dann an, wenn die Hauptversammlung auch mit einer Nachricht verbunden ist, der Vorstandsvorsitzende also etwas Neues sagt oder über umstrittene Themen (Stichwort Aktienoptionen) abgestimmt wird. Der Bericht kann aber auch gewählt werden, einfach um die Kritik der Kleinaktionäre darzustellen. In diesem Fall sollte er damit auch beginnen und dabei aus besagten Gründen vor allem die organisierten Kleinaktionäre und Fondsvertreter zu Wort kommen lassen. Die bestenfalls marginal neuen Ausführungen des Firmenchefs können hinten angestellt werden. Als Alternative bietet sich eine stärker interpretierende und kommentierende News Analysis an – vor allem dann, wenn keine separate Kommentierung möglich ist.

Stimmungsbericht: Da es auf den Hauptversammlung meist doch etwas turbulenter, zumindest lebendiger und bunter zugeht als zum Beispiel auf Bilanz-PK, übt diese Form, die atmosphärische Eindrücke mit Fakten verbindet, großen Reiz aus. Hier ist es nicht nur möglich, die »Stimmen zum Spiel« in launiger Manier aufzubereiten, sondern auch auf Besonderheiten und Kuriositäten einzugehen.

Für diese Berichte werden gern Aktionäre am Eingang vor der Hauptversammlung befragt oder belauscht, während sie beim Essen ihrer Bockwürstchen Kommentare über den Vorstandschef abgeben. Ein gelungenes Beispiel für einen Stimmungsbericht ist der Artikel »So einen braucht die Telekom« aus der »Frankfurter Allgemeinen Zeitung« über die Hauptversammlung der Deutschen Telekom im Mai 2003. Hier einige Auszüge:

Ausgehungert kamen die 7000 Aktionäre der Deutschen Telekom zur Hauptversammlung nach Köln. Um ihren Hunger zu stillen, war allerdings mehr nötig als das angebotene Wurstbrötchen. Die Aktionäre suchten nach etwas Höherem. Sie hofften auf die Belege dafür, daß sie sich in ihrem rechten Glauben an ein neues Erstarken ihres Unternehmens nicht täuschen. Sie wollten Frieden machen mit ihren Telekom-Aktien im Depot ...

Kai-Uwe Ricke wirkt. Der [neue] Vorstandsvorsitzende gibt dem Publikum, was es hören möchte. Er suggeriert Nähe und will vermitteln, daß Vorstand und (Klein-)Aktionäre in einem Boot sitzen. »So einen braucht die Telekom«, hört man auf den Gängen (...)

Ricke präsentiert sich als Führer eines Teams, das den Karren aus dem Schlamm ziehen soll, und er stellt dieses Team vor: »Lieber Josef, könntest du vielleicht einmal kurz aufstehen«, ruft er dem T-Com-Chef Brauner zu, woraufhin sich dieser aus seiner bequemen Sitzhaltung herausbewegt und sich für ein paar Sekunden aus dem Sessel schält. Die anderen Vorstände bewältigen die Kurzvorstellung etwas agiler (...)

Kommentar: Mit seiner Hilfe lässt sich der Frage nachgehen, wie berechtigt die Kritik der Anleger ist. Er drängt sich aber auch auf, wenn der Vorstandschef substanziell Neues gesagt hat, das einer Einordnung bedarf und das es zu bewerten gilt. Nicht zu vergessen: Ein Kommentar über eine Hauptversammlung kann nicht allein stehen, er benötigt einen dazugehörigen (Stimmungs-)Bericht. Dies gilt auch für das Porträt.

Managerporträt: Es bietet sich dann an, wenn es sich zum Beispiel um die erste Hauptversammlung des frisch gekürten Vorstandschefs handelt. Oder dieser unter besonderen Beschuss geraten ist, sich aber auf der Hauptversammlung wacker schlägt – oder auch gerade nicht.

Der Tag an der Börse

Der Börsenbericht gehört zur Standardausstattung eines jeden Wirtschafts- und Finanzteils beziehungsweise einer jeden tagesaktuellen Wirtschaftssendung. Denn die Börse bildet das Barometer für den Zustand der Unternehmen wie für die Wirtschaft überhaupt. Meist zieht der Börsenbericht Bilanz darüber, wie sich die Kapitalmärkte im Laufe eines Tages entwickelt haben und wie die Aussichten für den folgenden Tag sind. Aber auch Wochenrück- und -ausblicke sind üblich. Im Gegensatz zu den Printmedien können die audiovisuellen und Online-Medien auch aktuelle Zwischenstände vermelden.

Der DAX – wichtigster Index: Der Börsenbericht ist hinsichtlich der für ihn notwendigen Elemente stark formalisiert. In aller Regel listet er eine Reihe wichtiger Indizes auf und nennt die wesentlichen Ursachen für die neuesten Entwicklungen, wobei sich die Indizes auch gegenseitig beeinflussen können und deshalb auch als Triebkraft fungieren. Der mit Abstand wichtigste Index ist der Deutsche Aktienindex, kurz: DAX, in dem die 30 größten börsennotierten Unternehmen Deutschlands zusammengefasst sind. Der Börsenbericht gibt an, wie sich der Punktestand des DAX entwickelt (... `legte um 69 Zähler auf 6435 Punkte zu` ...) und/oder sich prozentual verändert hat (... `notierte damit um rund ein Prozent schwächer als am Vortag`).

Terminologie: Früher arbeiteten Wirtschaftsnachrichtenagenturen wie Reuters mit einer festen Terminologie, um Tendenzen an den Kapitalmärkten zu klassifizieren. So wurde zum Beispiel ein Zuwachs von 0,1 bis 0,3 Prozent als »gut behauptet« bezeichnet, ein Minus von mehr als zwei Prozent als »sehr schwach«. Heute wenden die Agenturen diese Klassifizierungen nicht mehr sklavisch an. Deren Tendenztermini wie »uneinheitlich«, »fest« oder »knapp behauptet« gehören jedoch weiter zu den Begriffen, mit denen bei Börsenberichten bevorzugt gearbeitet wird.

Xetra, M-DAX, TecDAX: Im Fernsehen zeigen sich die Berichterstatter meist auf dem Parkett der Frankfurter Börse. Tatsächlich wird als Referenzgröße jedoch der Xetra, der elektronische Handel, genommen. Er startet morgens um neun Uhr und endet um 17 Uhr 30 mit einer Schlussauktion. Die 50 größten Unternehmen unterhalb des DAX bilden den M-DAX. Diese »Nebenwerte« aus meist klassischen Branchen werden aber oft nur erwähnt, wenn es hier nennenswerte Bewegungen gibt. Häufiger kommt dagegen der kleinere TecDAX der 30 wichtigsten Technologie-Werte zum Zuge. Was vor allem darauf zurückzuführen sein dürfte, dass der TecDAX 2003 dem früheren Wachstumssegment »Neuer Markt« (Nemax) nachfolgte, das bis zu seinem Crash um das Jahr 2000 herum sehr große öffentliche Aufmerksamkeit genoss.

Ursachen und Triebkräfte benennen: Der Börsenbericht sollte zudem die Unternehmen erwähnen, die aus vorhersehbaren Gründen wie einer Bilanzpressekonferenz im Rampenlicht stehen oder die auf Grund anderer Faktoren (plötzliche Gewinnwarnung, starke Erhöhung der Treibstoffpreise belastet Tourismusbranche etc.) in den Mittelpunkt des Interesses rücken. Die *Gewinner und Verlierer* eines Börsentages sind vor allem immer dann von besonderem Interesse, wenn es sich um Index-Schwergewichte (wie zum Beispiel die Deutsche Telekom) handelt, die den gesamten DAX mit hoch- oder runterziehen können.

Vorgaben von Dow Jones und Nikkei: Neben den Ausschlägen starker Einzelwerte beeinflussen auch die *Vorgaben* (so die Terminologie der Börsianer) der internationalen Leitbörsen den hiesigen Kapitalmarkt. Konkret: Die Stimmung und Tendenz an einem wichtigen Börsenplatz kann auf andere Kapitalmärkte überschwappen. Dieser Effekt kommt durch die unterschiedlichen Zeitzonen zustande, denn wenn zum Beispiel der amerikanische Dow-Jones-Index schließt, ist es in Deutschland 22 Uhr – die Vorgaben aus den USA könnten den Handelsbeginn in Frankfurt beeinflussen. Der Dow-Jones-Index der New Yorker Börse (»Wall Street«) umfasst 30 Werte der größten Industrie- und Technologieunternehmen in den USA. Im kleineren Nasdaq-Index sind vor allem technologie-orientierte Unternehmen gelistet. Oft wird auch der Nikkei-Index der Tokioter Börse berücksichtigt.

Zahlreiche Einflussfaktoren: Außer den genannten können zahlreiche weitere Faktoren das Börsengeschehen bestimmen – oft auch volkswirtschaftliche Determinanten, vor allem neue Entwicklungen beim Konsumklima oder den Leitzinsen. Häufig kommt es auch zu Wechselwirkungen zwischen verschiedenen Segmenten der Kapitalmärkte. Bewegungen an den Devisen-, Renten-, Gold- oder Rohstoffmärkten können starke Auswirkungen auf die Aktienmärkte haben. Der Euro im Verhältnis zum Dollar sowie der Gold- und Ölpreis werden oft aber auch unabhängig davon genannt, um dem Anleger möglichst vollständige Informationen über die Märkte zu geben, zumal ja auch nicht alle Anleger ihr Geld in Aktien investieren.

Experten sprechen lassen: Da es eine Vielzahl von Indikatoren und Triebkräften für das Geschehen an den Kapitalmärkten gibt, muss der Autor eines Börsenberichts filtern und selektieren, sich also auf den DAX, seine größten Ausschläge sowie die wichtigsten anderen Tendenzen konzentrieren. Der Börsenbericht kann sicher ausschließlich Fakten referieren – wobei es allein schon bei den »Gewinnern und Verlierern« oft schwerfällt, klare Ursachen für eine Kursbewegung auszumachen. Gerade beim Ausblick sollte der Autor aber auf Einschätzungen von Experten zurückgreifen und diese sprechen lassen – unabhängig vom Medium. Für längerfristige Einschätzungen bieten sich die so genannten *Strategen* von Investmentbanken an, für die Beurteilung von Einzelwerten *Analysten*, für volkswirtschaftliche Statements neben den Strategen sicher die *Chefökonomen* von Banken. Aber auch *Fondsmanager*, die sich sehr nah am Markgeschehen befinden, sind gefragte Gesprächspartner.

Von Anlageberatung klar abgrenzen: Der Börsenbericht sollte nie den Charakter eines (oder mehrerer) direkter Anlagetipps bekommen. Leider missinterpretieren viele Leser, Hörer und Zuschauer Börsenberichte immer wieder als Anlageberatung. Der Autor sollte deshalb deutlich machen, dass er über die wichtigsten Börsentrends informiert – und nicht mehr. Die Zahl der Anlagemöglichkeiten an den Kapitalmärkten ist ohnehin derart hoch, dass die meisten Anleger im Kursteil ihrer Tageszeitung oder in einem Internet-Finanzportal nachschauen müssen, wie sich ihre spezielle Anlage entwickelt hat.

Tipp: Wer keine Zeit oder keine entsprechenden Ressourcen hat, kann die Börsenberichte der Nachrichtenagenturen als Grundlage nehmen. In diesen werden meist auch Experten zitiert. Eine gute Quelle bieten zudem die Finanzportale im Internet wie zum Beispiel www.onvista.de.

Der Messebericht

Wirtschaftsmedien berichten gern über Messen – Fachmagazine, Regional- und Lokalzeitungen sowie audiovisuelle Medien, so scheint es, gehen besonders häufig an den Start. Dies liegt daran, dass Messen auf begrenztem Raum, also mit relativ knapp bemessenem Aufwand für den Berichterstatter, einen guten Überblick über eine Branche geben und die aktuellen Trends in ihr widerspiegeln können. Zudem trifft der Journalist bei einer Messe oft auf die wichtigsten und namhaften Hersteller bzw. Manager dieser Branche – an einem Ort, innerhalb eines engen Zeitraums.

Event mit Verbrauchernähe: Messen sind aber nicht nur wegen ihrer inhaltlichen Relevanz ein bevorzugtes Berichtsobjekt von Wirtschaftsjournalisten, sondern auch weil sie – neudeutsch formuliert – »Event-Charakter« haben. Eine Messe ist als Medienereignis in aller Regel viel lebendiger als zum Beispiel eine Pressekonferenz, weil es Besucher gibt (die sich nach ihren Eindrücken befragen lassen) und weil etwas gezeigt wird, die sonst scheinbar trockene Materie Wirtschaft also fassbar und anschaulich wird. Abhängig von den ausgestellten Produkten sind Messen zudem verbrauchernäher als zum Beispiel der Geschäftsindex der Zementindustrie. Wirtschaftsredaktionen unterstellen also, dass das Interesse von Lesern, Zuschauern und Hörern vergleichsweise groß ist.

Oft genug nutzen Journalisten jedoch nicht die Chance, die ihnen das Sujet bietet. Allzu phantasielos wird über die besuchte (oder manchmal auch nicht besuchte) Messe berichtet.

> Rund 200 Stände waren auf der Messe des Handwerkerverbands XY aufgebaut. An diesen konnten sich die Besucher ausführlich informieren. »Das Ziel ist es, den Einwohnern unser Handwerk nahe zu bringen«, erklärte XY, Geschäftsführer des Verbands.

Phantasielosigkeit dominiert: Es handelt sich wohlgemerkt um ein Beispiel aus der journalistischen Wirklichkeit, in diesem Fall aus einer Regionalzeitung, das hier nur leicht abgewandelt wurde. Nicht viel inspirierter zeigt sich der Autor einer überregionalen Wirtschaftszeitung (»Handelsblatt«, 12.6.2006), auch wenn er den drögen Fakten einen Einstiegssatz voranschiebt, der die Aufmerksamkeit der Leser wecken soll:

> Die Sonnenbranche boomt: Wenn am 22. Juni die Messe Intersolar in Freiburg eröffnet, ist ein

```
Ausstellerrekord sicher. 420 Anbieter von Pho-
tovoltaik- und Solarthermieanlagen, Zuliefe-
rer, Planer, Berater und Investitionsgesell-
schaften präsentieren Neuheiten rund um das
Thema Sonnenenergie.
```

Die Hauptgründe für den journalistischen Einheitsbrei bei Messeberichten liegen darin, dass sich die Berichterstatter oft allein auf die Pressemitteilung und/oder die Pressekonferenz des Veranstalters verlassen und vielleicht gerade noch einen hastigen Gang über das Messegelände hinterher schieben. Im Vordergrund stehen dann meist Zahlen (Ausstellerzahl, Ausstellungsfläche, Besucher etc.), die den gemeinen Medienkonsumenten in der Regel nur am Rande und höchstens dann stärker interessieren, wenn es wirklich Außergewöhnliches zu vermelden gibt. Der Veranstalter wird hingegen stets die positive Entwicklung der Messe hervorheben, selbst wenn dies nicht wirklich der Fall sein sollte. Journalisten sind deshalb besser beraten, die offiziellen Pressekonferenzen zwar nicht zu ignorieren, aber ansonsten ihren eigenen Weg über die Messe zu gehen – selbst wenn sie (wie beim Beispiel oben) einen Vorbericht schreiben sollten und es noch nicht viel zu sehen gibt.

Folgende Variationsmöglichkeiten bieten sich an, um lebendig über Messen zu berichten:

- Wortlaut-Interview
- Themenorientierter (Vor)Bericht
- Messerundgang – Reportage oder Feature
- Rosinen picken – Highlights vorab beleuchten
- Mit Konkurrenzveranstaltungen vergleichen

Wortlaut-Interview: Messen bilden nicht mehr als den Kasten für das, was auf ihnen gezeigt wird. Das Ausgestellte sollte eindeutig im Vordergrund stehen. Einen guten Überblick über die Trends in der Branche kann deshalb auch weniger der Veranstalter (oft eine Messegesellschaft) geben als vielmehr der Präsident oder Geschäftsführer des Branchenverbands, dem die (meisten) Aussteller angehören. Mit ihm böte sich – gerade auch im Vorfeld einer Messe – ein Wortlaut-Interview an. Einen genauso interessanten wie kompetenten Gesprächspartner würde sicher auch der Chef eines der großen Unternehmen abgeben, die bei der Leistungsschau präsent sind – vorausgesetzt, er kann und will über den Tellerrand seiner Firma hinausschauen.

Themenorientierter (Vor)Bericht: Ein guter Überblick lässt sich auch durch eine Vorab-Recherche erarbeiten, bei der das Thema im Mittelpunkt steht. Selbst ein Vorbericht muss dann nicht auf allein auf die Pressemitteilung mit den Ausstellerzahlen und Hauptthemen der bevorstehenden (oder noch schlimmer: der vorigen) Messe zurückgreifen. Vorbildlich ist zum Beispiel der Vorbericht »Die schöne neue Öko-Welt« aus der »Süddeutschen Zeitung« (16. 2. 2006). Der Text beginnt mit einem bildhaften Einstieg, der dann geschickt für die gesamte Branche die Brücke vom Gestern ins Heute schlägt:

```
Ein Hinterhofladen im Frankfurt der späten
siebziger Jahre, betrieben von einem bärtigen
Wurzelsepp-Typen, der die Maden aus dem Sack
voller Kichererbsen vorsichtig rausschüttelt,
damit den Tierchen nichts passiert. Matthias
Horx hat den »Geruch aus Kampfer, Methyl und
ranziger Naturseife« dieses Geschäfts noch
heute in der Nase. »Wie eine Wolke« habe er
sich, symbolisch gerochen, fortan über die ge-
samte Biobranche gelegt, findet der Trend- und
Zukunftsforscher Horx. Inzwischen aber habe
sich »die Idee durch diesen Geruch durch-
gekämpft.« Soll heißen: Die Biobranche hat den
muffeligen Hinterhofcharakter verloren.
```

Es folgt nun der Übergang zu den Fakten:

```
Vier Milliarden Euro wurden 2005 in Deutsch-
land mit ökologischen Lebensmitteln umge-
setzt, 14 Prozent mehr als 2004. Seit Jahren
sind die Zuwachsraten zweistellig ...
```

Zahlen und Trends: Der Autor nimmt die Zahlen zum Anlass, um die wichtigsten Trends in der Branche aufzuzeigen (große Supermärkte bieten inzwischen auch Bio-Produkte an etc.), die den Boom anheizen. Erst in der zweiten Hälfte des Artikels kommt überhaupt die Messe ins Spiel:

> Die wachsende Biowelt trifft sich bis kommenden Sonntag im Nürnberger Messezentrum zur »Biofach«, der mit 2 078 Ausstellern aus 73 Nationen und 35 000 Besuchern weltgrößten und wichtigsten Fachmesse der Branche ...

Abschließend nutzt der Autor die Eröffnungsansprache in eleganter Weise, um auf Konfliktstoff hinzuweisen:

> Landwirtschaftsminister Horst Seehofer (CSU) wird die Fachmesse an diesem Donnerstag eröffnen, und es ist gut möglich, dass er sich angesichts der gentechnikfreundlichen und wieder stärker auf den konventionellen Landbau ausgerichteten Politik auf einige kritische Fragen einstellen muss. Momentan gibt es hierzulande knapp 10 000 Biobauern ...

Messerundgang – Reportage oder Feature. Ein Messerundgang wirkt immer dann besonders anregend, wenn er nicht linear wiedergegeben wird (»... am nächsten Stand war dann alles ganz anders ...«), sondern wenn der Autor seine Eindrücke und Begegnungen komprimiert und bezogen auf jeweils einzelne Aspekte schildert. Den Rundgang kann er als reinrassige Reportage gestalten und bei einem Printmedium zum Beispiel die Fakten in Form eines dazugehörigen Infokastens liefern. Oder die Fakten werden den subjektiven Komponenten beigemengt, so dass ein Messe-Feature entsteht. Diese Darstellungsformen sind auch bestens dazu geeignet, vermeintliche Nebensächlichkeiten aufzugreifen. So beschäftigt sich ein Feature in »Die Welt« (3. 12. 2005) mit der Überschrift »Frau und Ersatzteil« mit der – so die Unterzeile – »Gleichberechtigung der Geschlechter im Spiegel der Auto-Tuning-Messe in München.«

Bettina räkelt sich auf drei übereinander ge-
stapelten roten Pirelli-Reifen. Mit einer
schnellen Bewegung streicht sie sich die langen blonden Haare aus dem Gesicht. Der ältere
Herr beugt sich über sie, knipst los und scheint
die Welt um sich herum fast zu vergessen. »Der
hat's wohl nötig«, sagt eine Mittvierzigerin
leise zu ihrem Mann. Wer sagt denn, es gehe bei
der Essen Motor Show um Autos? Das bestätigt
auch eine Umfrage der »Autobild«: 42 Prozent
der Befragten gaben an, dass die Models und Hos-
tessen für sie das Wichtigste hier seien ...

Rosinen picken – Highlights vorab beleuchten: Zuweilen geben Messen in ihrer Gesamtheit wenig her für journalistische
Zwecke. Aber selbst wenn eine Leistungsschau ergiebig sein
sollte, bietet es sich an, die Rosinen herauszupicken. Das können die innovativsten, pfiffigsten oder skurrilsten Produkte sein.
Es ist aber auch nahe liegend, über die namhaftesten und/oder
interessantesten Aussteller zu berichten. Einige von ihnen organisieren eigene Pressekonferenzen im Rahmen der Messe. Sinnvoller ist es jedoch, schon einige Wochen vor Messebeginn die
Teilnehmerliste zu studieren und frühzeitig ein Interview bei den
Messe-Highlights anzufragen. Möglicherweise bekommt man es
sogar exklusiv. Bei einem Wortlaut-Interview böte sich ein Info-
kasten zur Messe an, um den Rahmen kenntlich zu machen. Bei
einem durchgeschriebenen Interview (Bericht mit Zitaten) oder
einem Firmenporträt sollte im Text kurz auf die Messe hingewie-
sen werden (... sagte Vorstandschef Meier im Vorfeld
der Branchenmesse »Kolben und Zahnrad« ...).

Mit Konkurrenzveranstaltungen vergleichen. Über Messen
als solche zu berichten, interessiert in aller Regel nur das Fach-
publikum. Allerdings ist ihre Zahl in den vergangenen Jahren
stark nach oben geschnellt, so dass viele Veranstaltungen inzwischen keinen Monopolanspruch mehr erheben können, sondern in Konkurrenz zu einer oder mehreren Messen stehen. Viele

Leistungsschauen verändern in Folge des erhöhten Wettbewerbsdrucks ihr Gesicht, arbeiten zum Beispiel mit neuen Konzepten und Anreizen für Aussteller und Publikum. Ein Feature über eine Messe im Spiegel der Konkurrenzveranstaltung kann deshalb durchaus auch für eine breitere Leserschaft reizvoll sein.

Tipp: Messen laden dazu ein, sie journalistisch eher spontan zu behandeln. Denn es gibt meist eine Eröffnungs- und eine Abschlusspressekonferenz (oder zumindest entsprechende Pressemitteilungen). In einem kurzen Rundgang lassen sich zumindest oberflächlich Eindrücke sammeln. Gleichwohl ist eine akribische Vorbereitung auch hier hilfreich: Wer schon Wochen vorher das Programm und die Teilnehmer (im Internet) studiert, kann zum Beispiel auf wichtige Gesprächspartner stoßen, die kurzfristig nicht mehr verfügbar sind. Das Programm ist außerdem hilfreich, um eigene Themenschwerpunkte zu setzen. Und schließlich zeigt ein Blick in das elektronische Archiv, wie die Messe in den Vorjahren gelaufen und wie stark die Konkurrenz durch andere Veranstaltungen ist. So lässt man sich auf der Pressekonferenz auch nicht mehr so leicht etwas vormachen.

Der Verbrauchercheck

Serviceorientierte Verbraucherthemen lassen sich generell in verschiedenen Stilformen darstellen – als Meldung, Bericht oder Interview. Beim Verbrauchercheck, also dem Testen und/oder Vergleichen von Produkten und Dienstleistungen verschiedener Anbieter, eignet sich das Feature am besten. Wolff (2006) definiert diese Stilform folgendermaßen: »Das Feature stellt abstrakte Sachverhalte und Sachthemen mithilfe typischer Situationen dar … Es erklärt anschaulich komplizierte Entwicklungen oder Zusammenhänge an treffenden Beispielen.«

Fakten und Beispiele: Verbraucherthemen betreffen zwar viele Menschen unmittelbar, sie sind aber oft auch sehr komplex und spröde – handele es sich um die private Altersvorsorge oder den Tarifdschungel bei Handytelefonaten. Um die schwierige Materie für das Medienpublikum verständlich und zugleich verdaulich zu machen, bedient man sich des Feature-typischen Wechselspiels zwischen referierenden Elementen (Fakten, Einschätzungen von Experten) mit szenischen Elementen (Beispiele, Problemfälle), die charakteristische Züge hervorheben bzw. möglichst allgemeingültig sind.

Konkrete Ratschläge: Der Verbrauchercheck greift Probleme sowie Entwicklungen wie eine veränderte Gesetzeslage, eine neue Preisrunde oder eine neue Produktgeneration auf und zeigt Lösungsmöglichkeiten auf – am besten die optimale Lösung. Sollte dies nicht möglich sein, muss der Check dennoch eine Kernbotschaft vermitteln. Er sollte zwar verschiedene Varianten durchspielen und Alternativen abwägen, aber den Konsumenten konkrete Ratschläge geben. Der Verbrauchercheck darf, ja sollte sogar Information *und* Meinung aufweisen.

Die Zahlen sprechen für sich. Servicejournalismus kann grundsätzlich auch Emotionen ansprechen – zum Beispiel wenn es um psychologische Lebenshilfe geht. Bei Wirtschafts- und Finanzthemen sollte sich der Journalist jedoch strikt an den Fakten orientieren. Hier wird der kühl rechnende *homo oeconomicus* im Rezipienten angesprochen. Denn oft sprechen allein schon die Zahlen (»Was kommt billiger? Was wirft mehr ab?«) für sich.

Wie lassen sich Themen finden? Eine wichtige Rolle spielen aktuelle und künftige Entwicklungen. Anlässe sind zum Beispiel bedeutende Gerichtsurteile, Gesetzesänderungen, die bald in Kraft treten, oder neue Produktangebote, die vor allem dann interessant werden, wenn ein Anbieter vorprescht und die Konkurrenten nachziehen. Oft inspiriert auch schon ein Blick auf den Kalender: Viele Themen sind von der Jahreszeit abhängig – die

Steuererklärung sollte im Frühjahr eingereicht werden, im Sommer telefoniert man mit dem Handy aus dem ausländischen Urlaubsort, Bausparverträge werden im Herbst abgeschlossen, und im Winter stehen größere Weihnachtseinkäufe an.

Oft hilft auch ein Anruf bei den Verbraucherzentralen: Worüber gehen zurzeit die meisten Beschwerden ein? Wozu gibt es die meisten Anfragen? Nicht selten ist ein dankbares Thema darunter. Und schließlich ist die eigene Beobachtungsgabe gefragt: Persönliche Erfahrungen oder die von Bekannten können genauso gut als Ideengeber fungieren. Nur sollte man einen Aspekt nie außer Acht lassen: Spricht das Thema auch tatsächlich das Publikum des eigenen Mediums an?

Höchste Präzision gefragt. Für Verbraucherchecks ist eine profunde und zumeist aufwändige Recherche zwingend. Im Gegensatz zu Fehlern beim Gros anderer Nachrichten (falsch geschriebene Ortsnamen etc.) können hier Ungenauigkeiten und Fehlinformationen persönlich negative Folgen für diejenigen haben, die den Text buchstäblich für bare Münze nehmen und danach handeln: die Konsumenten. Das Präzisionsgebot gilt für den Text wie auch für die in der Regel damit kombinierten Tabellen und Grafiken. Die Rezipienten schneiden sie oft aus oder drucken sie aus, sofern sie online gestellt sind, und benutzen sie als Handlungsanleitung für ihre ökonomischen Entscheidungen.

Der aufgeklärte Verbraucher. Oft lässt sich die Basisrecherche eigenständig und mit Hilfe des Internet durchführen. Man schlüpft also selbst in die Rolle des »aufgeklärten Konsumenten.« Danach sollten die Fakten und das – oft reichhaltige – Datenmaterial geordnet werden, um sich ein erstes eigenes Bild zu machen. Zugleich resultieren aus der ersten Runde offene Fragen: Wo liegen die Hauptprobleme? Welche sind die gemeinsten Fallstricke? Wie sehen die besten Lösungen aus? Und für die Illustration: Wer könnten typische Betroffene sein?

Experten statt Anbieter: Recherchiert man für einen Produkt-check, sollte man die Anbieter für Detailfragen oder bei Unklar-heiten kontaktieren. Ansonsten sollten sie jedoch nicht der zent-rale Ansprechpartner sein: Denn die Anbieter versuchen, ihre Produkte in schönstem Licht darzustellen und werden bei ihren Auskünften deshalb in aller Regel nur dann die Nachteile ihrer Angebote eingestehen, wenn der Journalist sie direkt darauf anspricht. Was wiederum voraussetzt, dass er sie kennt. Die zentrale Rolle für den Verbrauchercheck spielen deshalb unab-hängige Experten, die die entscheidenden Bewertungen vor-nehmen. Um Einseitigkeit zu verhindern, sollte man mindestens zwei Meinungen einholen. Die Experten können zudem oft Bei-spiele nennen. Sind sie von Verbänden (Bund der Versicherten etc.), können sie häufig auch Betroffene vermitteln. Diese kön-nen ihren persönlichen Fall schildern, um die Materie zu veran-schaulichen.

Die fünf Elemente: Ein Verbrauchercheck setzt sich – bei Print- und Onlinemedien – aus fünf Elementen zusammen:

- Vorspann
- Portal
- Lauftext
- Schluss
- Tabellen, Grafiken, Infokästen.

Der Vorspann: Er besteht aus einer Haupt- und einer längeren Unterzeile, die den Charakter eines Intros hat. Das Thema mit seiner Problematik wird dargestellt, zugleich werden Rat und Hilfe versprochen – oft verstärkt durch eine These.
`Licht und Schatten` ... titelte das Wirtschaftsmagazin »Ca-pital« (Nr. 8/2005), um dann folgendes Intro hinterher zu schicken:

```
In den vergangenen Jahren sanken die Immobi-
lienpreise vielerorts kräftig. Mit welchen
Entwicklungen Eigentümer und Käufer jetzt kal-
```

kulieren, wo sich der Einstieg lohnt. Plus Gra-
tis-Check: Was ist Ihr Haus wert?

Das Portal: Es soll den Leser zum Thema hinführen – und dies auf möglichst plastische Weise. Dazu dient zunächst ein szenischer, möglichst personalisierter Einstieg.

Ganz Schwabe, setzte der Diplomingenieur aus
Stuttgart vor zehn Jahren bewusst auf blei-
bende Werte. Drei Zimmer, gut geschnitten und
renoviert, ruhig und zentral gelegen – die Eigentumswohnung im Westen der Stadt, nahe seinem Arbeitsplatz, schien ihm ein ebenso kom-
fortables wie solides Investment.

Authentizität statt Fiktion: »Capital« greift hier offenbar einen authentischen Fall auf, denn der schwäbische Ingenieur wird anonymisiert. Da sich Journalisten mit der Realität auseinandersetzen, ist diese Variante gegenüber einem fiktiven, also konstruierten Fall zu bevorzugen. Manchmal scheint es dazu keine Alternative zu geben, weil die realen Betroffenen fehlen. Dann empfiehlt sich jedoch ein allgemein gehaltener Einstieg, der dennoch die Leserschaft direkt anspricht. Wie dieses Beispiel aus der »Welt« (6. 11. 2006):

Die kalten, stürmischen Monate in südlichen
Gefilden verbringen – davon träumen viele Ruheständler in spe. Inzwischen weiß auch jeder:
Für all diejenigen, die sich in puncto Altersvorsorge lediglich auf die gesetzliche
Rente verlassen, wird die Südsee allenfalls
ein Traum bleiben. Es sei denn ...

Problematik und These: Der Einstieg geht in die in die Problemschilderung über, die oft auch mit einer These zu deren Lösung verbunden ist. Zugleich werden zentrale Schlüsselbegriffe erklärt, die zum Verständnis des Sujets unumgänglich sind. Ansonsten sollten Termini technici auf ein Minimum reduziert werden. Im Falle des Vorsorgetextes erfolgt der Übergang so:

... allenfalls ein Traum bleiben. Es sei denn, der angehende Rentner hat rechtzeitig vorgesorgt. Denn die Versorgungslücke – also die Differenz zwischen der ausgezahlten Rente und dem Einkommen, das der Ruheständler braucht, um seinen Lebensstandard zu halten – wird in den kommenden Jahren stetig wachsen.

Bei der Immobilien-Story von »Capital« zieht der Ingenieur von Stuttgart nach München um und versucht deshalb, seine Eigentumswohnung zu verkaufen. Dabei muss er mit einem beträchtlichen Verlust rechnen. Kein Einzelfall, stellt das Wirtschaftsmagazin unter Hinweis auf eine neue Untersuchung fest und stellt Thesen auf.

Fazit: In weiten Teilen der Republik kosten Immobilien heute weniger als 1994 ... Inzwischen scheint der Abwärtstrend weitgehend gestoppt. Aber auch künftig schafft nur ein Teil der Standorte mehr als den Inflationsausgleich. Längst entscheiden nicht mehr allein die Wirtschaftskraft der Region und die Lage des Objekts über die Preisentwicklung, verstärkt spielt auch der Gebäudetyp eine Rolle.

Der Lauftext: Er bildet den Hauptteil, den Korpus, des Ganzen. Allgemeine Sachverhalte (Alternativen, Experten ordnen ein und bewerten) stehen im Wechselspiel mit Fallbeispielen.

Bei der privaten Vorsorge greift der Staat unter die Arme. Sparer können in den kommenden Jahren Jahr für Jahr mehr Aufwendungen für die Altersvorsorge steuerlich geltend machen ... Ein Beispiel: Ein kinderloser Erwerbstätiger, der rund 40 000 Euro im Jahr verdient, kann für 2005 mit einer steuerlichen Entlastung von 102 Euro rechnen. Im Jahr 2025, wenn der gesamte Rentenbeitrag steuerlich abzugsfähig ist, beträgt der Steuervorteil 1 230 Euro. »Die Steuer-

```
ersparnis sollte auf jeden Fall in die Al-
tersvorsorge investiert werden«, rät Rüdiger
Strichau, Vorsorge-Experte bei der Verbrau-
cherzentrale Berlin.
```

Konzentration aufs Wesentliche: Verbraucher-Features sind zwar meist umfassend, dennoch sollte man sich auf die wichtigsten Aussagen und Aspekte konzentrieren. Es ließe sich immer eine Vielzahl von Varianten und Szenarien durchspielen, doch wer seinen Text mit Informationen überlädt, schmälert die Transparenz und sorgt beim Leser für Verwirrung. Auch das in aller Regel unausweichliche Zahlenmaterial sollte so sparsam wie möglich eingesetzt werden. Als Ergänzung gibt es ja schließlich dazugehörige Tabellen und Grafiken.

Der Schluss: Hier sollte entweder ein Experten-Zitat stehen, das bewertet oder eine Prognose vornimmt. Oder es bietet sich ein szenischer Ausstieg an, der den Einstieg noch einmal aufgreift. Motto: Aus dem unzufriedenen wird ein zufriedener Konsument. Auf jeden Fall wird der Weg dorthin gewiesen, wie beim Beispiel »Fallende Immobilienpreise«:

```
Der Stuttgarter Diplomingenieur hat zu Höchst-
kursen gekauft, will aus dem Investment jetzt
aber nicht noch in der Baisse aussteigen. Er
hofft auf den Umschwung und will seine Wohnung
vermieten. Die Chancen stehen nicht schlecht:
Das Marktforschungsinstitut Feri prognosti-
ziert der Schwabenmetropole 2,7 Prozent Wert-
zuwachs pro Jahr – und 2,3 Prozent Mietanstieg.
```

Tabellen, Grafiken, Infokästen: Sie bilden einen extrem wichtigen Bestandteil des Verbraucherchecks. Denn hier kann der Konsument das Gelesene an Hand des Zahlenmaterials noch einmal nachvollziehen. Er kann zudem im Lauftext nicht angesprochene Varianten und Optionen durchspielen, kurzum: die Daten für sich persönlich nutzen, um für sich das Maximale herauszuholen. Der Autor sollte allerdings darauf achten, dass bei aller Konzentration aufs Wesentliche alle wichtigen Informationen und Anbieter, die in der Tabelle aufgeführt sind, im Text auch tatsächlich erwähnt werden.

Einzelne Zielgruppen ansprechen: Infokästen oder auch beigestellte kleinere Artikel dienen dazu, entweder schwierige Sachverhalte separat zu erklären oder verschiedene Varianten für bestimmte Zielgruppen einzeln durchzuspielen. So weist der »Welt«-Verbrauchercheck über die Altersvorsorge neben dem Hauptstück drei weitere, kleinere Artikel auf: was jüngere, mittelalte und ältere Vorsorgesparer zu berücksichtigen haben.

Stichwort Rechtslage: Bei Bewertungen und Urteilen über Produkte gilt grundsätzlich das Prinzip der Meinungsfreiheit. Unterlassung oder Schadensersatz kann der Anbieter nur geltend machen, wenn der Journalist seine Sorgfaltspflicht (Neutralität, Objektivität, Sachkunde) vorsätzlich verletzt. Bei Anlagetipps können Autor und Medium nur juristisch belangt werden, wenn sie besonders laut betonen, dass ihre Empfehlungen richtig sind.

Der Aktiencheck

Der Aktiencheck soll vor allem Kleinanlegern eine Orientierung darüber geben, welche Zukunftsaussichten ausgewählte Aktien haben, sie also über Chancen und Risiken eines möglichen Kaufs aufklären. Die Checks haben teils den Charakter eines kurzen Tipps. Wenn es sich um ausführliche Besprechungen handelt, weisen sie folgende Grundelemente auf: Die bisherige Kursentwicklung wird geschildert, Ursachen und Triebkräfte dafür, aber auch für den möglichen Zukunftsverlauf werden analysiert, abgerundet durch die Nennung konkreter Kursziele. Diese Reihenfolge muss nicht sklavisch eingehalten werden. Solange der Text logisch aufgebaut ist, herrscht Gestaltungsfreiheit.

Wann bietet sich ein Aktiencheck an? Immer dann, wenn Kurs bewegende (ab +/- 2 Prozent) Ereignisse stattgefunden haben oder möglicherweise bald stattfinden. Zu den Standardanlässen gehört die bevorstehende oder gerade erfolgte Bekanntgabe von Quartalszahlen oder Jahresergebnissen. Aber auch außergewöhnliche Ereignisse können den entscheidenden Impuls geben: Wenn ein Unternehmen eine Gewinnwarnung herausgeben muss oder aber seine Jahresprognose erhöhen kann. Wenn eine Kapitalerhöhung bevorsteht oder ein Aktienrückkaufprogramm angekündigt wird. Wenn die Markteinführung eines wichtigen neuen Produkts verschoben werden muss, oder dem Management in Folge von Machtkämpfen schwere strategische Fehler unterlaufen.

Wie sieht ein typischer Aktiencheck aus? Zunächst muss das analysierte Unternehmen kurz vorgestellt werden. Klar, wenn es sich um DaimlerChrysler oder die Deutsche Post handelt, weiß sofort jeder, worum es geht. Oft werden aber auch Werte besprochen, die nicht jeder kennt. Deshalb sollte kurz skizziert werden, auf welchem Gebiet das Unternehmen tätig ist. Ein Verweis, in welchem Index (DAX, M-Dax, ausländische Börse etc.) das Papier gelistet ist, ist oft auch hilfreich. Ein Beispiel aus der »Wirtschaftswoche« (4. 9. 2006):

```
Pumpen und Armaturen für neue Kraftwerke in
Mittel- und Nordeuropa, Ausrüstungen für In-
dustriekessel in den USA, Zulieferungen zu Öl-
anlagen in Brasilien und Tankverladestationen
in Korea: Dank Rohstoffboom und Energiepreis-
hausse wird der pfälzische Maschinenbauer KSB
in diesem Jahr aller Voraussicht nach ein Re-
kordergebnis einfahren.
```

Kursverlauf skizzieren. Ein weiteres zentrales Element, um dem Leser einen ersten Überblick zu geben, ist der Kursverlauf. Da der Anlass für den Check häufig eine größere Kursbewegung ist, wird diese beschrieben, mit dem auslösenden Ereignis erklärt und in die längerfristige Entwicklung der Aktie eingebettet.

Dies lässt sich mit einigen wenigen Pinselstrichen leisten, denn in aller Regel wird der Kursverlauf auch durch ein grafisches Element (»Chart«) illustriert. Die »Süddeutsche Zeitung« beginnt ihren Aktiencheck (9. 8. 2006) folgendermaßen:

> Es war kein guter Wochenstart für MLP: Am Montagabend veröffentlichte der Heidelberger Finanzdienstleister überraschend seine Zahlen für das zweite Quartal – und schockte die Anleger, indem er das Gewinnziel von 120 auf 90 Millionen Euro vor Steuern kürzte. Der daraufhin einsetzende freie Fall des Aktienkurses wurde erst am Dienstagabend wieder gebremst. Ein weiterer Kursverfall scheint möglich, obwohl die Aktie seit Anfang Mai bereits 36 Prozent ihres Wertes verloren hat.

Wie kam es zum Kursrutsch? Im nächsten Schritt werden die tieferen Ursachen und Triebkräfte für die Entwicklung analysiert. Dazu befragt der Autor Bankanalysten oder Fondsmanager, am besten mehrere. Da die Finanzexperten aber nicht immer erreichbar oder gesprächsbereit gegenüber Journalisten sind (vgl. das Kapitel »Informanten«), kann auch aus Analysten-Studien zitiert werden.

> Die Ursachen für die enttäuschende Firmenentwicklung werden von Analysten unterschiedlich eingeschätzt. Rolf Dibben von der Privatbank M. M. Warburg führt die Gewinnwarnung hauptsächlich auf das schwierige Umfeld zurück. »Die Branche steckt seit der Abschaffung der Steuervergünstigung für Lebensversicherungen im Umbruch«, sagt er. »Firmen wie MLP haben ihr Hauptprodukt verloren und müssen nun Ersatz finden.«

Vergleiche mit der Branche und den Konkurrenten: Um das Abschneiden einer Aktie besser beurteilen zu können, bietet sich ein Vergleich mit dem Verlauf des Börsenindex an, in dem das

Papier notiert ist, oder mit der Entwicklung eines Branchenindex. Ohnehin ist es sinnvoll, nicht nur einen quantitativen Blick auf die Branche zu werfen: Boomt diese oder befindet sie sich in einer Krise? Wie schneidet das analysierte Unternehmen vor diesem Hintergrund ab? Möglich ist aber auch ein Vergleich mit einem direkten Konkurrenten, zumal wenn dieser ebenfalls börsennotiert ist und damit eine Anlagealternative darstellt.

> Andere Experten sehen Managementfehler für die Misere bei MLP verantwortlich. Olaf Kayser von der Landesbank Rheinland-Pfalz (LRP) verweist darauf, dass sich der MLP-Konkurrent AWD wesentlich erfolgreicher auf das neue Umfeld eingestellt habe. Gerade bei der Werbung neuer Kunden, dem Schlüsselgeschäft der Finanzdienstleister, schneide MLP schlechter ab als die Konkurrenz. »Das liegt in erster Linie an der relativ geringen Zahl an Beratern«, sagt Kayser.

Probleme und ihre Lösung: Die Ursachenanalyse allein hilft dem Aktionär nicht viel weiter, wenn der Kurs seiner Anlage gefallen ist. Er will wissen, wie die Probleme abgestellt werden können und ob das Unternehmen bereits handelt. Auch dazu ist die Meinung der Experten gefragt:

> Bis Jahresende sollen nun 200 weitere Berater eingestellt werden. »Das Wachstum des Beraterstabs muss zur Chefsache erklärt werden«, fordert Kayser.

Kursziel und Empfehlung: Selbst wenn der Kurs einer Aktie gestiegen ist, wollen die Anleger erfahren, welchen Verlauf das Papier wahrscheinlich künftig nimmt. Die Analysten errechnen in ihren Studien mögliche Kursziele und verbinden dies mit entsprechenden Empfehlungen zum Kaufen, Verkaufen oder Halten der Aktie. Diese Information kann auch am Anfang des Textes stehen. Die »Süddeutsche« schließt ihre MLP-Analyse damit ab:

> Die Banken halten die Aktie zurzeit für eine riskante Investition. Die LRP geht allenfalls

```
von einer leichten Kurserholung aus; M. M. War-
burg erwartet eine Seitwärtsbewegung. Dresd-
ner Kleinwort hat die Prognose am Dienstag auf
12,80 Euro gesenkt.
```

Repräsentativer Überblick: Kleinere Titel werden nur von wenigen Analysten betreut, größere dagegen oft von einigen Dutzend Experten. Um einen repräsentativen Überblick zu bekommen, sollte man recherchieren, wie viele Analysten zum Kauf raten oder eher davon abraten. Über die Spezialcomputer der Nachrichtenagenturen Bloomberg und Reuters lässt sich ermitteln, welche Empfehlungen Analysten zu einem Titel innerhalb eines bestimmten Zeitraums abgegeben haben. Über die zahlreichen Finanzportale im Internet (vgl. das Kapitel »Recherchemittel«) kann man zumindest einen Eindruck davon gewinnen, in welche Richtung die Mehrheit der Analysten-Einschätzungen geht. Dies ist auch wichtig, um eine repräsentative Auswahl für die Recherchegespräche zu treffen und/oder gegensätzliche Meinungen einzuholen.

Hinweis: Als Indikator, ob sich ein Einstieg für Anleger lohnt, wird häufig das Kurs-Gewinn-Verhältnis (KGV) herangezogen. Das KGV eines Unternehmens wird dabei mit dem seiner Konkurrenten verglichen. Je niedriger der Wert, desto besser. Außerdem sollte der Blick nicht einseitig auf den Aktienkurs gelegt werden, zumal viele Anleger ihre Papiere über einen längeren Zeitraum halten. Deshalb sollte auch die Dividendenpolitik des Unternehmens nicht außer Acht gelassen werden.

Das Managerporträt

Das journalistische Porträt bildet einen Menschen ab – und dies möglichst dreidimensional. Der Leser soll sich eine Meinung über den Porträtierten bilden können, mithin eine Antwort auf die Frage erhalten: Was ist dies für ein Typ? Ein ungestümer Macher, ein für seine Mitarbeiter treu sorgender Patriarch oder einfach ein sturer Bürokrat, der bei seinen Geschäften bisher viel Glück hatte? Geschickt gemacht, kann das Porträt eine Doppelfunktion ausüben: Es beschreibt und analysiert nicht nur den Manager, der das Unternehmen führt, sondern die Firma gleich mit. Dies bietet sich besonders dann an, wenn das Charisma des Managers groß ist und das Unternehmen eher wenig Charme ausstrahlt.

Es ist wie bei der Malerei, von der das Konzept des Porträts stammt: Eine subjektive Note des Autors ist nicht nur erlaubt, sondern geradezu erwünscht. Persönliche Eindrücke dürfen geschildert werden – bis hin zu charakteristischen Äußerlichkeiten des Porträtierten. Das Porträt soll also möglichst lebendig und plastisch gestaltet sein. Aber nicht nur das – und hier sind wir bei der »dritten Dimension«: Auch die Psychologie kommt zum Einsatz. Denn der Autor erstellt ein Persönlichkeitsprofil, bei dem er die Stärken und Schwächen des porträtierten Managers auslotet und gewichtet. Diese Komponente ist vor allem dann wichtig, wenn der Porträtierte einen schwierigen neuen Job übernimmt oder sein Unternehmen in eine Krise gerät. Dann nämlich stellt sich die Frage: Hat er das Zeug dazu, die Herausforderung zu meistern? Und falls ja (oder nein): Warum?

Aber auch hier gilt die journalistische Sorgfaltspflicht. Dies bedeutet nicht nur, dass die recherchierten Fakten stimmen müssen. Dies heißt auch, dass bei aller notwendigen Subjektivität der Autor mit seinen Einschätzungen nicht komplett daneben liegen darf. Ein schiefes Bild kann bereits durch einige zu grobe Pinselstriche entstehen. Beispiel: Wenn ein ehemaliger Mitstreiter des porträtierten Managers von einem heftigen Streit berichtet, den er einmal mit diesem hatte, muss dies noch längst nicht heißen, dass der Porträtierte einen Hang zur Cholerik hat. Im Zweifel sollte man sich auf sein eigenes Urteilsvermögen verlassen.

Nähe, Distanz, Kritik: Eine lange persönliche Bekanntschaft und damit genaue Kenntnis des Porträtierten erweisen sich in aller Regel als sehr vorteilhaft. Zugleich gilt es, kritische Distanz zu wahren. Man sollte zwar kein Blatt vor den Mund nehmen, aber auch nicht überziehen. Es ist fairer, den Portraitierten als »besonnen, manchmal auch zögerlich« zu beschreiben denn als grundweg »entscheidungsschwach« zu verdammen. Schließlich gilt auch zu bedenken, dass man sich im Leben immer zwei Mal oder gar mehrmals trifft.

Besonders allergisch reagieren Manager (wie auch ihre Pressesprecher) auf Häme. Politiker sind stärker daran gewöhnt, von den Medien immer wieder einmal auf den Arm genommen zu werden – Unternehmenslenker fühlen sich dagegen schnell in ihrer Ehre gekränkt. Am Geschicktesten ist es, vermeintlich nachteilige Eigenschaften dem Porträtierten selbst in den Mund zu legen – wie dies zum Beispiel die »Frankfurter Allgemeine Zeitung« (9. 11. 2006) gemacht hat, als der Audi-Chef Martin Winterkorn zum neuen Vorstandsvorsitzenden des Volkswagen-Konzerns gekürt wurde:

```
Er mag es handfest. Wohlgesinnte beschreiben
ihn als impulsiv und manchmal polterig. Die an-
deren nennen ihn einen Choleriker, der Mitar-
beiter mit Jähzornanfällen in Angst und
Schrecken versetze. »Wenn die Altersmilde
durchkommt, setze ich mich hoffentlich recht-
zeitig zur Ruhe«, sagt Winterkorn selbst.
```

Wie weit darf ein Porträt in die Privatsphäre eindringen? Gut, wenn der Autor sie kennt. Noch besser, wenn er diskret mit diesem Wissen umgeht. Privates und Persönliches gehört nur dann in ein Porträt, wenn es für den Beruf und dafür notwendige oder typische Eigenschaften von Belang ist. Ob ein Manager passionierter Bungee-Jumper ist oder lieber Schach spielt, sagt möglicherweise etwas darüber aus, wie er beruflich an Dinge herangeht. Ob er homosexuell ist, tut dagegen nichts zur Sache. Auch Umschreibungen wie »eingefleischter Junggeselle« gehen zu weit und können irreführend sein. Manche Unternehmenslenker erzählen gern von ihren privaten Aktivitäten und Vorlieben. Dennoch sollte man sie sicherheitshalber fragen, ob es ihnen recht ist, wenn man darüber schreibt. Zumindest beim ersten Mal.

Aus aktuellem Anlass: Ein Porträt benötigt einen konkreten, am besten aktuellen Anlass. Der kann zum Beispiel darin bestehen, dass ein Manager eine neue wichtige Aufgabe übernimmt, also zum Vorstandschef eines Unternehmens avanciert. Ein Porträt drängt sich vor allem dann auf, wenn die Firma zwar bekannt ist, der neue Chefs jedoch nicht. Weitere Anlässe sind große Erfolge, die ein Manager feiert, oder herbe Niederlagen, die er verkraften muss. Krisensituationen und Machtkämpfe zwischen Managern liefern guten Stoff für Porträts – bis hin zum meist unfreiwilligen Abgang des Managers.

Wie recherchiert man ein Porträt? Oft erweist sich die »freie Assoziation« als wirksamste Methode: Zunächst sollte man einmal selbst niederschreiben, welche wichtigen Charaktereigenschaften und beruflichen Hauptstationen einem zu dem Porträtkandidaten einfallen. Kennt man den Manager weniger gut, müssen Eckdaten und Fakten zu seinem Leben recherchiert werden – entweder im Munzinger-Archiv oder auf der Website des entsprechenden Unternehmens (vgl. Kapitel »Recherchemittel«). Im nächsten Schritt sichtet man bisher erschienene Porträts über die Person und Artikel mit den wichtigsten Ereignissen in Zusammenhang mit dem Manager. Auf diesem Weg gelangt man an Zitate und Anekdoten – nicht alles kann man selbst miterlebt haben.

Stichwort: »Kaltes« Porträt. Es kommt immer wieder vor, dass Porträts »kalt« geschrieben werden, der Autor den Porträtierten also nicht kennt – bestenfalls vielleicht aus dem Fernsehen. Situationen, in denen Porträts allein auf Basis von Archivmaterial geschrieben werden (müssen), lassen sich manchmal nicht vermeiden. Der Autor sollte bei »kalten« Porträts jedoch tunlichst den Eindruck vermeiden, als kenne er den beschriebenen Manager gut, indem er von bereits erschienenen Artikeln »abkupfert«. In solchen Fällen ist es geboten, sich stärker an den Fakten entlang zu hangeln und mit Einschätzungen vorsichtig umzugehen – auch wenn das Porträt deshalb flacher und weniger facettenreich ausfallen mag.

Auf Spurensuche im Umfeld. Viele Porträts müssen tagesaktuell produziert werden. Wer mehr Zeit hat und aufwändiger recherchieren kann, sollte persönlich mit dem Manager reden. Viele reden gern über sich selbst. Man sollte sich jedoch auch in seinem beruflichen Umfeld umhören – bei derzeitigen Mitstreitern und Untergebenen sowie früheren Wegbegleitern. Dabei sollte man beachten, welche Beziehung der jeweilige Informant zum Porträtierten hat und welchen Einfluss seine Einschätzungen auf die eigene Sichtweise haben könnten. Es stellt sich also stets die Frage: Wie valide sind diese Urteile wirklich? Dies gilt insbesondere dann, wenn die Öffentlichkeitsarbeiter eines Unternehmens ihren Chef als den besten der Welt anpreisen.

Hinweis: Informanten, die den Porträtierten eher kritisch sehen, lassen sich meist ungern namentlich zitieren. Selbst Bekannte, die sich insgesamt positiv äußern, wollen manchmal nur die eine kritische Anmerkung nicht mit ihrem Namen verbunden wissen. Wohl oder übel muss man diese Zitate durch Wendungen wie »… sagt ein jahrelanger Wegbegleiter über ihn …« anonymisieren.

Wie baut man ein Porträt am besten auf? Diese Frage drängt sich vor allem deshalb auf, weil es bei diesem Genre weitaus größere künstlerische Gestaltungsfreiheit gibt als bei den meisten anderen Darstellungsformen des Wirtschaftsjournalismus. Das Porträt kann und soll so meinungsbetont sein wie ein Kommentar. Von der Form her ist es jedoch eher mit dem Feature verwandt (vgl. auch »Verbrauchercheck«): Es herrscht ein Wechselspiel zwischen Fakten und Einschätzungen auf der einen Seite sowie der illustrierten »Beweisführung« mittels Beispielen und Zitaten auf der anderen.

Der Einstieg sollte szenischen Charakter haben. Bei einem längeren Porträt kann die Szene durchaus detailgenau beschrieben werden – wie beim Winterkorn-Artikel der »Frankfurter Allgemeinen«:

Der Termin am Montag in München war einer der letzten im alten Leben von Martin Winterkorn. Vor der Staatskanzlei drückte der Audi-Chef Edmund Stoiber persönlich die Schlüssel für dessen neuen Dienstwagen in die Hand. Erstmals fahre der bayrische Ministerpräsident nun neben BMW auch Audi, jubilierten Winterkorns Presseleute. Das Auto – ein silbergrauer A8 mit 12 Zylindern und 450 PS – ist so ganz nach dem Geschmack des designierten VW-Chefs: groß, gediegen verarbeitet, im Innenraum teures Leder und Edelholz, wohin das Auge blickt. Winterkorn ist ein detailversessener Autonarr und Qualitätsfanatiker. »Ich kenne jede Schraube an unseren Autos«, sagt er stolz.

Schnell auf den Punkt kommen. Das szenische Intro ist kein Muss, solange der Einstieg das Interesse des Lesers weckt. Egal ob szenig oder einfach nur bunt – bei kürzeren Porträts sollte der fließende Übergang zur These des Textes, der durchaus auch mehrere Kernaussagen haben kann, zügig erfolgen. Wie beim »Welt«-Porträt (18. 5. 2001) von Peter Dussmann, der Europas größte Putzfirma leitet:

Wie macht man aus einer Putzkolonne, die Junggesellenwohnungen reinigt, das größte Dienstleistungsunternehmen Europas? Peter Dussmann findet das gar nicht so schwierig und zitiert Mao: »Lasst 1000 Blumen blühen.« Dieses vielschichtige chinesische Zitat übersetzt der aus

Rottweil am Neckar stammende Schwabe gleich in seine heimatliche Mundart: »Der eine isst gern Schweizer Käs', der andere Wurstsalat.« Will sagen, auf Fantasie und Vielfalt kommt es an. Mit einem Reinigungsunternehmen hat Dussmann 1963 angefangen. Doch längst kümmert er sich von seinem Berliner Firmensitz aus auch um die Bewachung von Gebäuden oder die Versorgung von Krankenhäusern, Altersheimen und Universitäten mit Kantinenessen. Das könne gar nicht schief gehen. »Alt wird man immer, Hunger gibt's immer und Dreck sowieso«, sagt Dussmann.

Im Hauptteil werden die Thesen und Einschätzungen mit Hilfe von Zitaten und plastischen Beispielen belegt.

Um erfolgreich zu sein, braucht man kein Abitur, nur einen wachen Blick, findet Dussmann. Die smarten Jungmanager der großen Unternehmen, die sich in einer umständlichen Mischung aus Deutsch und Englisch ausdrücken, sind ihm ein Graus. »Fotzbeutel« nenne man solche Typen in Schwaben. Er ist den Harvard-geschulten Typen allerdings wohl auch zuwider. Immer wieder hört man von Ärger mit Banken, die kein Kapital geben wollten.

Schlussvarianten: Bei einem kürzeren Porträt kann man bis zum Schluss warten, um den aktuellen Anlass für das Stück zu nennen. Der ergibt sich eh meist aus dem Kontext der Nachrichtenlage oder wird in der Haupt- oder Unterzeile genannt. Oft sind kürzere Porträts ohnehin ergänzende Elemente für größere Nachrichtenstücke. Bei längeren Porträts bietet sich als Ausstieg wieder eine Szene an, möglicherweise sogar die des Intros, nur weiter- und zu Ende geführt. Auch ein Zitat ist möglich, das sich gegebenenfalls paraphrasieren lässt.

Gewiss haben sich am VW-Stiefkind Seat schon andere vor ihm die Zähne ausgebissen. Doch auch

```
Winterkorn ist den Beweis schuldig geblieben,
dass er als dafür zuständiger Audi-Chef das Un-
ternehmen sanieren kann. Großen Ehrgeiz soll
er dabei nicht gezeigt haben. »Winterkorn hat
lieber die Ringe poliert«, sagt ein Spötter aus
Ingolstadt. In Wolfsburg sei es damit nicht ge-
tan, warnen Skeptiker.
```

Das Firmenporträt

Beim Firmenporträt gibt es eine Vielzahl von Annäherungsmög-
lichkeiten. Warum ist das Unternehmen so erfolgreich? Oder:
Wie konnte es passieren, dass er kurz vor der Pleite steht?,
heißen jedoch die am meisten gestellten Leitfragen. Dabei gilt
es, die Visionen, Strukturen und Prozesse des beschriebenen
Unternehmens zu erkennen, zu verstehen und zu bewerten. Obgleich das Firmenporträt wie das Managerporträt eine subjektive
Note aufweisen darf und soll, liegt der Schwerpunkt stärker auf
dem Verstehen. Viele Autoren machen an diesem Punkt allerdings auch Halt – leider zu früh.

Die Anlässe und Motive für ein Firmenporträt sind vielfältig.
Es können Fusionen oder Übernahmen sein. Eine Neugründung
kann Interesse wecken, eine tiefe Krise oder gar der Konkurs
eines Unternehmens Anlass geben. Ebenso eine Umbruchsitua-
tion – wenn zum Beispiel immer mehr Unternehmen ihre Produktion ins Ausland verlagern und sich die Frage stellt: Was hat
der Lokalmatador vor Ort vor? Manchmal stößt man auch auf
»das etwas andere Unternehmen« – sei es, weil es eine außergewöhnliche Unternehmenskultur pflegt oder eine völlig andere
Strategie verfolgt als seine Konkurrenten.

Erfolgsmodelle sehr gefragt: Ein Porträt liegt nahe, wenn ein
Unternehmen mit einer Produktoffensive tatsächlich den Markt
aufrollt – und ihn nicht nur laut eigener Ankündigung aufrol-
len will. Nicht minder spannend: Wenn das Unternehmen
schon seit längerer Zeit ein enormes Wachstumstempo auf-

weist und die Frage nach seinem Erfolgsmodell beantwortet werden will.

Die Gefahr der Jubelarie. Das Problem ist allerdings, dass fast alle Unternehmen behaupten, bei ihnen liefe es hervorragend. Bei börsennotierten Firmen lässt sich dies auf Grund ihrer gesetzlich vorgegebenen Transparenz leichter überprüfen als bei solchen mit anderen Gesellschaftsformen. Vor allem bei kleinen und mittelständischen Firmen besteht die Gefahr, dass Porträts – auch wenn der Autor dies in der Regel gar nicht will – zu Jubelarien ausarten.

Keine unschönen Details. Dies hängt damit zusammen, dass kleinere Unternehmen oft die Medien als einzige PR-Plattform suchen, weil sie es sich nicht leisten können, Anzeigen zu schalten. Der Medientermin für das Porträt besteht dann meist aus einem Gespräch mit dem Firmeninhaber, der sein Unternehmen in den leuchtendsten Farben schildert. Da er nicht der Publizitätspflicht eines börsennotierten Unternehmens unterliegt, wird der Autor auch kaum die weniger schönen Details erfahren. Dass der Nettogewinn im laufenden Jahr in rote Zahlen umschlägt, wird der Firmenchef dem Journalisten nicht unbedingt auf die Nase binden. Er ist nicht dazu verpflichtet. Der Journalist bekommt bestenfalls noch eine Werksführung geboten und eine Pressemappe in die Hand gedrückt.

Innenansichten statt Fassadenblick. Bleibt dem Journalisten also nichts anderes übrig, als die ihm vorgestellte Schloss-Neuschwanstein-Fassade des Unternehmens einfach nachzuzeichnen? Nein. Die Frage berührt das grundsätzliche Problem, dass man als Journalist selbst von denjenigen Unternehmen nie die vollständige Innenansicht erlangen kann, über die man bereits seit Jahren berichtet. Letztlich bleibt man draußen und ist größtenteils auf die Eindrücke und Informationen buchstäblicher Insider angewiesen. Positiv gewendet: Man versucht, so tief in das Unternehmen hineinzuschauen, wie es eben möglich ist. Auch wenn man zum ersten (und vielleicht letzten) Mal ein Unternehmen porträtiert, sollte man sich wie bei seinen »Langzeitbetreuten« nicht allein auf eine offizielle Stimme verlassen, sondern andere Meinungen einholen, möglichst eben die von Insidern.

Den Ausgangspunkt für die Recherche bildet der Blick auf die Website des Unternehmens, auf der man die Basisinformationen bekommt – oder auch nicht. Der Internet-Auftritt eines Unternehmens ist eine Visitenkarte: Will die Firma hauptsächlich für sich werben? Oder bietet sie auch solide Information über das Unternehmen? Falls nicht, ist damit zu rechnen, dass der Eigentümer beim Interview zum Beispiel nur ungern über Finanzkennzahlen reden wird. Entsprechend kann man seine Gesprächsstrategie ausrichten. Im zweiten Schritt recherchiert man im elektronischen Zeitungsarchiv: Was ist über das Unternehmen bisher geschrieben worden? Zeigen sich bei früheren Veröffentlichungen bereits Ansatzpunkte für Krisenphänomene und Problemzonen?

Weitere Informanten: Im Zuge der Recherche sollte man neben dem Firmenchef mit weiteren Informanten sprechen (vgl. das Kapitel »Informanten«). Hier bieten sich der Betriebsrat und die zuständige Bezirksleitung der Gewerkschaft an, um zum Beispiel in Erfahrung zu bringen, wie die Firmenspitze mit ihren Beschäftigten umgeht oder ob Personalabbau geplant ist. Der Branchenverband, bei dem das zu porträtierende Unternehmen Mitglied ist, kann Auskunft über die Marktsituation insgesamt geben. Vielleicht springt dabei aber auch der eine oder andere inoffizielle Tipp zur Firma heraus. Ähnliches ist von Unternehmensberatern zu erwarten. Wer bei Konkurrenten anruft, hört zumeist: »Über Wettbewerber äußern wir uns nicht.« Wer jedoch etwas bohrt und vielleicht sogar ein bisschen provoziert (»Die haben behauptet, Marktführer zu sein. Stimmt das?«), kriegt dann möglicherweise doch eine wertvolle Einschätzung.

Vorher oder nachher? Im Idealfall nimmt man diese Recherchen vor dem Interview mit dem Firmenchef vor, um ihn mit der einen oder anderen Insider-Information zu konfrontieren. Wenn man jedoch wenig über das Unternehmen weiß, sollte man besser erst einmal hineinschnuppern und dann weitere Informanten ansprechen. Mit dem Firmenchef macht man für diesen Fall aus, möglicherweise noch einmal mit Rückfragen auf ihn zuzukommen.

Welche Kernelemente weist ein Firmenporträt auf? Der Inhalt richtet sich nach dem Anlass und der sich daraus ergebenden Stoßrichtung des geplanten Porträts. Gleichwohl sollte der Leser in jeden Fall erfahren, was das Unternehmen herstellt und wie es diese Produkte vertreibt (»Geschäftsmodell«). Und wie groß es ist (Umsatz, Beschäftigtenzahl). Da es bei jedem Unternehmen letztlich darum geht, Gewinne zu erwirtschaften, liegt die Frage nach der Profitabilität auf der Hand.

Setzkasten-Prinzip: Des weiteren kann man verschiedenste Aspekte, die sich auch als Interviewfragen eignen, herausgreifen. Die Antworten darauf kann man wie bei einem Setzkasten dann zu einem Porträt zusammenbauen. Die Aspekte können sein:

- Falls das Unternehmen börsennotiert ist: Welchen Kursverlauf gab es in jüngerer Zeit? Und welche Ursachen hatte dies?
- Aus welchen Personen besteht der Kreis der Eigentümer/Aktionäre? Wie stark nehmen sie Einfluss auf das operative Geschäft?
- Welche Geschäftsidee hat (wann?) zur Unternehmensgründung geführt? Wie wurde und wird das Unternehmen finanziert?
- Was will das Unternehmen in den nächsten drei bis fünf Jahren erreichen? Was hat es sich kurzfristig vorgenommen? Sind größere Projekte geplant? Wie sieht die langfristige Vision aus?
- Wie hoch ist die Produktivität des Unternehmens (Umsatz pro Kunde)? Wie will das Management sie verbessern?

- Wie genau sieht die Strategie aus? Wo ist sie noch nicht optimal oder wird nicht optimal umgesetzt? Wird dagegen etwas getan?
- Sind Umstrukturierungsmaßnahmen geplant?
- Ist das Unternehmen eher für seine defensive (Kostenbremser) oder offensive (Preiskrieger, Service-Weltmeister) Ausrichtung bekannt?
- Welche Rolle spielen Innovation, Marketing und Vertrieb – auch im Vergleich zueinander?
- Wie ist die wirtschaftliche Lage der Branche? Wie schneidet das Unternehmen in diesem Zusammenhang ab?
- Wie hoch sind seine Marktanteile? Sind sie in den vergangenen Jahren gestiegen oder gesunken?
- Wer sind die schärfsten Konkurrenten? Wo liegen die größten Stärken und Schwächen des Unternehmens?
- Hat das Unternehmen seine Expansion bisher organisch oder durch Übernahmen betrieben? Welche Pläne bestehen für die Zukunft? Unter welchen Umständen wäre es vorstellbar, dass das Unternehmen selbst übernommen wird?
- Wer sind die größten Abnehmer? Wie sieht die Kundenstruktur aus? Wie ihre geografische Verteilung?
- Wo wird produziert – im Inland oder Ausland? Welche Rolle spielen die Zulieferer?
- Ist das Unternehmen sozial, sportlich oder kulturell engagiert? Warum gerade da?
- Gibt es eine spezifische Unternehmenskultur?

Der Aufbau des Firmenporträts folgt im Wesentlichen dem Konzept des Managerporträts. Beim Unternehmensporträt bietet sich ein szenischer Einstieg an, ist aber kein Muss. Wichtig ist, dass die ersten Sätze lebendig geschrieben sind, dem Leser Lust auf Mehr machen und bei ihm auch einen Aha-Effekt auslösen. Er muss das Unternehmen schnell mit einer Marke oder bestimmten Produkten verbinden. Vielen sagt zum Beispiel das Unternehmen United Internet aus Montabaur im Westerwald nicht viel. Fast jeder kennt dagegen das Online-Portal »GMX« – Marke und Produkt von United Internet.

Roter Faden. Im folgenden Portal wird das Thema formuliert: Was ist neu und/oder anders an diesem Unternehmen? Darauf wird eine (erste) Antwort gegeben. Oft handelt es sich um einen vom Unternehmen erhobenen Anspruch, der im Hauptteil genauer dargestellt und überprüft wird. Ein Porträt erhebt keinen Anspruch auf Vollständigkeit, weshalb man sich auf die wichtigsten Aspekte (siehe oben) konzentrieren sollte. Entscheidend ist, dass die Geschichte einen »roten Faden« aufweist.

Bewertung oder Ausblick: Die einzelnen Aspekte können eingeordnet und bewertet werden. Es bietet sich aber auch ein zusammenfassendes Urteil an, das man am besten Dritten überlassen sollte – zum Beispiel einem Analysten. Alternativ ist ein Ausblick in die Zukunft des Unternehmens möglich – dieser sollte jedoch möglichst konkret sein. Das Unternehmen muss schon sehr präzise über seine Planungen Auskunft geben. Wolkige Allerweltssprüche wie »Wir wollen unbestrittener Markführer werden« reichen nicht aus.

Weiterführende Literatur:

Rolf Beike/Johannes Schlütz, Finanznachrichten lesen – verstehen – nutzen. Ein Wegweiser durch Kursnotierungen und Marktberichte (Schäffer-Poeschel, Stuttgart 2005)

Christoph Fasel, Nutzwertjournalismus (UVK, Konstanz 2004)

René Klaus Grosjean, Wie lese ich eine Bilanz? Ein Crash-Kurs für Nicht-Fachleute (Econ, Berlin 2006)

KPMG, Geschäftsberichte lesen und verstehen (KPMG, Berlin 2004). (Die Broschüre ist direkt bei der Wirtschaftsprüfungsgesellschaft zu beziehen.)

Volker Wolff, ABC des Zeitungs- und Zeitschriftenjournalismus (UVK, Konstanz 2006)

Recherchemittel

Gleich vorweg: Die beste und solideste Recherche besteht immer noch darin, mit den Akteuren und/oder Betroffenen zu reden – sie also persönlich zu befragen oder zumindest mit ihnen zu telefonieren. Da die Grundregeln der persönlichen Recherche ressortübergreifender Natur sind, soll an dieser Stelle nur auf den kleinen Regelkatalog verwiesen werden, der in Ergänzung zu diesem Buch online abrufbar ist 💻. Mit den Informanten im Wirtschaftsjournalismus beschäftigt sich ein eigenes Kapitel. Im Mittelpunkt dieses Kapitels stehen vielmehr wirtschaftsspezifische Recherchemittel und dabei wiederum erste Anlaufstellen, bei denen man sich eine Informationsbasis für die weiteren persönlichen Recherchen schaffen kann.

Bei Recherchen im Internet ist besondere Vorsicht geboten, weil Quellen wie Inhalte sich hier vergleichsweise leicht manipulieren lassen. Manche sind einfach nur nicht mehr aktuell, ohne dass sich dies allerdings überprüfen lässt. Deshalb gilt auch hier die alte journalistische Regel, stets mehrere Quellen zu Rate zu ziehen – und diese jeweils auf ihre Authentizität zu überprüfen, soweit dies eben möglich ist. Dieses Kapitel kann aus Platzgründen nur einige Appetithäppchen für potenzielle Anlaufstellen bieten. Online gibt es jedoch eine umfassende Liste mit Links, die für die Themenbereiche Wirtschaftspolitik, Unternehmen, Nutzwert und Finanzen weiterhelfen können 💻.

Infos frei Haus:
RSS-Feeds, News Alerts, Watchlists

Wer sich über einen längeren Zeitraum mit einem Themenfeld beschäftigt, baut auch dauerhafte Kontakte zu den Pressestellen der Institutionen oder Unternehmen aus diesem Bereich auf. Eine wichtige Begleiterscheinung: Man wird auch auf den

Medienverteiler dieser Berichtsobjekte gesetzt und erhält all deren Pressemitteilungen – in der Regel per E-Mail. Es gibt aber auch andere Wege und Optionen, an Pressemitteilungen (PM) zu gelangen – vor allem wenn keine dauerhaften Kontakte bestehen. So verfügen fast alle Institutionen und Unternehmen über eine eigene Internet-Website, auf der sich Informationen über sie recherchieren lassen. Unter der Rubrik »Presse« befinden sich nicht nur Kontaktdaten zur Pressestelle, sondern auch die Pressemitteilungen samt Archiv. Oft gibt es auch die Möglichkeit, sich elektronisch für den Bezug registrieren zu lassen.

Digitale Verteiler. Wer auf der Suche nach Unternehmens-PM ist, die Recherche aber nicht auf ein Unternehmen begrenzen will, könnte bei www.presseportal.de fündig werden. Dieser Dienst von »news aktuell« – einer Tochtergesellschaft der Nachrichtenagentur dpa – listet Pressemitteilungen auf, die über den digitalen Verteilerdienst »Orginaltextservice«, kurz: ots, verbreitet werden. Ots wird sehr stark im Wirtschafts- und Finanzsektor genutzt. Bei presseportal.de ist die Volltextsuche möglich. Zudem lässt sich ein Branchenfilter einbauen. www.prnewswire. com bildet die internationale Variante des Presseportals. Auf der Homepage der Nachrichtenagentur Dow Jones/vwd www.vwd.de sind neben Kurzmeldungen auch »Ad-Hoc-News« aufgelistet und abrufbar. Gemäß Wertpapierhandelsgesetz müssen börsennotierte Unternehmen umgehend (lateinisch: ad hoc) Handlungen und Ereignisse bekanntgeben, die den Aktienkurs maßgeblich beeinflussen könnten. Diese Mitteilungen werden in den »Ad-Hoc-News« gesammelt. Die Mitteilungen sind auch bei der Deutschen Gesellschaft für Ad-Hoc-Publizität abrufbar (www.dgap.de).

Medieninfos über »Alerts« und »Watchlists« beziehen: Um sich über ein bestimmtes Thema auf dem Laufenden zu halten, reichen Pressemitteilungen nicht aus, da sie oft nur einen kleinen Ausschnitt beleuchten und zudem durch PR-Interessen eingefärbt sind (vgl. Kap. B. »Themen finden«). Deshalb ist es sinnvoll, sich auch über Medienbeiträge zu informieren, die im

Internet abrufbar sind. Allgemeine Suchmaschinen und Portale wie www.google.de oder www.yahoo.de bieten den Nutzern über spezielle Dienste und Portale die Möglichkeit, gezielt nach Nachrichten zu suchen. »Google News« verfügt zudem über einen automatischen Such- und Bringdienst, dessen einfachste Variante es kostenlos gibt. Für diesen »News Alert« muss der Nutzer lediglich einschlägige Stichworte und seine E-Mail-Adresse angeben, um sich Links (Website-Verweisen) zu aktuellen Nachrichten zuschicken zu lassen. Nach dem gleichen Prinzip arbeiten »Watchlists«, die Finanzportale wie www.finanznachrichten.de anbieten.

Nachrichten abonnieren: RSS-Feeds. Während beim E-Mail-Alert die Suchmaschine die zu überprüfenden Medien auswählt, kann der Nutzer bei »RSS-newsfeeds« sich selbst die Medien zusammenstellen, die gefiltert werden sollen. »RSS« steht für Really Simple Syndication, also »wirklich einfache Verbreitung«. Das Prinzip ist in der Tat genauso einfach wie hilfreich: Mithilfe eines *RSS-Readers*, der in den Browser oder die PC-Oberfläche integriert ist, werden ständig aktualisierte Informationen von Online-News-Kanälen auf einer Website für den Nutzer gebündelt. Der Nutzer erhält einen Überblick in Form einer Liste, die das Ursprungsmedium und die Nachricht (zum Teil mit entsprechendem Link) aufführen. RSS nutzen in erster Linie Medien zur zusätzlichen Verbreitung, zunehmend bieten aber auch Unternehmen den Dienst an. So lassen sich auf einer RSS-Website neueste Nachrichten mit aktuellen Pressemitteilungen kombinieren. Für einige RSS-Feeds muss man sich lediglich registrieren lassen, kann diese dann aber nur online nutzen (zum Beispiel www.bloglines.com). Für die meisten ist es jedoch notwendig, sich auf dem jeweiligen Endgerät entsprechende Software in Gestalt eines Readers aufzuspielen.

Medien-Datenbanken und persönliches Archiv

Bevor der Journalist persönliche Gespräche mit Beteiligten führt, sollte er sich in das Thema einlesen. Dies ist nicht nur sinnvoll, sondern geradezu notwendig, wenn er sich erstmals mit einer Materie befasst und sich Basiswissen aneignen muss. Nur so kann er mit seinen Gesprächspartnern auf Augenhöhe kommunizieren. Die fachliche Vorbereitung ist aber auch dann geboten, wenn man detaillierte Informationen zu einem enger eingegrenzten Sujet aus dem eigenen Themenfeld benötigt.

Je besser man sich in dem Thema auskennt, desto größer ist die Wahrscheinlichkeit, von seinen Gesprächspartnern ernst genommen zu werden und die richtigen Fragen zu stellen. Möglicherweise entdeckt man aber auch, dass zum Thema schon vieles, vielleicht zu vieles erschienen ist und man sich die Frage stellen muss: »Lohnt es sich überhaupt, hier noch einmal heranzugehen?« Genauso gut kann einem aber auffallen, dass ein wichtiger Aspekt bisher unberücksichtigt geblieben ist.

Viele Medien verfügen über Online-Archive in ihrem Intranet, also ihrem internen Internet, auf das ausschließlich Mitarbeiter Zugriff haben (oft auch von außerhalb der Redaktion). In diesen Archiven sind die Veröffentlichungen verschiedener Printmedien gespeichert – in der Regel zurückgehend bis Anfang der neunziger Jahre. Bei diesen Datenbanken handelt es sich oft um kostenpflichtige Dienste spezieller Anbieter wie z. B. *Genios*. Das Medium wählt also bestimmte Zeitungen und Zeitschriften aus Angebotspaketen aus, die es benötigt bzw. sich leisten kann. Die Auswahl der digitalen Archive ist daher meist begrenzt. Die Online-Archive weisen häufig aber noch andere Recherchemöglichkeiten auf, zum Beispiel Datenbanken mit Jubiläen, Geburts- und Todestagen oder mit Biographien, in der Regel das Munzinger-Archiv.

Die Recherche in den Datenbanken funktioniert meist nach demselben Schema: In eine Suchmaske werden eines oder mehrere Stichworte (z. B. »Gesundheitsreform« und »Fondslösung«) eingegeben, dazu können die abgefragten Medien eingegrenzt (z. B. »Wirtschaftswoche« und »Frankfurter Allgemeine Zeitung«) und ein bestimmter Zeitraum (z. B. 1. 1. 2007–30. 6. 2007) festgelegt werden. Die Datenbank listet dann alle Artikel auf, die diesen Suchkriterien entsprechen. Die Artikel kann man sich einzeln am Computer-Bildschirm anschauen. Diejenigen, die sich am Besten für die Recherche eignen, sollte man ausdrucken. Eine Selektion bietet sich zum einen deshalb an, weil nicht alle Artikel, in denen die Stichworte auftauchen, sich ausschließlich mit dem gesuchten Thema befassen. Zum anderen sollte man eine übertriebene Materialfülle vermeiden, weil dies die Recherche oft ineffizient macht.

Kostenlose Online-Archive: Viele Freiberufler haben keinen Zugang zu den Online-Datenbanken ihrer Auftraggeber. Sie sind gezwungen, auf die digitalen Archive einzelner Medien zurückzugreifen. Dies ist nicht nur aufwendiger, sondern oft auch kostspielig. Denn die meisten Verlage verlangen Geld für Artikel, die älter als vier Wochen sind, zum Teil auch für aktuelle Veröffentlichungen. Einige wenige Medien bilden die Ausnahme. Dazu gehören die »Berliner Zeitung« (www.berlinonline.de), die »Netzzeitung« (www.netzzeitung.de) sowie die überregionale Tageszeitung »Die Welt« (www.welt.de).

Mediensuchmaschinen im Internet sind vor allem dann hilfreich, wenn die Recherche aktueller Natur ist. Denn Suchmaschinen wie news.google.de und www.paperball.de (hier gibt es jeweils eine gesonderte Rubrik »Wirtschaft«) zeigen nur Ergebnisse an, die wenige Wochen zurückliegen. Ihr Vorteil: Sie durchsuchen eine sehr hohe Zahl von Medien, darunter auch Lokalzeitungen und Online-Portale. Allerdings sind darunter auch zahlreiche kostenpflichtige Angebote.

Das persönliche Archiv: Der Alltag des Wirtschaftsjournalisten gleicht einer Materialschlacht. Der Journalist wird mit Pressemitteilungen und anderen Informationen geradezu überhäuft. Deshalb erscheint es kaum sinnvoll, da unpraktikabel und zeitraubend, ein persönliches Archiv anzulegen, in dem auch nur jede vermeintlich relevante Pressemitteilung abgelegt wird. Pressemitteilungen sind – wie auch die Geschäftsberichte von Unternehmen – im Internet leicht zu finden (siehe unten). Vielmehr sollte ein persönliches Archiv auf Material beschränkt sein, das nicht öffentlich verfügbar ist.

Was gehört ins persönliche Archiv? Dazu zählen etwa Mitschriften aus Hintergrundgesprächen, die man exklusiv oder in einem kleinen Kreis von Kollegen mit Entscheidern geführt hat. Dazu gehören auch Protokolle von Interviews mit Informationen, die zunächst nicht veröffentlicht werden dürfen, die man später aber noch einmal auswerten oder verwenden kann. Dieses handschriftliche Material legt man am Besten, nach Themengebieten geordnet, in Hängeordnern ab. Nicht öffentlich zugänglich sind auch Analysten-Berichte sowie viele Marktstudien. Da diese in der Regel per E-Mail verschickt werden, bietet es sich an, diese lokal auf der PC-Festplatte zu speichern. Dazu sollten auch entsprechende Themenordner angelegt werden.

Suchmaschinen, Kataloge, Wirtschaftsdatenbanken

Wie die meisten anderen Nutzer greifen auch Journalisten oft auf Suchmaschinen zurück, wenn sie im Internet Informationen finden wollen. Neben der bekanntesten Suchmaschine www.google.de existieren zahlreiche weitere wie www.seekport.de oder www.live.com. Daneben gibt es Online-Kataloge (oft auch »Verzeichnisse« genannt), bei denen eine Redaktion Inhalte – meist Millionen von Websites – bereits geprüft und nach Themengebieten vorsortiert hat. Der Vorteil von Katalog-Suchmaschinen wie www.yahoo.de oder www.allesklar.de liegt in ihrer übersichtlichen Systematik, der Nachteil in der begrenzten Zahl der durchsuchten Websites.

Meta-Suche: Auch wenn die allgemeinen Suchmaschinen technisch sehr ausgereift sind, so sind sie doch noch nicht imstande, flächendeckend das gesamte Internet zu durchforsten. Bei der einen Maschine bleibt hier eine Lücke, bei der anderen dort. Um das Fangnetz bei der Suche engmaschiger zu machen, müsste die Arbeit verschiedener Suchmaschinen kombiniert werden. Diese Aufgabe übernehmen Meta-Suchmaschinen wie www.metager.de oder www.metacrawler.de.

Stichwortsuche: Die Qualität der Ausbeute beim Suchen im Internet hängt allerdings mitnichten allein von Suchmaschinen ab. Wichtiger ist vielmehr, möglichst präzise Suchbegriffe einzugeben und diese miteinander zu verknüpfen. Mit Hilfe der so genannten Boolschen Operatoren lassen sich Begriffe über die simple »und«-Kombination hinaus (hintereinander mit Leerzeichen eingeben) verknüpfen. So lassen sich zum Beispiel durch den Operator »UND NICHT« nicht zutreffende Begriffe ausschließen.

Manipulationsversuche. Die Ergebnisse werden in einer Trefferliste (Ranking) mit Links präsentiert, die die Suchmaschinen auf Grund einer Reihe von Kriterien (gesuchtes Stichwort im Titel, Aktualisierungen, Verlinkung von Websites etc.) ermittelt haben. Vor allem kommerzielle PR-Dienstleister versuchen, ganz oben auf den Trefferlisten zu landen, indem sie sich geschickt auf die technischen Kriterien einstellen oder diese zu manipulieren versuchen. Die Betreiber der Suchmaschinen wirken diesen Versuchen zwar entgegen – allerdings nicht immer mit Erfolg. Will heißen: Nicht immer ist das, was auf den ersten Plätzen des Rankings landet, auch für eine Recherche brauchbar.

Wirtschaftsdatenbanken: Suchmaschinen sind nicht imstande, diejenigen Bereiche des Internet zu durchforsten, die für die journalistische Recherche oft sehr bedeutsam sind: Datenbanken. Dies hat zum einen technische Gründe. Zum anderen sind die Inhalte von Datenbanken oft kostenpflichtig. Unter www.datenbanken.org findet sich eine Auswahl kostenfreier Datenbanken. Für Wirtschaftsjournalisten sind dabei allerdings nur die unter der Rubrik »Testberichte und Verbraucherinfos« aufgeführten Links weiterführend. Dies liegt darin begründet, dass die meisten Wirtschaftsdatenbanken wie www.genios.de oder www.hoppenstedt.de kostenpflichtig sind. Einige spucken jedoch die Trefferlisten kostenlos aus, was manchmal durchaus hilfreich sein kann: Denn nicht selten verweisen Treffer auf Jahresabschlüsse und Geschäftsberichte, die sich auf den Websites der entsprechenden Unternehmen kostenlos herunterladen lassen (siehe unten).

Experten suchen und finden: Wenn Experten – also unabhängige Fachleute – in den Medien zu Wort kommen, sieht man oft immer wieder dieselben Köpfe und liest dieselben Namen. In vielen Fällen ist dies auf einen bestimmten Mechanismus zurückzuführen: Ein neues Thema kommt, ein Journalist recherchiert einen Experten dafür, und die Kollegen sprechen denselben an, weil es so schön einfach ist – vor allem dann, wenn der Experte sich gern in den Medien präsentiert und dies auch noch mit Professionalität tut.

Virtueller Expertenmakler: Manchmal gibt es für ein Sachgebiet auch nur sehr wenige Fachleute. Ob dies so ist, lässt sich beim Informationsdienst Wissenschaft (www.idw-online.de) überprüfen, der Experten aus der Wissenschaft vermittelt. Wer sich registriert, erhält Zugang zu einem virtuellen »Expertenmakler«: Hier kann man per E-Mail eine Anfrage zu einem Thema stellen – der Informationsdienst vermittelt daraufhin die Kontaktdaten auskunftsbereiter Wissenschaftler. Journalisten, die sich mit ihrem Presseausweis akkreditieren, können darüber hinaus Expertenlisten einsehen. Einen vergleichbaren Service für Hochschulen aus dem angelsächsischen Sprachraum bietet www.profnet.com.

Websites von Unternehmen

Die Websites von Unternehmen sind für Wirtschaftsrecherchen in unterschiedlichem Maße geeignet. Oft enthalten sie jedoch mehr Informationen, als man auf den ersten Blick denken mag. Dies liegt daran, dass bei den Websites häufig das Firmenimage, die Produkte und deren Bewerbung im Vordergrund stehen.

Selbst hier lassen sich aber – leider meist erst nach einigem Suchen – Buttons zu den Themenbereichen »Konzern« oder »Unternehmen«, »Presse« und »Investor Relations« finden.

Umfangreiches Archiv. Unter der Rubrik »Unternehmen/Konzern« sind in der Regel Basisinformationen enthalten wie ein kurzes Porträt der Firma und oft auch der Branche, Mitarbeiterzahl und Standorte, Biografien und Fotos der Vorstände und Aufsichtsräte. Der Button »Presse« führt die Ansprechpartner für die Medien samt Kontaktdaten auf und bietet umfangreiches Informationsmaterial an. Dazu gehören aktuelle und meist sämtliche ältere Pressemitteilungen, Hintergrundmaterial (»digitale Pressemappen«), das bei Pressekonferenzen verteilt wurde, sowie Reden und Veröffentlichungen der Entscheider bei anderen Anlässen. Der Pressebereich hat also hauptsächlich den Charakter eines Archivs.

Darüber hinaus bieten einige Unternehmen auf ihren Websites so genannte Themenpakete an, also Informationsmaterial zu bestimmten Themen, die im Interesse des Unternehmens liegen. Diese können sicher die eine oder andere Anregung liefern. Letztlich handelt es sich jedoch um mundgerecht aufbereitetes PR-Material, auf das sich der Wirtschaftsjournalist keinesfalls allein verlassen sollte.

»Investor Relations« – nicht nur für Anleger: Ein wichtiger, oft allerdings zu wenig genutzter Informationslieferant ist der Bereich »Investor Relations« (»Finanzkommunikation für Anleger«). Diese Rubrik ist vor allem bei börsennotierten Unternehmen aufschlussreich. Hier lassen sich nicht nur der Aktienkurs und die Eigentümerstruktur recherchieren, hier finden sich auch Infos zur Dividendenpolitik und zum Beispiel darüber, welche Anleihen das Unternehmen begeben hat und welches Kredit-Rating es aufweist. Unter »Investor Relations« sind auch sämtliche Geschäfts- und Zwischenberichte digital abgelegt.

Darüber hinaus gibt es dort oft Präsentationen für Investoren, die bei genauem Hinschauen für Wirtschaftsjournalisten manchmal Zusatzinformationen zu denen der Pressestellen bringen können. Schließlich finden sich in der Rubrik eine Liste der Analysten, die das Unternehmen beobachten, sowie der Finanzkalender: Er nennt die wichtigsten, auch für Wirtschaftsjournalisten relevanten Termine wie Bilanzpressekonferenz, Bekanntgabe von Quartalszahlen oder Hauptversammlung.

Finanzportale und Bloomberg-Computer

Die meisten Internet-Finanz- und Börsenportale sind von Banken eingerichtet worden (beispielsweise www.comdirect.de) und sollen in erster Linie Anlegern die Möglichkeit geben, sich über Entwicklungen an den Kapitalmärkten zu informieren. Viele haben deshalb virtuelle Sonderzonen, die nur Kunden zugänglich sind. Aber auch die öffentlichen Bereiche sind für Wirtschafts- und Finanzjournalisten durchaus hilfreich. So lassen sich auf Börsenportalen Informationen recherchieren, die oft deutlich über das hinausgehen, was sich auf den Websites der Unternehmen findet. Dies gilt naturgemäß für Finanzinformationen, aber auch für mitunter wichtige Details über die Unternehmen selbst.

Die wichtigsten Indizes. Zur Grundausstattung eines Finanzportals gehören Charts und Angaben über den aktuellen und historischen Verlauf der wichtigsten Indizes: DAX, TecDAX in Deutschland, Dow Jones und Nasdaq in den USA. Einige Portale bieten darüber hinaus einen Überblick über andere Börsenbarometer wie den Nikkei Index in Japan oder den FTSE in London sowie über Entwicklungen an den Rohstoff- und Devisenmärkten. Zum Standard gehören auch die »Top 5« und »Flop 5«, also die Aktien, die – in Echtzeit gemessen – prozentual am stärksten im Laufe eines Handelstages dazugewonnen bzw. verloren haben. Diese Angaben bieten zusammen genommen eine gute Grundlage für einen Börsenbericht (vgl. das Kapitel »Klassiker«).

Aktienkurse von Unternehmen – im Vergleich: Auf den Börsenportalen lassen sich selbstverständlich auch die Aktienkurse von Unternehmen abfragen. Dabei werden der aktuelle Stand bzw. die Veränderung gegenüber dem Vortag angegeben. Es sind aber auch graphische Überblicke über bestimmte Zeiträume möglich, zum Teil bis zu zehn Jahre zurückreichend. Die meisten Portale bieten die Möglichkeit, den Verlauf von Einzelwerten mit der Entwicklung von Börsenindizes – in der Regel dem DAX – zu vergleichen. Bei www.onvista.de kann man Einzelwerte sogar gegen ausgewählte Branchenindizes laufen lassen – um zu sehen, ob sich eine bestimmte Aktie besser oder schlechter als der Durchschnitt der Konkurrenz entwickelt hat. Zur Grundausstattung der Portale gehören Informationen über »zugehörige Werte«: Zum Beispiel Zertifikate, Optionsscheine und Fonds, in denen der Einzelwert vertreten ist.

Wichtige Unternehmensinformationen: Die Börsenportale bereiten Infos über Unternehmen auf, die sich auf den Websites derselben manchmal nur schwer oder gar nicht finden lassen. Dazu zählen die Eigentümerstruktur, das KGV (Kurs-Gewinn-Verhältnis), die Anzahl der ausgegebenen Aktien sowie die Marktkapitalisierung – der aktuelle Wert eines Unternehmens (Aktienkurs multipliziert mit der Aktienzahl), der einen guten Vergleichsindikator mit Konkurrenten darstellt. Darüber hinaus bieten die Portale in der Regel (zumindest graphisch) aufbereitete Finanzkennzahlen der Unternehmen: die wichtigsten Daten der Gewinn- und Verlustrechnung sowie der Bilanz (Eigenkapitalquote etc.). Onvista listet zudem die Mitglieder des jeweiligen Vorstands und Aufsichtsrates auf. Hilfreich: Wer die Namen einzelner Aufsichtsratsmitglieder anklickt, bekommt eine Übersicht, in welchen Kontrollgremien anderer Unternehmen diese Personen außerdem sitzen.

Prognosen und Empfehlungen: Onvista bietet einen weiteren kostenlosen Service an, der sich vor allem für *Aktienchecks* eignet (vgl. das Kapitel »Klassiker«): Das Portal liefert Prognosen für das laufende Geschäftsjahr und zum Teil darüber hinaus. Analysten schätzen also, welchen Gewinn, welche Dividende und welchen Kapitalmittelüberschuss (Cash Flow) je Aktie die Unternehmen im laufenden Geschäftsjahr und zum Teil darüber hinaus erwirtschaften werden. Das Problem dabei: Es wird zwar die Zahl der Analysten angegeben, aber nicht ihre Identität, was Rückschlüsse auf die Qualität solcher Prognosen erschwert.

Einige Portale sammeln und veröffentlichen, welche Empfehlungen (Kaufen, Verkaufen, Halten) Analysten für Einzelwerte abgeben. Dabei sollte man darauf achten, ob es sich um *Ratings* von Investmentbanken oder anderen angesehenen Finanzinstitutionen handelt oder ob sie von weniger bedeutenden, manchmal auch weniger seriösen Online-Finanzportalen kommen. www.aktiencheck.de und www.boerse.de bieten nicht nur die Analysten-Ratings, sondern auch kürzere Aktienanalysen solider Quellen.

Der Bloomberg-Spezialcomputer: Die Wirtschafts- und Finanznachrichtenagentur Bloomberg hat einen elektronischen Dienst entwickelt, den die eigenen Redaktionen weltweit nutzen, den sie aber auch externen Kunden anbietet. Die rund 26 000 Funktionen, die sich über das Bloomberg-Intranet und einen dafür notwendigen Spezialcomputer abrufen lassen, gehen weit über die Möglichkeiten der Börsenportale hinaus. Die Wirtschaftsnachrichtenagentur Reuters bietet einen ähnlichen, ebenfalls kostenpflichtigen Service an. Insbesondere überregionale Wirtschafts- und Finanzmedien nehmen die Dienste der beiden Agenturen in Anspruch.

Größere Auswahl, höhere Präzision: Bei Bloomberg lässt sich zum Beispiel der Analysten-Konsens ermitteln: Wie viele Finanzanalysten raten zum Kauf, Verkauf oder Halten einer Aktie innerhalb eines bestimmten Zeitraums? Darüber hinaus werden die einzelnen Analysten, die ein Unternehmen beobachten, mit ihren Empfehlungen und ihren Kontaktdaten aufgelistet. Im Gegensatz zu den Börsenportalen können hier auch die Kursentwicklungen von bis zu vier Wertpapieren und/oder Indizes miteinander verglichen werden – über einen längeren Zeitraum. Die Auswahl an Branchenindizes ist ebenfalls deutlich größer. Außerdem ist es möglich, bestimmte Stellen eines Kursverlaufs anzuklicken: Dadurch werden die Nachrichten des entsprechenden Tages aufgerufen, so dass sich die möglichen Ursachen für eine größere Kursveränderung recherchieren lassen.

Mehrere Tausend Meldungen pro Tag. Der Bloomberg-Dienst liefert überdies umfangreiche volkswirtschaftliche Datensätze, die zum Beispiel graphische und tabellarische Ländervergleiche direkt auf dem Bildschirm ermöglichen. Unternehmensinformationen werden genau ausgewertet: So wird aufgelistet, welche Firmenzukäufe ein Unternehmen in den vergangenen Jahren getätigt hat. Und schließlich laufen über die Nachrichtenagentur Bloomberg und damit auch über ihren Dienst jeden Tag mehrere Tausend Meldungen aus der Wirtschafts- und Finanzwelt, die zum Teil auch für audio-visuelle Medien aufbereitet sind. Der Bloomberg-Service hat allerdings wie auch der von Reuters seinen Preis.

Politik, Behörden, Verbände

Bislang war vor allem von verschiedenen Medieninstrumenten die Rede. Für den Bereich Wirtschaftspolitik gibt es jedoch kein Füllhorn themenumspannender Portale wie etwa bei Börse und Finanzen. Der Journalist ist darauf angewiesen, bei den einzelnen Institutionen zu recherchieren. Bei vielen beginnt die Recherche jedoch meist mit einem Buch.

Vor- und Nachteile des »Oeckl«: Für diejenigen, die in Sachen Wirtschaftspolitik recherchieren, stellt »der Oeckl« den Klassiker dar. Dieses *Taschenbuch des Öffentlichen Lebens* (inzwischen auch mit CD erhältlich) listet in erster Linie die Kontaktdaten von Institutionen und Verbänden auf, von denen allerdings nur ein Teil mit Wirtschaft zu tun hat. Der Vorteil dieses Nachschlagewerks besteht in seiner strengen Systematik, der Nachteil in der begrenzten Information. Deshalb führt auch hier der nächste Schritt ins Internet – und zwar meist noch vor dem Anwählen der im Oeckl verzeichneten Telefonnummer einer Institution.

Erste Anlaufstelle Regierung und Parlament. Es ist nahe liegend, – je nach Thema – zunächst die Websites der Bundesregierung oder der Landesregierungen, des Bundestags und der Landtage anzusteuern. Unter der Rubrik »Presse« finden sich nicht nur Ansprechpartner und Pressemitteilungen, sondern auch umfangreiche Materialsammlungen. Das Presse- und Informationsamt der Bundesregierung bietet Journalisten, die sich registrieren, mit dem »Chef vom Dienst« (http://cvd. bundesregierung.de) zusätzliche Informationen (Reden, Interviews etc. von Regierungsmitgliedern). Noch genauer geben die Websites der Ministerien Auskunft. Zu wichtigen Themenfeldern wie der Arbeitsmarkt- oder Gesundheitsreform richten sie oft gesonderte Portale ein.

Spitzenverbände und Gewerkschaften: In den politischen Prozess mischen sich bekanntlich auch Lobbygruppen ein – in erster Linie Verbände. Sie können wichtige Auskünfte geben, wenn neue Gesetze auf dem Weg sind, vermögen aber auch die wirtschaftliche wie politische Gesamtlage einer Branche einzuschätzen. In den Medien kommen besonders häufig die Spitzenverbände zu Wort: der Bundesverband der deutschen Industrie (BDI), die Bundesvereinigung der deutschen Arbeitsgeberverbände (BDA) sowie der Deutsche Industrie- und Handelskammertag (DIHK). Den Gegenpart zur Arbeitsgeberseite bilden die Gewerkschaften, in erster Linie der Deutsche Gewerkschaftsbund (DGB) sowie die mitgliedsstärksten Einzelgewerkschaften verdi (öffentlicher Dienst) und die IG Metall.

Hilfreiches Verbände-Portal: Wer recherchiert, sollte sich aber keineswegs auf die großen Namen beschränken. Im Zweifelsfall wird man von den Dachverbänden ohnehin an die Fachorganisationen verwiesen, handele es sich um die Kassenärztliche Bundesvereinigung, den Bundesverband der Deutschen Volksbanken und Raiffeisenbanken oder den Hauptverband des Deutschen Einzelhandels. Es gibt noch viele mehr, die sich durch eine Suche im Portal www.verbaende.com finden lassen. Mit Hilfe dieser Suchmaschine lassen sich auch Pressemittei-

lungen, Personalien und Veranstaltungen der Verbände recherchieren.

Kommunen online: Wirtschaftspolitik findet nicht immer auf
Bundes- oder Landesebene statt. Die kommunale Ebene ist oft
nicht minder wichtig. Auch hierfür gibt es ein entsprechendes Portal: www.kommon.de soll als »Informationssystem der Städte,
Gemeinden, Kreise und Verbände« fungieren. Die Suchmaschine
ermöglicht es zum einen, Kontaktdaten und Informationen zu
einzelnen Städten und Kommunen zu finden. Zum anderen bietet das Portal eine Linkliste zu einschlägigen Organisationen wie
dem Verband kommunaler Unternehmen oder dem Verein kommunaler Arbeitgeberverbände.

**Eine wichtige Informationsquelle bilden zudem die Bundes-
behörden.** Sie werden oft unterschätzt, weil vielen Journalisten
ihr politischer Einfluss nicht bewusst ist. Bestes Beispiel ist die
Bundesnetzagentur für Elektrizität, Gas, Telekommunikation,
Post und Eisenbahnen (www.bundesnetzagentur.de). Der Name
deutet es bereits an: Die Bonner Behörde ist dafür zuständig, die
Märkte der ihr unterstehenden Branchen stärker für den Wettbewerb zu öffnen. Die Bundesnetzagentur untersteht nur dem
Bundeswirtschaftsministerium, das von seinem generellen Wei-
sungsrecht bisher jedoch sehr selten Gebrauch gemacht hat.
Weitere wichtige Bundesbehörden sind das Bundeskartell-
amt (www.bundeskartellamt.de), die Bundesanstalt für Finanzdienstleistungsaufsicht (www.bafin.de) sowie der Bundesrech-
nungshof (www.bundesrechnungshof.de)

Stiftung Warentest und mehr: Verbraucherthemen

Bei Verbraucher- und Nutzwertthemen kommen den meisten
Journalisten wahrscheinlich zuerst die Verbraucherzentralen
und die Stiftung Warentest (www.stiftung-warentest.de) in den
Sinn. Da die Stiftung ihre Verbrauchertests über eigene Medien
aufbereitet, lassen sich deren Ergebnisse aber nicht unbedingt

direkt für eigenrecherchierte Beiträge übernehmen – es sei denn als ergänzendes Element. Es ist aber auch möglich, frühere Tests als Referenz mit einzubeziehen oder Experten der Stiftung zu befragen. Dasselbe gilt für die ähnlich ausgerichtete Zeitschrift »Geldidee« (www.geldidee.de) – die meisten Online-Angebote beider Medien sind kostenpflichtig.

Die Verbraucherzentralen verstehen sich als Lobby der Konsumenten und befassen sich deshalb weniger mit Produktvergleichen als mit rechtlichen Fragen. Zur ersten Orientierung lohnt es sich, die Website des Bundesverbands der Verbraucherzentralen (www.vzbv.de) zu besuchen. Die Dachorganisation von 13 Verbraucherzentralen der Bundesländer weist Links zu den Länderzentralen sowie zu zahlreichen verbraucherpolitisch orientierten Verbänden auf. Diese sind für Recherchen ohnehin meist die besseren Ansprechpartner: Je spezieller das Thema, desto öfter verweist der Bundesverband auch bei telefonischen Anfragen auf Experten der Länderzentralen. Die Website des Bundesverbands bündelt alle Pressemitteilungen der Unterorganisationen und listet zudem Urteile zum Verbraucherrecht auf.

Bund und Europäische Union: Eine – oft übersehene – Fundgrube bildet die Website des Bundesverwaltungsamts (www.bund.de). Von A wie Arbeit bis Z wie Zuschussantrag finden sich hier Gesetzesänderungen, aber auch allgemeine Ausführungen zu einer großen Spannbreite verbrauchernaher Themen. Einen allgemeinen Überblick über Verbraucherrechte und Finanzdienstleistungen gibt www.dolceta.eu, eine offizielle Website der Europäischen Union. Hier lässt sich auch die Rechtslage in den einzelnen Mitgliedsländern miteinander vergleichen.

Versicherungsthemen: Daneben gibt es zahlreiche Adressen, die für Recherchen in bestimmten Themenfeldern in Frage kommen. Beim Thema Versicherungen bietet sich der Bund der Versicherten an. Die Website der Verbraucherschutzorganisation (www.bundderversicherten.de) enthält einen Ratgeberteil sowie Urteile rund um das Thema. Das Gegenstück bildet der Gesamtverband der deutschen Versicherungswirtschaft, dessen Website (www.gdv.de) einige Hintergrundinformationen bietet.

Für Steuerthemen bilden die Lohnsteuerhilfevereine eine gute Anlaufstelle, wobei die Websites der Landesverbände oft ergiebiger sind als die der Dachorganisation Vereinigte Lohnsteuerhilfe e. V. (www.vlh.de). Sehr umfassend, allerdings nur gegen Geld gibt das Portal www.steuerrat24.de Auskunft. Auch der Bund der Steuerzahler (www.steuerzahler.de), der eher dafür bekannt ist, den vermeintlichen Missbrauch von öffentlichen Mitteln an den Pranger zu stellen, führt auf seiner Website eine Rubrik »Aktuelle Steuertipps.«

Bei Finanzthemen wird es schon schwieriger. Allgemeine Informationen finden sich auf der EU-Website www.dolceta.eu sowie bei der Bundesanstalt für Finanzdienstleistungsaufsicht (www.bafin.de). Auch der Bundesverband Deutscher Banken (www.bankenverband.de) bleibt weitgehend im Allgemeinen, bietet darüber hinaus jedoch auch – recht grobkörnige – Vergleiche zwischen verschiedenen Anlageformen. Deshalb ist der Journalist in diesem Themenbereich – handele es sich um Investmentfonds oder Fragen der Baufinanzierung – stärker auf privat geführte Portale angewiesen. Hier ist eine (noch) größere Vorsicht angebracht, was die Solidität von Tests und Expertisen betrifft. Deshalb sollte immer genau nachgefragt werden, wie die Ergebnisse zustande gekommen sind. Und man sollte immer im Auge behalten, welche Interessen der Anbieter womöglich verfolgt. Dies ist hier nicht so leicht erkennbar wie bei Verbänden.

Am Puls der Basis? Weblogs und Foren

Was sind Weblogs? Weblogs und Internet-Foren sind, wenn auch mit einigen Einschränkungen, gut als Informationsquellen wie Kontaktbörsen geeignet. Der Begriff Weblog steht für Weblogbuch, es handelt sich also um ein virtuelles Tagebuch, in dem ein oder mehrere Autoren schreiben, was sie bewegt. Besucher der »Blogs« – so die Kurzform – haben die Möglichkeit, dies zu kommentieren oder aber auch mit anderen Besuchern zu diskutieren. Die meisten Blog-Autoren beschäftigen sich mit Begebenheiten aus ihrem Privatleben.

Es gibt aber auch zunehmend Blogs mit Wirtschafts- und Finanzbezug. Aus den USA stammt das Konzept des »corporate blog«, bei dem ein Unternehmen selbst ein Weblog betreibt oder zumindest als dessen Sponsor auftritt. Zuweilen bloggen die Top-Manager dieser Unternehmen dabei auch selbst. Interessanter, da meist ergiebiger, sind jedoch unabhängige Blogs, in denen sich zum Beispiel Verbraucher über die Vor- und Nachteile von Produkten auslassen, über ein Unternehmen und dessen Geschäftsgebaren diskutieren oder auch aktuelle wirtschaftspolitische Probleme erörtern.

Virtuelle Klosprüche oder moderne Mund-zu-Mund-Propaganda? Die Beiträge der »Blogger«, so der Name der Blog-Autoren, sind in aller Regel sehr meinungsbetont. Über Blogs kann man also einen Eindruck gewinnen, was die Menschen bewegt und interessiert. Es ist jedoch bestenfalls ein Stimmungsbarometer für die Klientel, die technisch so versiert ist, das sie auch bloggen kann. Die Meinungen gehen dabei sehr weit auseinander, welchen Wert dies hat: Während die einen von einer modernen Ausführung der alten Mund-zu-Mund-Propaganda sprechen, halten andere die Blogosphäre eher für die »Klowände des Internets.«

Das Blog als PR-Instrument: In seltenen Fällen warten Blogger auch mit Informationen auf, die durchaus Nachrichtenwert haben könnten. Diese müssten jedoch verifiziert werden (vgl. das Kapitel »Themen finden«). Die zunehmend populären Weblogs lassen sich auch zur Meinungs- und Stimmungsmache instrumentalisieren. Die PR-Abteilungen von Unternehmen und Institutionen beobachten die unabhängigen Blogs verstärkt und versuchen zumindest schon punktuell, diese zu beeinflussen. Aus ihrer Sicht lohnt sich Versuch, weil die Blogs immer populärer werden, aber auch weil sie Suchmaschinen wegen ihrer häufigen Aktualisierung und Verlinkung öfter auflisten als klassische Websites.

So lange die PR-Agenten dies offen tun und ihre Identität klar kenntlich machen, ist dies als legitimes Unterfangen zu bewerten, an einer öffentlichen Diskussion teilzunehmen. Bedenklich wird es jedoch, wenn Unternehmen und Institutionen – wie in Einzelfällen bereits geschehen – unter dem Deckmantel anderer Identitäten Weblogs manipulieren wollen. Es kommt auch immer wieder vor, dass sich in den Blogs namhafte Experten und hochrangige Entscheidungsträger zu Wort melden – meist bleiben sie jedoch den Nachweis ihrer wahren Identität schuldig. Solche Quellen sind mit großer Vorsicht zu behandeln.

Kurze Zitate erlaubt. Weblogs können also durchaus als journalistische Quelle dienen. Sie sind aber weniger relevant und glaubwürdig für Informationen, sondern geben in erster Linie Stimmungen wieder. Darf man Blog-Beiträge ungefragt abdrucken? Das deutsche Urheberrecht erlaubt es, kürzere Zitate für journalistische Zwecke zu übernehmen – was im Regelfall auch ausreicht. Wer jedoch längere Ausführungen oder gar ganze Diskussionen abdrucken will, sollte den Blog-Betreiber und/oder die Diskutanten anmailen und um Erlaubnis bitten.

Internet-Foren im Web sind vom Konzept her den Weblogs ähnlich – mit dem Unterschied, dass hier Institutionen (Internet-Zugangsanbieter, Portale etc.) Nutzern die Möglichkeit bieten, sich zu bestimmten Themen zu äußern. So tauschen sich zum Beispiel Verbraucher auf dem Telekommunikationsportal www.teltarif.de über ihre Erfahrungen mit DSL-Anschlüssen verschiedener Anbieter oder über bestimmte Handy-Modelle aus. Foren dieser Art können gerade auch für *Nutzwert-Beiträge* hilfreich sein. Zu unterscheiden ist dabei zwischen offenen und moderierten Foren. Bei der zweiten Spielart überprüfen ein oder mehrere Moderatoren eingehende Kommentare inhaltlich und schalten diese frei.

Wikipedia & Co.:
Wie glaubwürdig sind Online-Lexika?

Die Wikipedia-Website (www.wikipedia.de) hält ein Quasi-Monopol unter den Online-Enzyklopädien. Dies liegt unter anderem daran, dass vergleichbare Projekte nicht so umfangreich und auch nicht so umfassend sind wie Wikipedia, deren englischsprachige wie deutsche Ausgabe Hunderttausende von Beiträgen enthält. So lassen sich zum Beispiel bei www.wissen.de nur kurze, lexikonartige Einträge abfragen. Die Encarta-Ezyklopädie (www.encarta.com) des Microsoft-Onlinedienstes MSN ist ebenfalls oft nur sehr knapp und weist zudem einen starken USA-Bezug auf.

Für- oder auch gegeneinander schreiben: Die Wikipedia kann sicher einen guten Überblick über Themen, Institutionen und Personen geben. Allerdings sind die Artikel mit Vorsicht zu genießen, was am Charakter des Projekts liegt. Der aus dem Hawaiianischen stammende Begriff »wiki« steht für »schnell« – und in der Tat liegt der große Vorteil der Wikipedia in ihrer oftmals großen Aktualität. Wiki steht aber auch für das Konzept einer offenen Plattform, auf der verschiedene Autoren an einem Text arbeiten können – gemeinsam, aber auch gegeneinander. Da es nur eine begrenzte Zahl von freiwilligen »Redakteuren« gibt, die in erster Linie zudem nur Formfehler korrigieren, kann quasi jeder Autor die Wiki-Artikel ständig und beliebig verändern.

Wikipedia und mehr: Der Wikipedia-Mitgründer Larry Sanger kündigte im Herbst 2006 an, er wolle ein neues Online-Lexikon namens »Citizendium« gründen. Bei Wikipedia seien Einträge von Experten oft von Laientexten »verdrängt« worden, kritisierte Sanger. Das neue Online-Lexikon solle auch für interessierte Laien offen sein, allerdings würden die Informationen von einem Expertenbeirat überprüft.

Manipulationsversuche von PR-Profis: Man kann die ständigen Veränderungen sicher als »demokratischen Prozess« verstehen, aus dem sich schließlich die korrekte Darstellung herauskristallisiert. Allerdings steigert dieses Konzept auch die Gefahr von Ungereimtheiten, Verdrehungen und gezielter Desinformation – wenn es um Einschätzungen geht, aber auch bei der Darstellung von Fakten.

Nicht nur Einzelpersonen könnten sich zur Manipulation eingeladen fühlen. Nachweislich nutzen auch PR-Profis Wikipedia wie andere Informationsforen im Internet für so genanntes virales Marketing, gerade auch im Wirtschaftsbereich. PR-Abteilungen von Unternehmen, Verbänden und Parteien haben bereits wiederholt versucht, bei Wikipedia »mitzuschreiben«. Und einige PR-Agenturen bieten an, für Kunden Wiki-Einträge zu verfassen. Dabei wird das virale Marketing nicht offen, sondern anonym verfolgt. Einige dieser Manipulationsversuche sind aufgeflogen. Doch wie hoch ist die Dunkelziffer?

Verschiedene Quellen nutzen: Letztlich gilt auch hier die alte journalistische Regel, sich nie auf eine einzige Quelle zu verlassen. Dies gilt für Wikipedia, aber auch für andere offene Plattformen wie das Experten-Portal www.wer-weiss-was.de. Wer Zugang zum Intranet einer Redaktion hat, sollte dies auch nutzen und zum Beispiel bei Recherchen über öffentliche Personen das Munzinger-Archiv konsultieren. Auch dieses kann sicher nie vollständig objektiv sein, schließlich sind auch hier die Beiträge von Menschen geschrieben, die eine eigene Meinung haben. Diese steht hier jedoch nicht im Vordergrund – die Redaktion achtet auf eine ausgewogene Darstellung, bei der verschiedene Sichtweisen aufgezeigt werden. Wer keinen Intranet-Zugang hat, sollte die freien Quellen der Internet-Medienarchive nutzen (siehe oben). Hier ist von vornherein klar, dass die Beiträge mit einer subjektiven Note versehen sind.

Statistische Angaben: Gerade für Wirtschaftsthemen ist Zahlenmaterial oft wichtig. Im Internet finden sich entsprechend riesige Mengen von Statistiken. Da aber auch hier die Gefahr der Manipulation besteht, sollte man, wann immer möglich, sich bei der Originalquelle vergewissern, dass das Datenmaterial nicht »aufbereitet« wurde. Noch besser ist es, gleich die amtlichen Quellen zu konsultieren. Das Statistische Bundesamt, Eurostat oder auch die OECD veröffentlichen das meiste Datenmaterial zeitnah online.

Rechtliche und ethische Normen

»Der Redaktör hat's schwör« – lautet ein alter Journalistenspruch. Diese allgemein gültige Weisheit trifft besonders auf die Recherche bei Institutionen zu. Nicht selten mauern Behörden und berufen sich dabei auf ihre »Amtsverschwiegenheit.« Privatunternehmen sind mitunter noch restriktiver mit Auskünften. Wie und in welchem Maße man dennoch an Informationen kommen kann, welche rechtliche Handhabe Journalisten haben, wird im Folgenden erläutert. Wirtschaftsjournalisten bewegen sich bei ihrer Arbeit aber auch selbst zwischen rechtlichen und ethischen Leitplanken, die sie nicht durchbrechen dürfen. Durch ihre Nähe zu den Kapitalmärkten und den Unternehmen, über die sie berichten, sind sie mehr als andere gezwungen, fein säuberlich zwischen ihren publizistischen und wirtschaftlichen Interessen zu trennen. Denn es besteht die Gefahr, dass der Journalist mögliches Insiderwissen nicht nur zu Insider-Artikeln, sondern auch zu Insidergeschäften nutzt. Und damit gegen Recht verstößt. Eine weitere Facette der Thematik: Die PR-Abteilungen der Unternehmen lassen kaum etwas unversucht, um das Wohlwollen von Journalisten zu gewinnen. Sie machen ihnen Geschenke, laden zu Pressereisen ein – nicht selten mit touristischem Zusatzprogramm. Was ist annehmbar? Was ist für die Recherche notwendig, wann fängt die Vorteilsnahme an? Wo soll, wo muss der Journalist die Grenze ziehen? Fragen, die ebenfalls in diesem Kapitel beantwortet werden.

Auskunftspflicht von Behörden und Unternehmen

In fast allen Landespressegesetzen ist festgelegt, dass die Medien an der Bildung der öffentlichen Meinung mitwirken, indem sie über Vorgänge informieren und diese kommentieren. Daraus resultiert eine Auskunftspflicht sämtlicher Behörden gegenüber Journalisten. Der Begriff »Behörde« bezieht sich dabei auf die gesamte öffentliche Verwaltung, umfasst also kommunale und Landesbehörden. Auch Einrichtungen der öffentlichen Wohlfahrt, die privatisiert worden sind, etwa städtische Verkehrsbetriebe, müssen genauso Auskunft geben wie Privatunternehmen, die hoheitliche Aufgaben übernehmen. Das Informationsrecht erstreckt sich allerdings nur auf die öffentlichen Aufgaben. Zudem müssen Standesorganisationen wie Anwalts- und Ärztekammern Auskunft geben. Handels-, Industrie- und Handwerkskammern sind indes keiner einschlägigen Pflicht unterworfen, ebensowenig wie deren Bundesorganisationen, der Deutsche Industrie- und Handelskammertag (DIHK) und der Zentralverband des Deutschen Handwerks (ZDH).

Vollständig, eindeutig und zutreffend müssen die Auskünfte der Behörden sein. Und sie müssen sachgerecht erteilt werden: in der Regel telefonisch oder schriftlich. Falls nicht anders möglich, muss auch Akteneinsicht gewährt werden. Auskünfte dürfen nur der Behördenleiter, sein Stellvertreter oder die Pressestelle erteilen. Diese müssen nur zu Tatsachen Stellung nehmen. Sie sind indes nicht verpflichtet, Bewertungen vorzunehmen. Die Offiziellen können zudem Interviews ablehnen – was sie freilich nicht von ihrer Auskunftspflicht entbindet.

Antiblockiermittel: Es kommt immer wieder vor, dass Behörden Journalisten mit Phrasen wie »davon ist uns nichts bekannt« oder »das wissen wir nicht« abwimmeln wollen. Journalisten können in diesen Fällen darauf dringen, dass die Behörde dann die gewünschten Informationen recherchiert. Denn diese hat eine »Ermittlungspflicht«, sofern der Journalist glaubhaft machen kann, dass er im öffentlichen Interesse anfragt. Öffentliche Institutionen können nur dann die Auskunft verweigern, wenn zum Beispiel die Beamten spezielle Geheimhaltungsvorschriften (Steuergeheimnis, Arztgeheimnis etc.) einhalten müssen oder durch die Information in ein schwebendes Verfahren eingegriffen würde.

Beispiel: Gerichtsurteil. In der Branche geht das Gerücht, Firma A habe Firma B wegen einer Vertragsverletzung verklagt und 50 Mio. Euro Schadensersatz erwirkt. Beide Unternehmen geben jedoch keine Auskunft darüber, offensichtlich haben sie Stillschweigen über die Sache vereinbart. Da der Klageort in der Regel identisch mit dem Firmensitz des Antragsgegners ist, müsste in diesem Fall beim entsprechenden Landgericht recherchiert werden. Die Bundesländer veröffentlichen zwar auch Urteile im Internet, die zum Teil bei den einzelnen Gerichten, teils für das gesamte Land zusammengefasst eingesehen werden können. Allerdings setzt der jeweilige Kammervorsitzende fest, was er für veröffentlichenswert hält. Meist werden diese Urteile auch erst ins Internet gestellt, nachdem es bereits mehrere Anfragen dazu gegeben hat. Im Schadensersatzfall zwischen A und B wurde das Urteil nicht online veröffentlicht.

Deshalb erscheint es sinnvoll, beim Pressedezernenten des Landgerichts anzurufen. Meist handelt es sich um Richter, die diese Funktion – oft zusätzlich zu ihrem regulären Job – für einen begrenzten Zeitraum ausüben. Oft sind sie im Umgang mit Journalisten weniger geübt als hauptberufliche Pressesprecher, dafür jedoch fachlich sehr kompetent. Dessen ungeachtet benötigen sie für ihre Recherche den Namen des Antragsstellers und des Antragsgegners sowie eine möglichst genaue Zeitangabe, wann das Urteil gesprochen wurde. Der Pressedezernent fragt dann bei den einzelnen Kammern des Gerichts an. Am einfachsten ist es freilich, wenn der Journalist mit dem Aktenzeichen für den Fall aufwarten kann. Liegt ein Urteil vor – hat also A an B tatsächlich 50 Mio. Euro wegen einer Vertragsverletzung zahlen müssen –, kann sich der Journalist dieses kostenlos per E-Mail zusenden lassen.

Erhöhte Transparenz bei Bundesbehörden: Die Auskunftspflicht von Bundesbehörden war lange Zeit umstritten. Einige Verfassungsrechtler behaupteten, die Einrichtungen des Bundes hätten sich nach den Vorschriften des Landespressegesetzes zu richten, in dessen Geltungsbereich sie liegen. Andere leiteten allein vom demokratischen Prinzip des Grundgesetzes ein Informationsrecht der Bürger ab. Das Informationsfreiheitsgesetz (IFG), das seit Anfang 2006 in Kraft ist, begründet nun erstmals einen eindeutigen Rechtsanspruch für Bürger und damit auch für Journalisten. Das IFG schafft bei den Bundesbehörden den alten Grundsatz der »Amtsverschwiegenheit« ab und macht (fast) alle Behördeninformationen öffentlich zugänglich. Für Journalisten ist das IFG weniger für tagesaktuelle Anfragen nützlich – diese wird die Pressestelle der jeweiligen Bundesbehörde beantworten. Das Gesetz bildet jedoch die rechtliche Grundlage dafür, Akteneinsicht zu verlangen – was bei längeren, tiefer gehenden Recherchen durchaus sinnvoll sein kann.

Es gibt allerdings auch Ausnahmeklauseln. So können zum Beispiel Finanz-, Wettbewerbs- und Regulierungsbehörden die Auskunft verweigern, wenn die Veröffentlichung der angefragten Informationen deren Kontrollaufgaben beeinträchtigen könnte. Bundesbehörden, die im Wirtschafts- und Finanzbereich tätig sind, bekommen zudem von Unternehmen umfangreiches Datenmaterial zur Verfügung gestellt. Bevor sie entsprechende Dokumente herausgeben, müssen sie zunächst bei den Unternehmen um Erlaubnis bitten. Entweder werden dann Betriebs- und Geschäftsgeheimnisse geschwärzt, oder die Akten werden gar nicht herausgegeben. Die Behörden haben einen Monat Zeit, um Anträge zu bearbeiten. Da es sich jedoch um eine Soll-Bestimmung handelt, können die Bundesbehörden letztlich doch sehr stark steuern, wann sie die Info herausgeben – im Zweifelsfall zu einem Zeitpunkt, da ohnehin der Gang an die Öffentlichkeit vorgesehen ist. Bei umfangreichen und komplexen Anfragen könnte es aber auch ohne Verzögerungstaktik länger als einen Monat dauern, bis sie bearbeitet sind – nicht zuletzt weil nicht nur Journalisten, sondern auch andere Bürger das IFG nutzen und die Zahl der Anträge so automatisch größer ist.

Stark begrenzte Auskunftspflicht von Unternehmen: Noch schwieriger kann es werden, an Informationen von Unternehmen heran zu kommen. Börsennotierte Unternehmen unterliegen zwar einer gesetzlichen Publizitätspflicht und müssen deshalb Quartals- und Jahresberichte veröffentlichen, damit sich die Anleger ein Bild von der Geschäftsentwicklung machen können. Andernfalls wird die Aktie vom Handel ausgesetzt. Darüber hinaus müssen börsennotierte Unternehmen gemäß Wertpapierhandelsgesetz in Form von Adhoc-Mitteilungen umgehend Handlungen und Ereignisse veröffentlichen, die den Aktienkurs maßgeblich beeinflussen könnten: Wenn zum Beispiel ein Konkurrent übernommen wird oder eine Gewinnwarnung ausgegeben werden muss. Die »Adhocs« werden jedoch breit gestreut (meist elektronisch) und dies quasi zeitgleich mit dem Ereignis. Die Information ist somit allen Interessierten ab demselben Zeitpunkt zugänglich. Würde hingegen ein Journalist zum Beispiel zwei Tage vor der dann folgenden Adhoc über Informanten aus dem Unternehmen Wind von der Gewinnwarnung bekommen haben, müsste der Firmensprecher keine Auskunft erteilen (»Da kann ich leider nichts zu sagen.«). Zuvorkommend und mitteilungsfreudig sind Pressesprecher immer nur dann, wenn sie gute Nachrichten zu verkaufen haben, die nicht unmittelbar relevant für den Aktienkurs sind.

Handelsregister nutzen: Der Informationszugang zu Unternehmen, die nicht börsennotiert sind, erweist sich meist als noch schwieriger. Denn hier entfällt sogar die begrenzte öffentliche Auskunftspflicht. Veröffentlichen Privatunternehmen wie etwa GmbHs (Gesellschaften mit beschränkter Haftung) oder KGs (Kommanditgesellschaften) nicht freiwillig Geschäftsinformationen (zum Beispiel auf ihrer Internetseite), führt dann der einzige Weg dorthin über die Handelsregister der Amtsgerichte und für Jahresabschlüsse ab 2006 Online über das bundesweite Unternehmensregister. Denn auch Privatunternehmen sind gesetzlich verpflichtet, jährlich Geschäftsberichte einzureichen. Auf Antrag sind diese auch von Dritten wie Journalisten einsehbar. Weigert sich das Unternehmen nach zweimaliger Aufforderung, den angeforderten Geschäftsbericht einzureichen, droht ihm eine Geldbuße. Das Problem hier: die oft mangelnde Aktualität der Informationen. Denn der Bericht für das abgelaufene Geschäftsjahr muss erst bis zum 1. Januar des übernächsten Jahres abgeliefert werden. Immerhin kann man innerhalb von ein paar Tagen Basisinformationen über ein Unternehmen beim Handelsregister recherchieren, zum Beispiel wer dessen Eigentümer sind.

Tipp: Wer sich Telefonate und Wartezeiten auf Postsendungen ersparen will, recherchiert und bestellt nicht beim örtlichen Handelsregister, sondern online bei www.bundesanzeiger.de und www.unternehmensregister.de. Ein weiterer Vorteil: Da es eine zentrale Suchmaschine gibt, muss man nicht schon vorab wissen, in welchem lokalen Handelsregister das gesuchte Unternehmen eingetragen ist.

Ethische Normen – potenzielle Konflikte

Journalisten berufen sich nicht nur immer wieder auf die *Pressefreiheit*, wenn sie sehr Kritisches über Dritte veröffentlichen wollen, sondern auch wenn sie Zugang zu bestimmten Informationen reklamieren. Artikel 5 des Grundgesetzes schränkt dies aber insofern ein, als jeder nur das Recht hat, »sich aus allgemein zugänglichen Quellen ungehindert zu unterrichten.« Paragraph 2 des Meinungsfreiheit-Artikels stellt zudem fest, dass die verbrieften Rechte »ihre Schranken in den Vorschriften der allgemeinen Gesetze, den gesetzlichen Bestimmungen zum Schutze der Jugend und in dem Recht der persönlichen Ehre« finden.

Ethische Normen des Deutschen Presserats. Die Verantwortung des Journalisten reduziert sich jedoch nicht allein darauf, diese rechtlichen Vorgaben einzuhalten. Sie hat auch eine ethische Dimension. So hat der Deutsche Presserat – eine Organisation der Journalisten- und Verlegerverbände – *publizistische Grundsätze* erarbeitet, die seit ihrer Verabschiedung 1973 immer wieder überarbeitet und erweitert worden sind, zuletzt 2006. Der Medienkodex ist allerdings nur für Printmedien sowie deren Online-Ausgaben verbindlich, soweit diese zumindest teilweise identisch mit den gedruckten Fassungen sind. Die audiovisuellen Medien müssen den Kodex hingegen aus eigenem Impetus anwenden – was bisher nur einige Radio- und TV-Sender tun.

Beschwerderecht der Betroffenen: Der Presserat sieht seine Hauptaufgabe darin, die freie Meinungs- und Willensbildung zu fördern, wofür es aus seiner Sicht aber auch notwendig ist, dass Journalisten wie die Medien insgesamt ihrerseits bestimmte sittliche Standards einhalten. Deshalb können vermeintlich Betroffene und andere Dritte Beschwerden beim Presserat einreichen, wenn sie Bestimmungen des Wertekanons verletzt sehen. Das Selbstkontrollorgan entscheidet dann, ob die Eingabe berechtigt ist oder nicht. Falls ja, reichen die Sanktionsmöglichkeiten vom »Hinweis« über die Missbilligung bis hin zur nicht öffentlichen Rüge und zur öffentlichen Rüge, die das getadelte Medium abdrucken muss. Jährlich gibt es mehrere Hundert Eingaben, die – wenn sich Redaktion und Betroffener im ersten Schritt nicht informell einigen können – zur Beschwerde werden, mit denen sich der Presserat offiziell befassen muss.

Wahrheitsgebot und Sorgfaltspflicht: Für Wirtschaftsjournalisten besonders wichtig sind die folgenden Grundsätze: Ziffer 1 des Kodex' sagt, dass die Achtung vor der Wahrheit, die Wahrung der Menschenwürde und die wahrhaftige Unterrichtung der Öffentlichkeit oberste Gebote der Presse sind. Ziffer 2 ruft die Journalisten auf, ihrer Sorgfaltspflicht nachzukommen. Konkret bedeutet dies: Informationen sind auf ihren Wahrheitsgehalt zu überprüfen und wahrheitsgetreu wiederzugeben. Vorwürfe eines Autors oder Dritter dürfen nicht ohne die Stellungnahme des Betroffenen veröffentlicht werden, der zudem rechtzeitig Gelegenheit zu dieser haben muss. Es ist folglich unzulässig, Informationen zu unterdrücken, wenn es sich um wichtige Gegenargumente oder Fakten handelt, die den Sachverhalt insgesamt relativieren könnten.

Ziffer 9 ergänzt die beiden ersten Richtlinien durch eine personenbezogene Komponente: Demnach widerspricht es journalistischem Anstand, unbegründete Behauptungen und Beschuldigungen, insbesondere ehrverletzender Natur, zu veröffentlichen. Diese drei Bestimmungen sind zweifellos allgemein von höchster Relevanz.

Wirtschaftsjournalisten müssen jedoch ganz besonders auf der Hut sein, weil viele Unternehmen – zumal größere und finanzkräftige – auf diesen Bereich spezialisierte Anwaltskanzleien beauftragen, um gegen vermeintliche Falschdarstellungen vorzugehen. Dies ist vor allem bei so genannten Skandalgeschichten der Fall, bei denen Manager oder Politiker stark angegriffen werden (rechtlich gesprochen: bei Verdachtsberichterstattung) – oft von mehreren Medien gleichzeitig.

Unterlassungsansprüche: Häufig wenden sich die Rechtsanwälte aber gar nicht erst an den Presserat, sondern drohen den Journalisten direkt mit rechtlichen Schritten, um sie einzuschüchtern – manchmal sogar schon bei oder nach Recherche-Gesprächen, also noch vor der Veröffentlichung. Nicht selten gehen Betroffene und ihre Rechtsbeistände juristisch gegen Journalisten vor. Am häufigsten erheben sie dabei Anspruch auf Unterlassung. In diesen Fällen sehen die Berichtsobjekte ihr Persönlichkeitsrecht entweder durch aus ihrer Sicht falsche Tatsachenbehauptungen oder schmähende Meinungsäußerungen der Medien verletzt. Meist mit Hilfe einer einstweiligen Verfügung, die die Pressekammern der Landeszivilgerichte erlassen können, wollen die Rechtsanwälte erwirken, dass das entsprechende Medium unter Androhung einer hohen Geldstrafe die besagten Tatsachenbehauptungen bzw. Meinungsäußerungen nicht wiederholen darf (Unterlassung).
Oft sitzen die Kläger am längeren Hebel, zumal wenn es sich um eine reine Verdachtsberichterstattung handelt, weil die Journalisten ihre Quellen nicht preisgeben wollen oder auch nicht können. Bestehen Informanten nicht auf ihrer Anonymität, könnte es sich im Hinblick auf drohende rechtliche Auseinandersetzungen als sehr hilfreich erweisen, sich von diesen Quellen eidesstattliche Versicherungen geben zu lassen, dass die zu veröffentlichende Darstellung aus ihrer Sicht den Tatsachen entspricht.

Gegendarstellung, Widerruf, Schadensersatz: Ein zusätzliches Mittel, angeblich falschen Tatsachenbehauptungen entgegenzuwirken, ist die Gegendarstellung. Der Anspruch darauf ist in den Mediengesetzen der Bundesländer geregelt. Der Grundtenor: Jede Person und jede Stelle (also z. B. auch Unternehmen), die von einer in den Medien verbreiteten Tatsachenbehauptung betroffen ist (egal, ob diese richtig oder falsch ist), kann ihre eigene abweichende Darstellung des Sachverhalts im selben Medium kostenlos artikulieren. Es soll also »Waffengleichheit« hergestellt werden. Allerdings darf auch die Gegendarstellung nur Tatsachenbehauptungen enthalten. Verweigert das Medium die Gegendarstellung, kann sie der Betroffene – unabhängig von Dringlichkeit und Wahrheitsgehalt – mittels einer einstweiligen Verfügung bei einem Zivilgericht einklagen. Der Weg über die Gerichtsbarkeit muss von den Betroffenen jedoch häufiger eingeschlagen werden, wenn sie einen Widerruf erwirken wollen, der die gesteigerte Form der Unterlassung darstellt. In diesem Fall muss das Medium selbst eine gesamte Tatsachenbehauptung widerrufen, einen fehlerhaften Teil davon berichtigen oder sich vom verbreiteten Inhalt distanzieren. Ein Anspruch auf Widerruf besteht allerdings nur dann, wenn das Persönlichkeitsrecht des Betroffenen dauerhaft beeinträchtigt wird. Berichtsobjekte, die sich angegriffen fühlen, drohen zudem häufig mit Schadensersatzforderungen. Dies dient in erster Linie der Einschüchterung. Denn in der Praxis sind diese nur schwer durchsetzbar, weil die Rechtsverletzung vorsätzlich oder zumindest fahrlässig erfolgt sein muss. Dies kann der gewissenhafte Journalist ausschließen, indem er seiner Sorgfaltspflicht nachkommt.

Tipp: Wer Themen recherchiert, die mit schwer wiegenden Vorwürfen gegen Manager, Wirtschaftspolitiker, Unternehmen oder Wirtschaftsorganisationen verbunden sind, sollte seinen Beitrag vor Veröffentlichung unbedingt von der Rechtsabteilung seines Verlags bzw. seiner Sendeanstalt auf seine rechtliche Anfechtbarkeit hin prüfen lassen.

Publizistische und wirtschaftliche Interessen strikt voneinander trennen

Weit größer als bei anderen Mitgliedern der schreibenden Zunft ist bei Wirtschafts- und Finanzjournalisten die Gefahr, berufliche Informationen für private geschäftliche Zwecke zu missbrauchen, weil ihre Beziehungen zu den Unternehmen und Kapitalmärkten – ex officio – enger sind als bei anderen Journalisten. Ziffer 7 des Pressekodex' ruft die Journalisten auf, ihre redaktionellen Veröffentlichungen nicht durch private oder geschäftliche Interessen Dritter oder durch eigene wirtschaftliche Interessen beeinflussen zu lassen. Der Appell erstreckt sich aber auch auf die Verlage insgesamt. Sie werden aufgefordert, redaktionellen Text und Anzeigen klar erkennbar für die Leserschaft zu trennen. Redaktionelle Sonderveröffentlichungen unterliegen zudem der gleichen redaktionellen Verantwortung wie alle redaktionellen Veröffentlichungen. Im Klartext: Wer eine Beilage zu einem speziellen Thema herausbringen will, um für ein bevorstehendes Ereignis (zum Beispiel eine große Messe) Anzeigen zu sammeln, muss streng darauf achten, dass die Texte keinen werblichen Charakter zu Gunsten der Anzeigenkunden haben.

Schleichwerbung und Koppelgeschäfte: Eine weitere Richtlinie betont, dass redaktionelle Veröffentlichungen, die auf Unternehmen, ihre Erzeugnisse, Leistungen oder Veranstaltungen hinweisen, nicht die Grenze zur Schleichwerbung überschreiten dürfen. Schleichwerbung ist indes nicht nur sitten-, sondern auch rechtswidrig: Unternehmen versuchen hier, ihren Namen oder ihre Artikel in den Medien unterzubringen, ohne dass das Publikum diese als Werbung erkennen oder störend empfinden soll. Selbstredend zahlen die Auftraggeber für diesen »Service«. Der Passus des Presserats zur Schleichwerbung stellt zudem in sehr allgemeinen Worten fest: »Die Glaubwürdigkeit der Presse als Informationsquelle gebietet besondere Sorgfalt beim Umgang mit PR-Material …«
Nicht explizit erwähnt und verurteilt der Pressekodex jedoch so

genannte Koppelgeschäfte, wie sie vor allem bei Fachmagazinen immer wieder vorkommen: Unternehmen schalten Anzeigen in der klaren Erwartung, dass in einem Artikel derselben Ausgabe exklusiv über sie berichtet wird oder sie in einem Überblicksartikel zumindest an exponierter Stelle erscheinen. Teils gibt es bei diesen Koppelgeschäften klare Absprachen zwischen Anzeigenkunde und Anzeigenabteilung des Verlags. Der Autor des entsprechenden Artikels sollte auf seine journalistische Unabhängigkeit pochen und sachlich-unvoreingenommen berichten. In der Praxis ist der Druck auf die Journalisten allerdings oft so groß, dass sie sich aus Angst um ihren Job letztlich doch anpassen.

Es gibt auch immer wieder Fälle, bei denen Verlagsleitungen Druck auf Journalisten ausüben, die kritisch bis sehr kritisch über große Anzeigenkunden berichten. Die Sanktionen reichen dabei bis zur Kündigung. Da diese Fälle jedoch meist publik werden, müssen die Strafmaßnahmen in der Regel zurückgenommen werden. Die Journalisten lassen sich auf diese Weise dennoch oft erfolgreich einschüchtern.

Dubiose Geschäfte: Seit dem Börsenboom von 1999/2000 sind verstärkt zweifelhafte Praktiken in Zusammenhang mit Aktien in den Mittelpunkt der Ethik-Diskussion gerückt. Journalisten gerieten während dieser Zeit immer wieder in den Verdacht, vor allem junge Unternehmen des »Neuen Markts« (heute: TecDAX) anzupreisen, an denen sie selbst Aktien hielten. Nachdem das Wertpapierhandelsgesetz (WpHG) entsprechend geändert wurde, hat auch der Presserat im März 2006 Richtlinien zu diesem Themenkomplex verabschiedet. Zuvor sah er sich nicht zum Eingreifen veranlasst, weil die meisten der dubiosen Fälle in den audiovisuellen Medien erfolgten.

Schreiben und sich bereichern – ein eklatanter Widerspruch: Richtlinie 7.4. von Ziffer 7 des Pressekodex besagt, dass Journalisten (wie auch Verleger), Insiderinformationen vor ihrer Veröffentlichung ausschließlich für publizistische Zwecke und nicht zum persönlichen Vorteil nutzen dürfen. Um Strohmann-Geschäfte zu verhindern, erstreckt sich die Klausel auch auf Familienmitglieder und andere, dem Journalisten nahe stehende Personen. Konkret: Journalisten dürfen keine Berichte über Wertpapiere und deren Emittenten in der Absicht veröffentlichen, sich dadurch zu bereichern (sog. Scalping). Um dies sicherzustellen, sollen sie keine Wertpapiere (Aktien, Optionen, Futures, Derivate etc.) kaufen bzw. verkaufen, über die sie in den vorangegangenen zwei Wochen etwas veröffentlicht haben oder in den nächsten zwei Wochen eine Veröffentlichung planen. Die vier Wochen sind als Mindestfrist anzusehen.

Beispiel: Ein Journalist erfährt nicht offiziell vom Pressesprecher, sondern vertraulich von einem Verhandlungsteilnehmer, dass das börsennotierte Unternehmen A das börsennotierte Unternehmen B übernehmen will. Da in der Regel der Kurs des Übernahmekandidaten steigt, kauft er Aktien von B. Am selben Tag schreibt er einen Artikel über den Zukauf, der am nächsten Tag in der Zeitung erscheinen soll. Zuvor gibt seine Redaktion eine Vorabinformation an die Nachrichtenagenturen, die Meldungen über die Übernahme herausgeben. Sobald die Nachricht die Runde macht und auch größere Anleger erreicht, steigt der Aktienkurs von B.

Verbot von Insidergeschäften: Hierbei handelt es sich eindeutig um ein Insidergeschäft, denn die nicht-öffentliche Vorausinfo über die bevorstehende Fusionsstory stellt – rechtlich gesehen – eine Insiderinformation dar. Diese sind als Tatsachen definiert, die geeignet sind, den Aktienkurs der betroffenen Unternehmen erheblich zu beeinflussen. Damit Klarheit besteht: Das Vergehen des Journalisten liegt im geschilderten Fall allein darin, Aktien im Zusammenhang mit der Transaktion erworben zu haben. Die journalistische Freiheit erlaubt es ihm hingegen, über die Fusion zu berichten und zum Beispiel auch Kaufempfehlungen für Wertpapiere abzugeben, bevor die Beteiligten die Fusion offiziell bekannt geben.

Verbot von Marktmanipulationen: Nach dem Wertpapierhandelsgesetz sind zudem Marktmanipulationen verboten. Diese liegen dann vor, wenn unrichtige oder irreführende Angaben über bewertungserhebliche Umstände gemacht werden, die den Börsen- oder Marktpreis eines Wertpapiers beeinflussen können. Dazu zählt auch das unberechtigte Verschweigen solcher Umstände. Journalisten, die ohne direkte persönliche Gewinnabsicht, sondern in der mangelhaften Ausübung ihres Berufes handeln (also ihre Sorgfaltspflicht verletzen), fallen nicht unter das gesetzliche Strafrecht. Vielmehr werden sie nach den milderen berufsständischen Regeln des Presserats beurteilt. Dies kann allerdings zu einer Missbilligung oder Rüge führen, was der Arbeitgeber des Journalisten zum Anlass für eine Abmahnung oder andere Sanktionen nehmen könnte.

Beispiel: Der Journalist schreibt A übernimmt B, wenn in Wirklichkeit erst Verhandlungen über den Zukauf stattfinden oder A sogar nur die entsprechende Absicht erklärt hat. Hier liegt genauso ein Verstoß gegen die journalistische Sorgfaltspflicht (Ziffer 2) vor, wie wenn der Journalist den Inhalt einer fremden Finanzanalyse irreführend oder fehlerhaft wiedergibt.

In eine rechtliche Grauzone fällt das »Hochschreiben« und »Runterschreiben«, ethisch verwerflich ist es allemal. Hier nutzen Journalisten ihre publizistische Macht, um die Aktienkurse von Unternehmen zumindest kurzfristig zu beeinflussen – und um von dieser Kursbewegung zu profitieren. Auf den ersten Blick mag es schwierig erscheinen, den Aktienkurs eines zumal größeren Unternehmens zu beeinflussen, wenn das entsprechende Ereignis (Übernahme, Gewinnwarnung etc.) dazu fehlt. Doch gewisse Möglichkeiten eröffnen sich schon, wenn zum Beispiel der Finanzredakteur eines Wirtschaftmagazins sich überschwänglich über die Marktaussichten eines kleineren notierten Unternehmens auslässt – zumal wenn es an einer ausländischen Börse gelistet ist.

Vorbeugende Maßnahmen: Zur Unterbindung solcher Praktiken, die weiter verbreitet sein dürften als Insidergeschäfte und nach dem Wertpapierhandelsgesetz definierte Marktmanipulationen, sollte der Arbeitgeber streng darauf achten, daß die Vier-Wochen-Fristen zum Handel mit Wertpapieren unbedingt eingehalten wird. Der Pressekodex ruft Journalisten und Verleger immerhin dazu auf, das Einhalten der Regelungen von Ziffer 7 durch »erforderliche Maßnahmen« sicherzustellen. Interessenkonflikte seien »in geeigneter Weise« offen zu legen. Damit sind vor allem Organisationsmaßnahmen gemeint: So sollen kursrelevante Insiderinformationen nur für diejenigen Mitarbeiter des Presseunternehmens zugänglich gemacht werden, die diese journalistisch bearbeiten.

Offenlegung bei Verdacht: In der Praxis oft wichtiger sind abgestufte Regelungen über erlaubten Wertpapierbesitz. Der Presserat regt hier an, dass Journalisten, die regelmäßig über bestimmte Branchen berichten, keine Wertpapiere der dazugehörigen Unternehmen halten dürfen. Wer gelegentlich über eine bestimmte Branche berichtet, sollte seinen Ressortleiter davon unterrichten, wenn er entsprechende Aktien oder Ähnliches besitzt. Der Presserat schlägt darüber hinaus vor, dass Journalisten ihren Wertpapierbesitz gegenüber ihrem Arbeitgeber offen legen. Dies könne auch gegenüber einem Notar erfolgen, der in Verdachtsfällen dem Arbeitgeber des Journalisten entsprechende Auskünfte erteilen muss. Die Maßnahmen könnten zum Bestandteil des Arbeitsvertrags gemacht werden. Einige größere Zeitungs- und Zeitschriftenverlage haben bereits, lange bevor der Presserat diese Empfehlungen abgegeben hat, entsprechende Regelungen für ihre Journalisten eingeführt.

Geschenke, Reisen, Jobs: Die Versuchungen der PR

Eine strukturelle Branchenkrise im Jahr 2002 hat dazu geführt, dass viele Medien umfangreiche Sparmaßnahmen ergreifen mussten. Seitdem sind zahlreiche Stellen gestrichen und die Budgets für freie Mitarbeiter drastisch gekürzt worden. Dies zwingt viele freie Journalisten, auch Public Relations-Aufträge aus der Wirtschaft anzunehmen, zumal diese oft auch besser bezahlt werden. Heute ist es ein weit verbreitetes Phänomen, dass Freiberufler zum Beispiel für mehrere Regionalzeitungen schreiben und zugleich eine oder mehrere Kundenmagazine von Unternehmen redaktionell betreuen. Dies birgt freilich Gefahren für einen unabhängigen Journalismus. So könnte der freie Journalist etwa für die Regionalzeitungen bevorzugt über Unternehmen und deren Produkte schreiben, für die er zugleich arbeitet. Oder er könnte in seinem gesamten Ansatz stärker auf die PR-Linie schwenken, das kritische Hinterfragen, das dem Journalisten zueigen sein sollte, immer mehr ablegen und Konfliktthemen aus dem Wege gehen.

Strikte Trennung: Der Deutsche Presserat fordert, dass Journalisten diese beiden artverwandten, aber doch letztlich sehr unterschiedlichen Tätigkeiten strikt voneinander trennen. Die allerdings wenig spezifische Aufforderung sieht er durch Ziffer 7 seiner Publizistischen Grundsätze abgedeckt, nach der journalistische Veröffentlichungen nicht durch private oder geschäftliche Interessen von Journalisten oder Dritter beeinflusst werden dürfen. Richtlinie 6.1. verlangt zudem von Journalisten, ihre publizistische Tätigkeit strikt von anderen Funktionen – zum Beispiel auch in einem Wirtschaftsunternehmen – zu trennen. Dieser Appell richtet sich an Freiberufler, aber auch an fest angestellte Journalisten, die zum Beispiel als Berater für ein Unternehmen fungieren.
Dem »Netzwerk Recherche«, eine Vereinigung kritischer Journalisten, gehen die Gebote des Presserats nicht weit genug. Das Netzwerk hat deshalb Anfang 2006 einen eigenen Medienkodex vorgelegt, der unter anderem kategorisch fordert: »Journalisten machen keine PR.« Wer also journalistisch arbeitet, sollte grundsätzlich keinerlei PR-Aufträge annehmen. Die Journalistenvereinigung nimmt diese radikale Haltung ein, weil sie in der täglichen redaktionellen Praxis – belegt durch wissenschaftliche Untersuchungen – zu beobachten meint, dass die Grenzen zwischen unabhängigem Journalismus und interessengeleiteter Auftragskommunikation, sprich: PR, verschwimmen. Nach Auffassung des Netzwerks verfolgen Journalisten und PR jedoch zwei völlig unterschiedliche Aufgaben im Mediensystem. Und

diese seien miteinander unvereinbar: »Journalisten hören alle Seiten, recherchieren Gegenmeinungen, werten alle verfügbaren Quellen aus und würdigen kritisch die Fakten. PR-Schaffende sind hingegen ihrem Auftraggeber und vorgegebenen Kommunikationszielen verpflichtet, sie verschweigen Unangenehmes und wollen die Medien für ihre Botschaften instrumentalisieren.«[5]

Tätigkeiten trennen: Wer sich aus finanziellen Gründen gezwungen sieht, neben dem Journalismus auch in der PR tätig zu sein, sollte diesen Tätigkeiten zumindest nicht auf identischen oder sich auch nur überlappenden Themenfeldern nachgehen.

Wohlwollen durch Geschenke: Kleine Geschenke erhalten die Freundschaft, große umso mehr. Nach dieser Devise scheinen viele Unternehmen zu handeln. Besonders Wirtschafts- und Finanzjournalisten werden »verwöhnt«: Neben den Motor-, Mode- und Gastrojournalisten gehören sie zweifellos zu der Gruppe, deren Wohlwollen am stärksten umworben ist. Die Berichtsobjekte – vornehmlich Unternehmen – bieten den Wirtschaftsjournalisten an, ihnen ihre Produkte wie Handys, Computer, Stereoanlagen, Möbelstücke bis hin zu Autos dauerhaft zu »testen«, laden zu Gala-Diners ein und liefern üppige Geschenkkörbe als »freundliche Geste«. Zahlreiche Unternehmen bieten zudem Journalisten – unabhängig davon, ob diese über sie berichten – Rabatte für ihre Dienste und Produkte an.
Der Presserat rät hier, Distanz zu halten. Denn Ziffer 15 des Pressekodex stellt fest, dass die Annahme und Gewährung von Vorteilen, die geeignet sein könnten, die Entscheidungsfreiheit von Verlag und Redaktion zu beeinträchtigen, mit der Unabhängigkeit der Presse unvereinbar seien.

Ab welchem Wert wird es bedenklich? Schon der Anschein, die Entscheidungsfreiheit könne durch Gewährung von Einladungen oder Geschenken beeinträchtigt werden, sei zu vermeiden. Der Kodex rät davon ab, Einladungen und Geschenke anzunehmen, »deren Wert das im gesellschaftlichen Verkehr übliche und im Rahmen der beruflichen Tätigkeit notwendige Maß übersteigt.« Doch was heißt dies genau? Der eine definiert das im gesellschaftlichen Verkehr übliche Maß möglicherweise auf 20, der andere auf 200 Euro. Den Verlags- und Redaktionsleitungen bleibt damit weitgehend selbst überlassen, wo sie die Grenze ansetzen.

Der Presserat selbst interpretiert den Passus dahingehend, dass Geschenke ab 35 Euro bedenklich sind. Ab diesem Wert kann der Schenkende diese Ausgabe nicht mehr steuerlich absetzen. Das Netzwerk Recherche nimmt auch in dieser Frage eine radikale Position ein. »Journalisten verzichten auf jegliche Vorteilsnahme und Vergünstigung«, konstatiert sein Medienkodex kurz und knapp.

Redaktionelle Linie sinnvoll: Einige Verlage und Redaktionen überlassen es ihren Mitarbeitern, wie sie mit derartigen Versuchungen umgehen. Andere haben eine einheitliche Linie entwickelt, und zwar meist die, die ihren Journalisten den Verzicht vorschreibt. Einige gehen so weit, die Annahme von Rabatten zu verbieten. Eine weitere Facette dieser Politik: Bei gemeinsamen Essen mit Pressesprechern oder Entscheidern bezahlt die Redaktion ihren eigenen Anteil. Problematisch kann eine solche Politik allerdings werden, wenn ein Journalist zu einem Hintergrundgespräch eingeladen ist, das er unbedingt wahrnehmen muss und das mit einem Essen verbunden ist. Da das Mahl in der Regel für eine größere Gruppe von Journalisten bestellt wird, lässt sich der Wert eines Einzelessens oft schwer berechnen. Deshalb scheint es kaum möglich, dass der Arbeitgeber des Journalisten immer und überall selbst bezahlt.

Der Journalist sollte aber sich immer im Klaren darüber sein, dass das edle Ambiente des Gastgebers nicht nur eine Geste der Gastfreundschaft darstellt, sondern ihn auch beeinflussen soll. Besonders heikel wird es zur Weihnachtszeit, wenn sich die Unternehmen für die »gute Zusammenarbeit im zu Ende gehenden Jahr bedanken.« Die Geschenke häufen sich dann oft regelrecht an. Einige Redaktionen sammeln die Präsente und versteigern sie dann unter den Journalisten. Das gesammelte Geld wird für einen sozialen Zweck gespendet.

Für und Wider von Pressereisen: In die Zwickmühle geraten Redaktionen immer wieder bei so genannten Pressereisen – also bei Touren, die ein Berichtsobjekt für Journalisten organisiert, meist als Rundum-Sorglos-Paket. Denn die Reiseetats vieler Medien erlauben es nicht, dass ein Redakteur zum Beispiel eine mehrtägige Reise ins Ausland unternimmt. Und wer an der Pressereise nicht teilnimmt, dem entgeht möglicherweise eine gute Geschichte. Vielleicht wird er so künftig von wichtigen Informationen abgeschnitten. Denn Pressereisen intensivieren oft auch Kontakte zum Gastgeber. Andererseits könnten solche Beziehungen zu einer gewissen Kumpanei, einer übertriebenen Vertraulichkeit zwischen Journalist und Pressesprecher führen.
Oft eng damit verbunden: Das Unternehmen will sich von seiner besten Seite zeigen, transportiert seine Gäste also in der Business Class, bringt sie in noblen Hotels unter und organisiert zudem ein ansprechendes Freizeitprogramm. Würden die Journalisten diese Reise allein unternehmen, würden sie mit Sicherheit nicht in diesen Genuss kommen. Doch genau der Luxus ist es, der sie in Gefahr bringt, sich gegenüber dem Gastgeber verpflichtet zu fühlen – selbst wenn es nur unbewusst sein mag – und sich so in ihrer Berichterstattung beeinflussen zu lassen.

Messlatte Informationswert: Einige Medienhäuser lassen sich die Reisen, an denen ihre Journalisten teilnehmen, grundsätzlich vom Einladenden in Rechnung stellen und bezahlen diese dann selbst. Viele können sich dies jedoch nicht leisten. Viele aus dieser Gruppe nehmen Einladungen nur dann an, wenn sie den Informationswert der Reise für so hoch halten, dass ein gehaltvoller Bericht daraus entsteht oder sich zum Beispiel wichtige neue Kontakte ergeben.

Beispiel: Dies könnte der Fall sein, wenn der Redakteur einer Regionalzeitung den Wirtschaftsminister seines Bundeslandes bei einer Reise nach China begleitet, wo die neue große Fertigungsstätte des größten Maschinenbauers aus dem Land eingeweiht wird. Zum einen ist das Ereignis wichtig für die Region (Wie steht das Unternehmen künftig zum heimischen Standort? Was tut das Land dafür, um das Unternehmen zu halten? Gehen Arbeitsplätze verloren? etc.). Zum anderen dürfte der Redakteur auf der Reise sicher die Gelegenheit haben, auch einige Beamte aus der Ministerialbürokratie kennen zu lernen. Diese Kontakte lassen sich später für andere Themen nutzen.

Gastgeber kennzeichnen? Der Presserat rät Medien, die über Pressereisen berichten, zu denen sie eingeladen wurden, die Finanzierung entsprechend zu kennzeichnen. Dies sorgt einerseits für Transparenz. Andererseits können solche Hinweise das journalistische Produkt aber auch ungewollt entwerten – insofern nämlich, als ein Teil der Leserschaft den Beitrag von vornherein für PR-gesteuert hält. Ein zweischneidiges Schwert also.

Exklusivität durch selbst organisierte Reisen: Einige Redaktionen nehmen grundsätzlich nicht an Pressereisen teil oder lassen ihre Redakteure nur in Ausnahmefällen mitfahren. Vielmehr planen und organisieren sie ihre Reisen selbst. Der Vorteil dieser Vorgehensweise liegt darin, dass das Medium so eigene Themen setzt und die Gesprächspartner nicht wie bei einer Pressereise mit anderen Journalisten teilen muss. Es entsteht also Exklusivität. Dies setzt allerdings voraus, dass das Berichtsobjekt diese Anfrage auch positiv aufnimmt. Denn das Verhältnis zwischen Organisationsaufwand und publizistischem Effekt (möglichst breite Streuung der Botschaft) ist für die Unternehmen meist günstiger bei Reisen mit mehreren Teilnehmern.

[5] »Studie dokumentiert wachsenden PR-Einfluss im Journalismus«, abrufbar unter: www.netzwerkrecherche.de.

Weiterführende Literatur:

Institut zur Förderung publizistischen Nachwuchses, Deutscher Presserat (Hg.), Ethik im Redaktionsalltag. (UVK, Konstanz, 2005)

Mitspieler – Gegenspieler?
Die Informanten des Wirtschaftsjournalisten

Informanten sind das A und O des Journalismus, denn nur sie können einem die Dinge erzählen, die nicht schon anderswo geschrieben oder gesendet worden sind. Dasselbe gilt für noch nicht veröffentlichte Dokumente – in aller Regel werden auch sie von Informanten geliefert. Mit einigen dieser Gewährsleute hat man nur sporadischen Kontakt, mit manchen sogar nur einmal und nie wieder. Wer jedoch länger in einem Themenbereich arbeitet, sollte sich ein Netzwerk von Informanten aufbauen. Dies dauert oft Jahre, hat dann aber auch – mit Zu- und Abgängen – sehr lange Bestand. Und wo Vertrauen und Sympathie gewachsen sind, wird schon einmal leichter ein heißer Tipp gegeben.

Das Netzwerk sollte möglichst breit gefächert sein, um verschiedene Informationskanäle, aber auch unterschiedliche Perspektiven auf ein Thema zu bekommen. Im Folgenden wird deshalb aufgezeigt, welche verschiedenen Gruppen von Informanten es gibt. Je nachdem, ob man als Unternehmensreporter, Finanzjournalist oder »Wirtschaftspolitiker« arbeitet, sind die jeweiligen Gruppen sicher nicht immer gleich relevant. Der Journalist sollte sein Netzwerk folglich aus den Modulen zusammensetzen, die für ihn am wichtigsten erscheinen. Dies ist oft eine Frage der individuellen Erfahrung.

Wie man mit Informanten umgeht

Was oder wer ist überhaupt ein Informant? Der Begriff hat etwas Konspiratives und weckt Assoziationen an zwielichtige Gestalten mit hochgezogenen Mantelkrägen und verspiegelten Sonnenbrillen, die sich mit einem spät abends in einer Tiefgarage treffen wollen. Das ist aber in aller Regel nicht der Fall. Informant ist nichts anderes als ein Sammelbegriff für Personen, die vor einem Recherche-Interview (und meist auch noch danach) ein größeres Sach- und Faktenwissen haben als man selbst. Sie können aber auch sehr hilfreich sein, wenn sie auf Grund ihres Insiderwissens Einschätzungen zu Sachverhalten liefern. Und manchmal geben sie auch nur einen kleinen Tipp, wo oder bei wem man weiter recherchieren sollte. Auch das kann sich als äußerst wichtige Information herausstellen.

Doppelrolle von Informant und Akteur. Im Idealfall sind Informanten unabhängig, also nicht direkt involviert in den zu klärenden Sachverhalt, und verfügen doch zugleich über genaues Insiderwissen. Häufig ist dies jedoch nicht der Fall: Sie sind zugleich Akteur und verfolgen damit eigene Interessen, wenn sie mit Journalisten zusammenarbeiten und an die Öffentlichkeit gehen wollen. Der Journalist sollte prüfen, welche Motive dahinter stehen und ob er möglicherweise sogar für die Zwecke des Informanten instrumentalisiert werden soll. Dies ist offensichtlich, wenn der Pressesprecher eines Unternehmens ein Thema anbietet: Er will für die Produkte seines Unternehmens werben. Meldet sich ein Manager desselben Unternehmens – an der Pressestelle vorbei – mit einer vermeintlichen Exklusivgeschichte, dann ist die Interessenlage nicht so eindeutig.

Subjektivität und Nähe. Der Blick eines unabhängigen Informanten mag nüchterner ausfallen. Allerdings bietet auch er letztlich immer eine subjektive Sicht der Dinge – sei sie geprägt von persönlichen Sympathien oder wirtschaftspolitischen Überzeugungen. Beim Akteur-Informant ist die eingefärbte Sicht auf Grund seiner Doppelrolle offensichtlich. Nicht selten weist er zudem einen entscheidenden Vorteil auf: Er ist näher am Geschehen.

Gibt es einen Unterschied zwischen Quellen und Informanten? Ja und nein. Nein, weil Informanten auch Quellen sind. Und ja, weil zu den Quellen auch zugespielte Dokumente und Zeitungsartikel aus der Mediendatenbank der Redaktion zählen. Quelle fungiert also als Oberbegriff; alle menschlichen Quellen sind Informanten.

Wege der Kontaktaufnahme. Einige Informanten kommen von sich aus auf den Journalisten zu. Meist weil es zu ihrer Tätigkeit gehört, wie bei Pressesprechern und PR-Agenturen. Andere ergreifen die Initiative, weil sie in einzelnen Fällen ein Anliegen haben: Zum Beispiel der Unternehmensberater, der seine neue Branchenstudie für sensationell gut und damit veröffentlichungswürdig hält. Oft ist es aber am Journalisten selbst, den ersten Schritt zu tun. Dabei muss er zunächst klären, ob der potenzielle Informant überhaupt auskunftsfähig und vor allem auch auskunftswillig ist.

Mehr und auch weniger auskunftsbereite Informanten: Die große Mehrheit der Gesprächspartner erweist sich in der Praxis als auskunftsbereit – zum Teil von Berufs wegen, zum Teil aus reiner Freundlichkeit und Hilfsbereitschaft, manchmal auch aus »Mediengeilheit«. Immer wieder stoßen Journalisten aber auf Mauern des Schweigens. Eine mangelnde Auskunftsbereitschaft ist naheliegend, wenn das Gegenüber verhindern will, dass bestimmte Dinge publik werden. Manche Gesprächspartner müssen auf Grund geringer oder gar keiner Medienerfahrung erst die Angst überwinden, möglicherweise unfair behandelt und öffentlich bloßgestellt zu werden. Hier bleibt dem Journalist oft nichts anderes übrig, als sich sehr langsam dem eigentlichen Ziel anzunähern und zunächst einmal Vertrauen zu schaffen.

Angst vor persönlichen Konsequenzen: Überzeugungsarbeit muss man sehr oft auch bei heiklen Themen leisten – vor allem wenn der Informant negative Folgen zu befürchten hat, sollte sein Name publik werden (siehe unten). Manche Informanten, zumal wenn sie selbst Akteur sind, befürchten Einschnitte bei ihrer Karriere. So möchten zum Beispiel Kandidaten für eine Position in jedem Fall so lange nicht genannt werden, bis sicher ist, dass sie es schaffen. Eine zu frühe Nennung könnte ihren Ruf schädigen – weshalb sie sich erst einmal in Schweigen hüllen.

Diskrete Geschäfte: Mit einigen Berufsgruppen lässt sich generell schwer Kontakt aufnehmen, denn ihr Geschäft lebt von der

Diskretion. Dazu gehören vor allem Investmentbanker und Personalberater. Welche Möglichkeiten gibt es hier? Entweder wartet man auf einen konkreten und zugleich unverfänglichen Anlass, um ins Gespräch zu kommen. Oder aber der Ressortleiter oder Chefredakteur wirkt kraft seines Amtes als Wegbereiter. Die Berater werden sich geschmeichelt fühlen.

Sein Informantennetz muss man pflegen. Es ist also Kontinuität in den Kontakten angesagt. Anders gewendet: Obwohl der Dialog mit darauf folgender Veröffentlichung oft ein Geschäft auf Gegenseitigkeit ist, von dem auch die Informanten profitieren, sollte man diese nicht nur ansprechen, wenn man konkret auf eine Information aus ist. Selbst wenn keine Aussicht auf unmittelbare Ergebnisse besteht, sollte man sich zumindest mit seinen wichtigeren Informanten alle paar Wochen oder Monate zum Meinungsaustausch treffen. Da die meisten dauerhaften Kontakte ohnehin von persönlicher Sympathie getragen sind, dürfte ein gemeinsamer Kaffee oder ein Business-Lunch keine große Qual bereiten. Im Gegenteil.

Der Journalist sollte sich weder anbiedern noch arrogant daherkommen, frei nach dem Motto: »Ich bin der, der die Öffentlichkeit aufklärt – also raus mit der Sprache!« Selbst wenn ein Informant von einer Veröffentlichung einen Vorteil haben sollte, sind ein paar freundliche Worte des Dankes für seine Kooperation angebracht. Manche Hilfestellungen beantworten Journalisten auch mit kleinen Gefälligkeiten: In dem Artikel, für den der Informant den entscheidenden Tipp gegeben hat, wird er nicht namentlich erwähnt, weil dies zu heikel sein könnte. Dafür kommt er bei anderer, unverfänglicher und zugleich doch passender Gelegenheit mit ein paar offiziellen Zitaten vor. Damit sollte dann allerdings auch die Grenze der Gefälligkeit erreicht sein.

Vertrauen statt »verbrannter Erde«. Einige Journalisten nehmen wenig Rücksicht auf ihre Informanten, sobald diese ihnen eine für sie wichtige Information gegeben haben. So werden Dinge veröffentlicht, über die zuvor Stillschweigen vereinbart worden war. Diese Politik der »verbrannten Erde« erweist sich auf längere Sicht als kontraproduktiv, denn Vertrauensbrüche sprechen sich schnell herum. Deshalb ist es geboten, seinen Informanten mit absoluter Fairness und Integrität zu begegnen, um ein dauerhaftes Vertrauensverhältnis aufzubauen. Wem ein guter Ruf vorauseilt, hat zudem größere Chancen, dass sich Informanten aus eigener Initiative an ihn wenden.

Zitate absprechen. Zu Fairness und Integrität gehört vor allem, sich über Zitate mit seinen Informanten abzustimmen. Im angelsächsischen Sprachraum gilt meist das Prinzip »Gesagt ist gesagt.« Hier zu Lande ist es dagegen Usus, seine Gesprächspartner (Ausnahme Pressesprecher) vor der Veröffentlichung zu fragen, ob sie frei zitierbar sind oder ob sie die Zitate noch einmal vorgelegt bekommen möchten. Dies ist bei Wortlaut-Interviews Standard. Aber selbst wenn es um Einzelzitate geht, etwa für einen Hintergrundbericht, ist dies im Wirtschaftsjournalismus auch häufig der Fall. Will der Gesprächspartner die Zitate noch einmal prüfen, hat er das Recht, Korrekturen vorzunehmen. Gegen stark Sinn verändernde Umformulierungen sollte sich der Journalist jedoch wehren. Ist ein Kompromiss nicht möglich, bleibt dem Journalisten nichts anderes übrig, als mit Nicht-Veröffentlichung zu drohen.

»Eins« bis »drei«: Darüber hinaus gibt es von der Bundespressekonferenz festgelegte Kommunikationsregeln, wie sich ein Informant zitieren lassen will. Dafür gibt es die berühmten Stufen »eins« bis »drei«:

- Redet ein Informant »unter eins«, dann spricht er mit dem Journalisten ganz offiziell. Ross und Reiter können also problemlos genannt werden. Meist handelt es sich dabei um Aussagen ohne großen Exklusivwert.
- Wenn ein Informant »unter zwei« spricht, will er nicht namentlich genannt werden, lässt sich aber dennoch mit einem Passus zitieren, der mit dem Journalisten zu vereinbaren ist. Gebräuchlich sind Wendungen wie »aus Unternehmenskreisen« oder »aus Regierungskreisen«. Kommt »aus Branchen-

kreisen« zum Einsatz, soll dies auf Informanten ausserhalb der Organisation hindeuten. Was aber mitnichten immer der Fall ist, also auch ein Ablenkungsmanöver sein könnte.

- ■ »Unter drei« will der Informant reines Hintergrundwissen weitergeben. Der Journalist darf die Infos also nicht unmittelbar für seine Veröffentlichung verwenden. Möglicherweise aber zu einem späteren Zeitpunkt – jedoch auch dann meist ohne direkten Verweis auf die Quelle.

Off records: Seit einiger Zeit findet auch die aus dem angelsächsischen Sprachraum importierte Unterscheidung zwischen »on records« und »off records« zunehmend Anwendung. Während »on records« – wörtlich übersetzt: »im Protokoll« – offiziell und zitierfähig bedeutet, möchte der Informant bei einer »off records«-Ausführung die Worte nicht in den Mund gelegt bekommen. Der Informant muss hierbei aber auch deutlich machen, ob die Information dann überhaupt verwendet werden darf.

Quellenschutz gewährleisten. Einige Informanten wollen partout nicht namentlich genannt werden. Diesen Wunsch sollte man grundsätzlich akzeptieren – es sei denn, es handelt sich zum Beispiel um einen Mandatsträger, der sich öffentlich zu Vorwürfen gegen seine Person zu äußern hat. Viele Informanten haben jedoch mit Repressalien in ihrer Organisation und manchmal selbst in der Öffentlichkeit zu rechnen, selbst wenn sie dazu beigetragen haben, einen Skandal aufzudecken. Ihnen hängt leicht der Ruch des Verräters oder Nestbeschmutzers an. Überdies können Informanten wegen ihrer Auskunftsfreudigkeit arbeitsrechtliche Konsequenzen drohen – von der Abmahnung bis zur fristlosen Kündigung. Deshalb sollten sich Journalisten ein altes Motto der Zunft zu Herzen nehmen: »Gib dem Leser alles preis – aber niemals deine Quelle!«

Und umgekehrt? Ist auch Vorsicht gegenüber den Informanten angebracht. Es gibt nicht nur viele, die durch eine Zusammenarbeit mit Journalisten ihre eigenen Interessen vorantreiben wollen. Es gibt auch solche, die zwar mit einem sprechen, aber mit dem Zweck abzulenken, zu verschleiern und zu vertuschen. Andere geben nicht alle Informationen heraus, obwohl sie dies könnten – möglicherweise weil sie eine Exklusivgeschichte mit einem anderen Medium planen. Und wieder andere portionieren gezielt Infohäppchen für verschiedene Medien. Was auch nicht immer hilfreich ist. Auf einen kurzen Nenner gebracht: Informanten sind zwar oft Mitspieler, aber manchmal eben auch Gegenspieler.

Öffentlichkeitsarbeiter

Mit den Öffentlichkeitsarbeitern – neudeutsch auch Public-Relations-Manager genannt – haben Journalisten am häufigsten zu tun. Vor allem mit Pressesprechern und mit Mitarbeitern von PR-Agenturen. Wer richtig mit ihnen umgeht, kann mehr als offizielle Verlautbarungen aus ihnen herauskitzeln.

Nadelöhr Pressestelle. Die Pressesprecher bilden das natürliche Gegenüber der Journalisten. Sie sind die offizielle Stimme der Organisationen, die sie vertreten, und damit die zentrale Anlaufstelle für Journalisten. Am liebsten wären sie sogar die einzige. Denn die Hauptaufgabe der PR-Manager besteht darin, ihre Organisation im schönsten Licht zu präsentieren und ihr öffentliches Gehör zu verschaffen. Zu diesem Zweck versuchen sie, die Kommunikation so weit wie möglich zu steuern. Dazu gehört, dass sich andere Mitarbeiter der Institution gar nicht gegenüber Journalisten äußern dürfen oder zumindest nur nach vorheriger Absprache. Insofern verstehen sich die PR-Abteilungen als Nadelöhr für die Journalisten.

Daraus resultiert ein fundamentaler Interessengegensatz. Denn Journalisten sollten sich nicht oder zumindest nicht immer auf die Informationen und Gesprächspartner verlassen, die ihnen die PR-Abteilungen zur Verfügung stellen. Um der Wahrheit auf den Grund gehen zu können, sollten sie ein nachhaltiges Interesse daran haben, an den Pressestellen vorbei mit Informanten zu sprechen. Ein weiterer, ständig schwelender Konfliktherd: Die Pressesprecher wollen ihre PR-Botschaften in den Medien platzieren, während die Journalisten stärker an Insider- und Exklusivinformationen interessiert sind.

Dennoch sind beide Seiten aufeinander angewiesen: Neben dem Spannungsverhältnis gibt es die – meist wichtigere Ebene – der Kooperation. Denn in der riesigen Grauzone zwischen reinen Werbebotschaften und unangenehmen Interna existieren unzählige Sach- und Fachinformationen, die der Journalist benötigt und die nur der PR-Manager liefern kann. Wenn diese Informationen herausgegeben werden, sind sie offiziell und deshalb in aller Regel auch richtig. Andernfalls würde die Pressestelle ihre Glaubwürdigkeit verlieren – und hätte kaum noch die Möglichkeit, selbst unverfängliche Informationen in die Medien zu bringen, ohne dabei auf Misstrauen zu stoßen.

Wer wird PR-Manager? Oft handelt es sich um ehemalige Journalisten, die »auf die andere Seite des Schreibtisches« gewechselt sind, wie es im Branchenjargon heißt. Ihre Motive sind vielfältig. Einige wechseln, weil sie sich nicht als Vollblut-Journalisten verstehen und »mal was Anderes« machen wollen. Bei anderen liegt der Hauptgrund in den begrenzten Aufstiegsmöglichkeiten bei ihren Medien. Und bei wieder anderen ist das Motiv die monatliche Gehaltsabrechnung: Oft lässt sich in der PR-Branche deutlich besser verdienen als im Journalismus.

Dienstleister und »spin doctors«: Daneben gibt es Pressesprecher, die reine PR-Karrieren hinter sich haben. Oft haben sie bei PR-Agenturen angefangen, um nach einigen Jahren bei Unternehmen oder Verbänden einzusteigen. Häufig haben sie eine größere Service- und Kundenorientierung als die Ex-Journalisten, kleben dafür allerdings auch mehr an vorgestanzten Werbebotschaften. Sie verstehen sich stärker als Dienstleister und weniger wie die Ex-Journalisten als *spin doctor*, also als jemand, der die Journalisten in eine bestimmte Spur setzen will. Der Vorteil der Ex-Journalisten: Sie haben häufig ein gutes Gespür für strategische Fragen. Einige PR-Berater sind berufsfremd. Sie haben zuvor in anderen Bereichen gearbeitet und sind auf verschiedensten Wegen in die PR-Abteilungen ihrer Organisation geraten.

PR-Abteilungen sind unterschiedlich organisiert, was allein schon darin begründet liegt, dass einige Pressesprecher »Einzelkämpfer« in ihren Institutionen sind, große Unternehmen dagegen ganze Stäbe beschäftigen. Diese werden von einem Kommunikationschef geführt, der oft weniger öffentlich in Erscheinung tritt, sondern in erster Linie als Koordinator fungiert: zwischen Management und PR wie auch innerhalb der Kommunikation. Ihm unterstellt sind Pressesprecher, die für verschiedene Sachgebiete, Regionen oder Mediensparten zuständig sind (Wirtschafts-, Fach-, Regionalpresse, elektronische Medien etc.). Daneben gibt es Pressereferenten, die den Sprechern zuarbeiten und sich in der Regel nicht öffentlich äußern bzw. zitieren lassen dürfen.

Was tun PR-Manager? Ein falsches Klischeebild, das Journalisten von PR-Leuten haben und diese ärgert, ist das vom Pressesprecher, der in seinem Büro gemütlich Zeitung liest und auf Anrufe wartet. Zu den Haupttätigkeiten von PR-Managern gehören vielmehr:

- **Medien auswerten:** Pressesprecher erhalten jeden Morgen alle Artikel, die über ihre Organisation erschienen sind, und werten diese so genannten Presse-Clippings aus. Denn bei einigen Artikeln stellt sich die Frage, ob und wie darauf reagiert werden soll. Einige PR-Abteilungen nehmen sehr offensiv Stellung – teils sogar in Form von Pressemitteilungen –, andere ignorieren auch vermeintlich falsche Tatsachenbehauptungen einfach. Bei vielen Institutionen finden in regelmäßigen Abständen quantitative Auswertungen (Medienresonanzanalysen) statt, um ein Bild davon zu bekommen, bei welchen Themen sie gut abschneiden und bei welchen nicht.

- **Pressemitteilungen herausbringen:** Es ist eine wohlbekannte Tatsache, dass PR-Manager Pressemitteilungen verfassen. Weniger bekannt ist allerdings, dass sie die Mitteilungen zuvor meist mit mehreren Abteilungen abstimmen müssen – ein oft mühseliger Prozess. Und noch weniger bekannt dürfte sein, wie häufig sie Wünsche von Abteilungen, Managern oder Politikern abwehren müssen, über wenig Publicity-trächtige Themen Pressemitteilungen herauszubringen.

- **Pressekonferenzen, Hintergrundgespräche und Messeauftritte organisieren:** Diese Arbeit ist sehr viel aufwändiger, als Journalisten vermuten. Sie hat einerseits viele Gemeinsamkeiten mit der des Journalisten: Themen finden, Gesprächspartner auswählen. Andererseits ist sie in das strategische Marketing des Unternehmens oder der Institution eingebunden und geht deshalb weit darüber hinaus. Hinzu kommt viel Organisation und Koordination.

- **Themen anschieben, Gesprächspartner vermitteln:** PR-Manager gehen oft aus eigener Initiative auf Journalisten zu und bieten diesen mehr oder minder interessante Themen an. Aber auch auf Anfragen hin müssen kompetente Gesprächspartner vermittelt werden – und dies möglichst schnell. Viele der eigenen Vorschläge ergeben sich aus dem Tagesgeschäft. Aber nicht nur.

- **Strategische Planung:** Die meisten PR-Abteilungen stellen Kommunikationspläne für einen Zeitraum von sechs bis zwölf Monaten auf. Die Pläne enthalten wichtige Termine und vorhersehbare Ereignisse (Quartalszahlen, Messen etc.), die damit verbundenen Kommunikationsziele sowie die Medien, mit denen diese Ziele erreicht werden können. Beispiel: Auf der Hannover-Messe will der Konzern X bekannt geben, dass er einen Teil seiner Produktion nach Indien auslagert. Der Vorstandschef soll dies in einem Vorab-Interview mit der überregionalen Tageszeitung Y andeuten, die eine positive Einstellung zur Globalisierung und damit zu Auslagerungen hat.

- **Intern kommunizieren:** Die externe Kommunikation wird oft zugleich für interne Zwecke genutzt (»Wie gut wir doch sind!«). Darüber hinaus müssen die Mitarbeiter mit Infos versorgt werden, die teils nur von rein betriebsinternem Interesse (neuer Cateringservice für die Kantine etc.), teils aber auch wirtschaftlich bedeutsam sind (Umstrukturierungsmaßnahmen o. Ä.).

Wie auskunftsbereit können und wollen Pressesprecher sein? Dies hängt von mehreren Faktoren ab. Ein wichtiger ist sicher die Mentalität des Sprechers, ein anderer bedeutender die Kommunikationskultur der Organisation, die sich irgendwo in der Spannbreite zwischen marktschreierisch und äußerst zurückhaltend bewegen kann. Individueller und institutioneller Habitus müssen wiederum zusammenpassen, damit die PR eine klare Linie verfolgen kann.

Mittler zwischen den Welten: Es gibt eine weitere Determinante, die dazu führt, dass die Frage umformuliert werden muss in: Wie auskunfts*fähig* kann ein Pressesprecher sein? Denn schließlich ist er in hohem Maße auf Informanten aus seiner Organisation angewiesen. Viele PR-Manager verstehen sich als Moderator, als Mittler zwischen den Welten, wenn sie in Folge einer Journalistenanfrage Informationen in ihrer Organisation recherchieren. Denn die Mitarbeiter ausserhalb der PR begegnen Journalisten nicht selten mit einem gewissen Misstrauen, weil die Ergebnisse der journalistischen Arbeit sich nur sehr begrenzt steuern lassen. Der PR-Manager muss hier oftmals für die Journalisten um Vertrauen werben, wird aber selbst auch nicht immer vollständig informiert.

Der Sprecher und sein Chef: Zentral ist letztlich das Verhältnis des PR-Managers zu seinem Chef – handele es sich nun um einen Vorstands- oder Fraktionschef oder um einen Verbandsgeschäftsführer. Einige Vorgesetzte nehmen ihre Sprecher zu wichtigen Gremiensitzungen wie Vorstandstagungen mit und geben ihnen so Zugang zu Informationen aus erster Hand. Andere PR-Manager wiederum haben diese Einblicke nicht. Ist das persönliche Verhältnis belastet, wird der Sprecher mit großer

Wahrscheinlichkeit nicht so intensiv »gebrieft« wie dies der Fall sein sollte. Umgekehrt rät der Pressesprecher zum Beispiel seinem Chef, wie offen er bei einem Interview mit einem Journalisten sein kann, den der Sprecher bereits länger kennt.

Betriebliche Organisation: Einige PR-Manager unterstehen nicht direkt der Führung ihrer Organisation, sondern sind an das Marketing angebunden. Dies engt oft ihre Spielräume ein – gerade auch wenn es um strategische Fragen geht –, weil das Marketing in erster Linie die möglichst effektive Bewerbung von Produkten im Blick hat. Die Pressestelle wird dabei oft als Unterabteilung für diesen Zweck betrachtet.

Hintergrundinfos und Wissensvorsprung: Ob gut oder weniger gut gebrieft: In aller Regel hat der Pressesprecher einen erheblichen Informationsvorsprung gegenüber dem Journalisten. Der Journalist sollte versuchen, davon zu profitieren. Viele offizielle Antworten der PR-Manager geben keine erschöpfende Auskunft oder lauten sogar: »Das kommentieren wir nicht.« Die Sprecher können aber Hintergrundinformationen geben, die nicht direkt oder gar nicht zitierbar sind. Ein Nachfragen lohnt sich häufig. Wenn Medien aus »Unternehmenskreisen« oder »Regierungskreisen« zitieren, stehen häufiger die Sprecher dahinter, als viele denken.

Exklusive Stoffe. Sehr oft sind es auch die PR-Abteilungen, die ganz gezielt *Exklusivgeschichten* in den Medien lancieren. In der Regel versorgen sie dabei ausgewählte Journalisten. Die Auswahlkriterien sind allerdings recht unterschiedlich: Das eine Thema passt besser in die »Bild«-Zeitung, das andere besser in die »Frankfurter Allgemeine«. Hinzu kommt die persönliche Komponente: Einige Sprecher bevorzugen kritische, aber faire Journalisten, die meisten jedoch ihnen gewogene. Doch egal ob »Wühler« oder »Hofberichterstatter«: Nicht nur Journalisten, auch die Öffentlichkeitsarbeiter versuchen in aller Regel, gute persönliche Beziehungen zu ihrem jeweiligen Gegenüber aufzubauen, um sich so dauerhaft einen Informationskanal zu öffnen.

Nähe und Distanz: Es ist vorteilhaft, besonders zu einem Sprecher in einer PR-Abteilung ein gutes persönliches Verhältnis aufzubauen und diesen Kontakt zu pflegen. Um Kumpanei zu verhindern, sollte jedoch freundschaftliche Distanz gewahrt werden. Denn an erster Stelle muss die journalistische Unabhängigkeit stehen.

Kommt es vor, dass Pressesprecher lügen? Ja. Offiziell würde dies kaum ein PR-Manager zugeben, weil dies dem Berufsethos widerspricht und die persönliche Glaubwürdigkeit aushöhlen würde. Hinter vorgehaltener Hand räumen jedoch die meisten ein, sich schon einmal mit einer Notlüge beholfen oder Journalisten »nicht die volle Wahrheit« gesagt zu haben. Wenn es heikel wird, greifen die meisten aber auf Phrasen wie »Dazu kann ich nichts sagen« oder eben »Kein Kommentar!« zurück. Häufiger kommt es vor, dass PR-Manager Positionen vertreten müssen, von denen sie selbst wissen, dass sie unsinnig sind – zumal wenn Journalisten sie auf widersprüchliche Aussagen hinweisen, die sie selbst oder ihre Chefs gemacht haben. Um gar nicht erst in solche verfänglichen Situationen zu kommen, wägen einige Sprecher jedes Wort ab.

Kritik an Journalisten. Allerdings sind auch die Journalisten in den Augen der PR-Profis keineswegs perfekt. Laut einer Berufsfeldstudie des Bundesverbands der Pressesprecher (Bentele/Großkurth/Seidenglanz 2005) kritisierte fast die Hälfte der 672 befragten PR-Manager, dass Journalisten nicht ausreichend informiert seien, sich vor einer Anfrage oder einem Gespräch also nicht ausreichend in ein Thema eingearbeitet hätten. 38 Prozent monierten, dass Journalisten oft ungenau arbeiteten. Und über ein Drittel hatte den Eindruck, Journalisten seien nur an Skandalen interessiert. Wer mit Öffentlichkeitsarbeitern spricht, hört häufig noch andere Kritikpunkte: Dass Journalisten Fakten für ihre Zwecke »zurechtbiegen« würden und sich zuweilen nicht an Absprachen (keine offiziellen Zitate etc.) hielten. Dies sollte zu denken geben, ist doch der selbst gesteckte Anspruch der meisten Journalisten sehr hoch.

Tiefer Graben bei der Glaubwürdigkeit: Von PR-Managern ist häufiger zu hören, dass sie mehr für die Journalisten tun, als diese glaubten. Offenbar nehmen die Sprecher die Interessenkonflikte zwischen beiden Seiten nicht so stark wahr wie die Journalisten. Was auch daran deutlich wird, dass laut einer Umfrage des Pressesprecherverbandes aus dem Jahr 2004 immerhin über ein Drittel der befragten PR-Manager glaubte, die Journalisten hätten Vertrauen in ihre Zunft. Der tatsächliche Wert bei den Journalisten lag aber nur bei ganzen drei Prozent.

Eine nicht ganz ernst gemeinte Typologie der PR-Profis

Der Journalisten-Sklave: Gibt im Rahmen seiner Möglichkeiten bereitwillig Auskunft, besorgt Infos und vermittelt Gesprächspartner. Versteht sich in erster Linie als Dienstleister und weniger als Manipulator. Motto: »Die Journalisten machen ihre Arbeit, ich meine.« (Alternativ: »Wenn hier jemand instrumentalisiert wird, dann ich!«)

Der Phrasendrescher: Versteht sich vor allem darauf, vorgestanzte PR-»Botschaften« zu verbreiten. Hat aber nicht den geringsten Schimmer, wie Journalismus funktioniert und was Journalisten wirklich brauchen. Motto: »Ich mache meine Arbeit.«

Der Kommunikationsverweigerer: Reduziert – teils aus Arroganz, teils aus Übervorsicht – die Interaktion mit Journalisten auf das Allernotwendigste und einige ausgewählte PR-Kampagnen. Hintergrundinfos? Fehlanzeige. Sein Motto: »Auch keine Presse ist gute Presse!«

Der Chefplatzanweiser: Seine Hauptaufgabe und -tätigkeit besteht darin, seinen – selbstredend höchst eitlen – Boss in den Medien zu platzieren. Natürlich so oft und so auffällig wie möglich. Was der Chef zu sagen hat, ist dabei absolut zweitrangig. Motto: »Auch schlechte Presse ist gute Presse!«

Der Vertraulichtuer: Duzt sich gern mit Journalisten und tut meist so, als würde er diesen (nur einigen Auserwählten, versteht sich) hinter vorgehaltener Hand Betriebsgeheimnisse und/oder Hammerstorys anvertrauen. Motto: »Ich weiß was. Und zwar, dass ich total wichtig bin.«

Kardinal Richelieu: Ist Vertrauter und zugleich Einflüsterer seines Chefs. Könnte eine Info-Goldgrube sein, wenn er die Medien nicht selbst als Klaviatur verstünde, auf der es sich virtuos spielen lässt. Motto: »Mein Chef ist mein Pressesprecher.«

Der Drücker: Verkauft ständig Infohäppchen aus seinem PR-Bauchladen. Und hat dabei sehr präzise Vorstellungen davon, wie deren Veröffentlichung aussehen könnte, oder genauer: sollte. Motto: »Wenn Sie mich nicht anrufen, rufe ich Sie eben an.«

PR-Agenturen fallen zunächst durch nervige Anrufe auf: »Haben Sie die Pressemitteilung schon bekommen?« »Vorige Woche haben wir Ihnen eine Einladung zu unserer Pressekonferenz geschickt. Wissen Sie schon, ob Sie kommen?« Zu allem Überfluss rufen die Mitarbeiter von PR-Agenturen meist auch noch kurz vor Redaktionsschluss an, wenn der Stress am größ-

ten ist. Das »Nachhaken« vieler PR-Agenten nervt die Journalisten oft, was wiederum am Image der Agenturen kratzt. Der Ruf
wird auch nicht dadurch besser, dass PR-Agenturen Interviewpartner vermitteln und Themen anbieten wollen, über die sie
kaum mehr wissen als den zuvor gelernten Text, den sie am Telefon herunterleiern.

Kein leichter Stand. Inkompetenz und Penetranz sind sicher
nicht zu entschuldigen. Die PR-Agenturen haben allerdings auch
keinen leichten Stand – allein schon wegen der oft großen räum-
lichen Distanz zu ihren Auftraggebern. Ihre Engagements sind
zwar manchmal langjährig, oft aber nur vorübergehend, so dass
nicht ausreichend Zeit bleibt, um sich tief einzuarbeiten. Pressestellen engagieren PR-Agenturen, wenn ihre eigenen Kapazitä-
ten nicht ausreichen und sie jemanden für Handlangerdienste
benötigen: Pressemitteilungen versenden, die dazugehörigen
Verteiler aktualisieren, Pressekonferenzen und -reisen organisieren. Zuweilen liefern die Agenturen auch die Entwürfe für Pressemitteilungen. Hinzu kommt, dass die meisten PR-Agenten
nicht wie viele Pressesprecher zuvor als Journalisten gearbeitet
haben. Was auch erklärt, dass sie nicht immer an den Redaktionsschluss des Angerufenen denken.

Spezialisierte Edelagenturen: PR-Agenturen sind also eher
selten brauchbare Informanten für Journalisten, zumal wenn es
um Inhalte geht. Ein Teil der Agenturen macht allerdings die gesamte Medienarbeit für mittelständische Firmen sowie ausländische Unternehmen, die in Deutschland nur kleinere Dépendan-
cen haben. In diesen Fällen werden sie zur ersten Anlaufstelle.
Darüber hinaus gibt es einige – meist auch international tätige –
Agenturen, die sich auf bestimmte Felder spezialisiert haben,
zum Beispiel auf die strategische Kommunikation oder auf die
Finanzkommunikation bei Börsengängen von Unternehmen.
Hier sind oft wirkliche PR-Profis am Werk. Sie können mitunter
wertvolle Informationen liefern.

Nicht zu vergessen: die freien PR-Berater. Hierbei handelt es
sich meist um ehemalige Kommunikationschefs oder Presse-

sprecher, die sich selbständig gemacht haben. Sie helfen Managern, bevorzugt Vorstandschefs, sich medial gut in Szene zu setzen. Einige Vorstände engagieren zwecks Imagepflege PR-Berater sogar auf Kosten des Unternehmens. Sie haben nicht immer das beste Verhältnis zu den Pressestellen, weil diese die Berater als oft arrogante Konkurrenten betrachten. Gute Kontakte zu den Vorstands-Einflüsterern können durchaus hilfreich sein. Man sollte sich nur nicht allein auf sie verlassen. Denn Vorstände wechseln immer wieder – und mit ihnen die Berater.

Die Arbeitgeberseite

Chef ist nicht gleich Chef: Die deutsche Firmenlandschaft setzt sich in überwältigender Mehrheit aus kleinen und mittelständischen Unternehmen zusammen. Sehr viele Unternehmen sind also in Form einer GmbH (Gesellschaft mit beschränkter Haftung) organisiert. Eine GmbH hat einen oder mehrere Gesellschafter, die dem Geschäftsführer des Unternehmens direkt Weisungen erteilen dürfen – auch im Tagesgeschäft. Die Ausnahme: Der Geschäftsführer ist zugleich auch Gesellschafter. Um es auf einen kurzen Nenner zu bringen: Egal, ob es sich um Familienunternehmen, bei dem Familienmitglieder meist auch das operative Geschäft führen, handelt oder nicht – in der Regel ist es bei kleineren Unternehmen zielführender, mit den Eigentümern, also den Gesellschaftern, zu sprechen.

> **Private Equity:** Unternehmen, die sich im Besitz ausländischer Finanzinvestoren (Private Equity) befinden, sind nicht immer als GmbH organisiert. Dennoch haben auch hier die Geschäftsführer bzw. Unternehmensleiter oft nicht viel zu sagen, weil diese Firmen von ihren Eigentümern sehr eng geführt werden. Deshalb ist es oft sinnvoller, sich gleich an die Sprecher bzw. PR-Agenturen der entsprechenden Private-Equity-Häuser zu wenden.

Bei Aktiengesellschaften gibt es dagegen eine klare Aufgabenteilung zwischen Vorstand, Aufsichtsrat und Hauptversammlung. Die Geschäftsführung, der Vorstand, verfügt hier über eine deutlich größere Eigenständigkeit: Laut Aktiengesetz leitet er sein jeweiliges Unternehmen »unter eigener Verantwortung.« Der Zahl der Vorstandsmitglieder richtet sich oft nach der Größe des Unternehmens. Kleinere Gesellschaften begnügen sich meist mit einem Vorstandsvorsitzenden (bei einigen Unternehmen auch Vorstandssprecher genannt) und einem Finanzvorstand. Sehr verbreitet sind auch Vorstandspositionen für Marketing, Vertrieb, Produktion und Personal. Einige Unternehmen organisieren ihren Vorstand nach Sparten, andere nach Regionen.

Vorstände einer AG sind zwar oft an ihren Unternehmen beteiligt – meist mit einem kleineren Aktienpaket –, doch sind sie Angestellte. Sie steuern ein Unternehmen, tragen aber nicht dessen finanzielles Risiko. Dies hat den Begriff von der »Managerherrschaft« aufkommen lassen: Viel Macht, begrenzte Verantwortung.

Betriebsgewinn contra soziale Verantwortung: Lange Zeit – Ausnahmen bestätigen die Regel – waren Unternehmenschefs nur in Fachkreisen bekannt. Im Laufe der vergangenen Jahre sind zumindest einige Manager stärker in das öffentliche Rampenlicht gerückt, doch oft nur weil sie in die Kritik geraten sind. So haben Vorstandschefs wiederholt hohe Gewinne ihrer Unternehmen verkündet, zugleich aber einen umfangreichen Abbau von Arbeitsplätzen angekündigt oder die Auslagerung der Produktion ins billigere Ausland vorangetrieben. Und schließlich gab es auch Fälle, bei denen die Beschäftigten von Unternehmen den Gürtel enger schnallen mussten, während die Manager sich deftige Gehaltserhöhungen gewährten. Die Manager wollen sich in erster Linie an ihrem betriebswirtschaftlichen Erfolg messen lassen. Doch die Umwälzungen im Zeichen der Globalisierung haben dazu geführt, dass Öffentlichkeit und Medien hohe Ansprüche an ihre gesellschaftliche Verantwortung stellen.

Kritische Distanz statt übertriebener Ehrfurcht: Die herbe Kritik, die vor allem die Manager immer wieder einstecken müssen, hat sie in ihrem Kommunikationsverhalten vorsichtiger, ja zuweilen defensiver gemacht. Hinzu kommt, dass die Anleger – bildlich gesprochen – an den Lippen der Vorstandschef hängen. Denn alles was diese sagen, könnte den Aktienkurs bewegen. Gerade deshalb legen Unternehmenslenker jedes Wort auf die Goldwaage, wenn es um kursrelevante Themen geht. Sicher sind es in erster Linie die Topmanager der deutschen Wirtschaft, die kritisch beäugt werden. Doch daraus ist eine – durchaus gerechtfertigte – Kultur entstanden, auch den Vorstandschefs kleinerer Unternehmen nicht mit übertriebener Ehrfurcht, sondern mit kritischer Distanz zu begegnen.

> **Tipp:** Journalisten sprechen bevorzugt mit den Vorstandschefs, zumal diese in aller Regel den zugkräftigeren Namen haben. Man sollte sich darauf jedoch nicht versteifen. Die Vorstandsvorsitzenden können zwar am besten über die Strategie des Unternehmens Auskunft geben – sie haben den Adlerblick. Doch manchmal ist es viel zielführender, die Vorstände zu interviewen, die für das jeweilige Thema zuständig sind. Als dankbare Gesprächspartner erweisen sich häufig Finanzvorstände: Sie kennen ihre Unternehmen in- und auswendig. Darf der Vorstandschef als Einziger an die Öffentlichkeit treten, kann man mit den Fachvorständen immer noch Hintergrundgespräche vereinbaren.

Zwang zur Personalisierung: Zugleich führen der harte Konkurrenzkampf zwischen den Wirtschaftsmedien und die wachsende Bedeutung der Unternehmen gegenüber dem öffentlichen Sektor dazu, ökonomische Vorgänge immer stärker zu personalisieren, ja ihnen manchmal sogar einen »human touch« zu geben. Der Wirtschaftsjournalist ist allein schon deshalb in hohem Maße auf die Unternehmenschefs angewiesen. Trotz der verbreiteten Zurückhaltung auf Seiten der Manager nutzen viele »Macher« die große Nachfrage der Journalisten geschickt aus – oft zum beiderseitigen Vorteil.

Nachhaken bei den Medienprofis: Sicher gibt es Manager, die ihr Bild und Wort gern in den Medien sehen, weil sie eitel sind und sich möglicherweise sogar für den »GröMaZ« halten, wie es in Anspielung auf die NS-Diktatur heißt: den größten Manager aller Zeiten. Wenn Vorstandschefs Interviews geben, dann tun sie dies in der Regel jedoch, um – in Absprache mit ihrer Presseabteilung – gezielte »Botschaften« in den Medien zu platzieren.
Die meisten Firmenchefs haben ein Medientraining absolviert, bevor sie Interviews geben, wissen also sehr genau, was sie sagen, und auch, was sie nicht sagen wollen. Viel mehr als das, was sie zu verkünden haben, wollen sie deshalb nicht preisgeben – nicht zuletzt auch aus besagter Vorsicht. Deshalb ist ein freundliches, aber bestimmtes Nachhaken notwendig, wenn der Interviewte auf konkrete Antworten ausweichend oder gar nicht reagiert oder typische Managerfloskeln wie »wir setzen auf profitables Wachstum« oder »im Großen und Ganzen bin ich mit dem Geschäftsverlauf sehr zufrieden« von sich gibt.

Respekt durch gute Vorbereitung: Unternehmenschefs haben einen vollen Terminkalender, im Zweifel haben Kunden Vorrang vor Journalisten. Deshalb sollte man sehr gut vorbereitet zu einem Interview gehen, um auf Augenhöhe miteinander sprechen zu können und seinem Gegenüber nicht den Eindruck zu vermitteln, man stehle ihm seine kostbare Zeit. Fragen wie »Was stellen Sie eigentlich genau her?« oder »Seit wann führen Sie dieses Unternehmen?« können den Respekt auf Seiten des Managers tief sinken lassen. Genau wie Journalisten Unternehmer kritisch sehen, gilt dies umgekehrt auch: Nicht wenige Manager glauben, Journalisten hätten kein ausreichendes Verständnis für die Komplexität ihres Unternehmens und damit auch nicht dafür, wie bestimmte Entscheidungen zustande kommen. Von einigen sind auch Sprüche wie »Von nichts Ahnung, aber über alles eine Meinung« über Journalisten zu hören. Sie sollten den Gegenbeweis antreten, ohne sich anzubiedern.

Wie viel Macht hat der Aufsichtsrat? Bei Aufsichtsräten wird oft nicht klar, ob sie als einflussreiche Drahtzieher agieren oder nur zahnlose Tiger sind. Denn sie wirken meist im Hintergrund, sind für Journalisten also schwer fassbar. Zumindest der Papierform nach ist der Aufsichtsrat als Kontrollgremium mit viel Macht ausgestattet: Er bestellt den Vorstand (auch einzelne Mitglieder) und kann ihn zugleich abberufen. Er kontrolliert den Gang der laufenden Geschäfte und stimmt über die strategischen Vorhaben des Vorstands ab – handele es sich um größere Investitionen, Verkäufe von Tochtergesellschaften oder eine neue Dividendenpolitik.

Stichwort Aufsichtsrat: Der Aufsichtsrat eines Unternehmens – manchmal auch Verwaltungsrat genannt – setzt sich aus 12 bis 20 Mitgliedern zusammen. Bei Unternehmen (AGs, GmbHs, Kommanditgesellschaften auf Aktien) mit über 500 Beschäftigten sind die Arbeitnehmer mit einem Drittel der Mandate beteiligt. Bei Aktiengesellschaften mit über 2000 Beschäftigten sind die Aufsichtsräte paritätisch mit Vertretern der Arbeitsgeber- und Arbeitnehmerseite besetzt. Die Anteilseigner behalten in der Regel dennoch die Mehrheit. Denn auf der Arbeitnehmerseite muss auch ein leitender Angestellter vertreten sein. Zudem verfügt der Aufsichtsratsvorsitzende, den die Arbeitgeber stellen, über ein Doppelstimmrecht.

In der Kritik: Im Zuge einer allgemeinen Diskussion über verantwortungsvolle Unternehmensführung (»corporate governance«) sind in Deutschland auch die Aufsichtsräte unter Beschuss geraten. Sie würden keine effektive Kontrolle ausüben, sondern die Pläne des Vorstands oft einfach nur abnicken, wird kritisiert. Dies liegt unter anderem daran, dass einige Aufsichts-räte zu viele Mandate gleichzeitig wahrnehmen und andere auch ohne diese »Ämterhäufung« zeitlich überfordert sind. Weshalb der Ruf nach einer Professionalisierung lauter wird: Aufsichts-räte sollen ihr Mandat hauptberuflich ausüben. Bisher sind es auf Arbeitgeberseite häufig Manager – oft sogar Vorstandschefs –, die bei anderen Unternehmen tätig und damit eigentlich schon voll eingespannt sind.

Wer sitzt drin? Die Arbeitgebervertreter sind gegenüber den Me-dien in der Regel nicht sehr auskunftsbereit. Dennoch lohnt es sich, einen Blick auf die Zusammensetzung des Aufsichtsrats zu werfen. »Wie einflussreich ist der Aufsichtsratsvorsitzende?« lau-tet dabei eine wichtige Frage. Ist er Vorstandschef bei einem an-deren Unternehmen, das möglicherweise genauso mächtig ist wie die Gesellschaft, die er kontrollieren soll? Oder war er zuvor vielleicht sogar selbst Chef des Unternehmens? Dies könnten Hinweise darauf sein, dass der Vorsitzende des Kontrollgremi-ums in die Geschäfte des Vorstandschefs hineinfunkt. Ein weite-rer wichtiger Aspekt, der auf einen Machtkampf hinweisen könn-te: Welche größeren Aktionäre sind im Aufsichtsrat vertreten? Und welche Absichten verfolgen sie? Üben sie Druck auf den Vorstand aus? Deshalb könnten sie sich weniger verschwiegen geben als andere Aufsichtsräte.

Die zweite Führungsebene. Gerade bei großen Unternehmen ist es nicht immer sinnvoll, ausschließlich mit Vorständen zu sprechen – gerade dann nicht, wenn das Thema sehr speziell ist. Oft sind Gespräche mit Abteilungs-, Bereichs- oder Stabsleitern gehaltvoller. Wer zum Beispiel über die Deutschland-Pläne eines US-Konzerns recherchieren will, sollte nicht monatelang auf ein Interview mit dem Vorstandsvorsitzenden des Konzerns warten, das er dann vielleicht doch nicht bekommt. Vielmehr sollte er mit dessen Europa-Chef vorlieb nehmen.

Wertvolle Tipps. Die zweite und dritte Führungsebene kann aber auch für inoffizielle Recherchen, an der Pressestelle vorbei, von

Bedeutung sein. Das Muster ist meist das Gleiche: Vor Monaten hat man eine unverfängliche Geschichte gemacht und dafür unter anderem einen Abteilungsleiter interviewt. Ist man nun zum Beispiel an einer *Exklusivgeschichte* dran, kann man diesen Kontakt wieder aufleben lassen. Vielleicht wird der Abteilungsleiter nichts sagen wollen, selbst nicht inoffiziell oder »unter drei«, weil er Angst vor Disziplinarmaßnahmen seines Arbeitgebers hat (siehe oben). Möglicherweise zeigt er sich aber auch auskunftsbereit, weil er so das Gefühl bekommt, mitreden zu können. Oder er kann die Zugeknöpftheit der offiziellen Quellen nicht nachvollziehen – frei nach dem Motto: »Ich gebe Ihnen da mal einen kleinen Tipp. Aber nicht sagen, dass Sie ihn von mir haben!« Allerdings ist hier auch Vorsicht angebracht: Denn genauso gut könnte der Abteilungsleiter nur einen kleinen Ausschnitt des Vorgangs kennen, nämlich den, der allein seine Abteilung betrifft.

Die Arbeitnehmerseite

Gewerkschafter sind für Wirtschaftsjournalisten in doppelter Hinsicht wichtige Ansprechpartner: Sie können Informationen und Einschätzungen bei unternehmensspezifischen Fragen wie auch bei wirtschaftspolitischen Themen liefern. Als Sozialpartner der Arbeitgeber sind Gewerkschaftsfunktionäre insbesondere eine gute Adresse für allgemeine Fragen der Tarifpolitik und unumgehbarer Ansprechpartner, wenn Tarifverhandlungen anstehen oder ein Konflikt dabei entsteht. Sie sind oft aber auch hilfreich bei allgemeinen sozial- und wirtschaftspolitischen Themen, weil sie explizit – manche behaupten: nur noch offiziell – die Interessen der Arbeitnehmer vertreten und so oft alternative Standpunkte einnehmen. In der Regel dienen die Vorsitzenden, deren Stellvertreter sowie Bezirksleiter als Ansprechpartner für Statements und Interviews.

Einfluss auf Unternehmenspolitik: Gewerkschafter sind in der Regel mit mindestens zwei bis drei Vertretern in den Aufsichtsräten von Unternehmen vertreten. Bei Großunternehmen stellen sie meist auch den stellvertretenden Vorsitzenden in dem Kontrollgremium, sind also im Präsidium des Aufsichtsrats vertreten, das wichtige Entscheidungen und das Abstimmungsverhalten des gesamten Aufsichtsrats vorbereitet. Die Arbeitnehmervertreter in Deutschland nehmen also Einfluss auf unternehmerische Entscheidungen – und werden mit den dazu notwendigen Informationen versorgt. Oft sind sie etwas auskunftsfreudiger als die Vertreter der Anteilseigner im Aufsichtsrat. Mitunter äußern sie sich sogar öffentlich – dann zwar nicht in ihrer Funktion als Aufsichtsratsmitglied, sondern als Gewerkschaftsfunktionär. Der Grund liegt meist darin, dass sie sich gezwungen sehen, bei personalpolitischen Fragen – vor allem Stellenabbau – öffentlichen Druck aufzubauen. Denn im Aufsichtsrat sind sie in der Minderheit (siehe oben).

Experten in der zweiten Reihe. In den Aufsichtsräten sitzen meist hochrangige Funktionäre. Die Gewerkschaften verfügen aber ebenso über Experten, die eher im Hintergrund arbeiten. Oft lohnt es sich, auch mit ihnen das Gespräch zu suchen: Sie kennen möglicherweise weniger Unternehmensinterna, sind aber meist sachkundiger, denn für die Funktionäre ist die Aufsichtsratsposition eine von vielen Aufgaben, die sie wahrnehmen müssen. Manchmal ist es auch sinnvoller, bei politischen Themen mit den Experten zu sprechen – vor allem wenn es um Spezialthemen geht, zum Beispiel Fragen der Ausbildung.

Vorbehalte ausräumen. Viele Gewerkschafter begegnen Wirtschaftsjournalisten mit einer gewissen Zurückhaltung, manchmal sogar Argwohn. Dies liegt daran, dass die Mehrheit der Wirtschaftsjournalisten eher marktliberal orientiert ist und gewerkschaftlichen Positionen kritisch bis ablehnend gegenübersteht. Einige Gewerkschafter ziehen daraus den Schluss, dass es besser sei, lieber gar nicht oder nur bei ausgewählten sympathisierenden Medien Erwähnung zu finden als öffentlich »verprügelt« zu werden. Die Vorbehalte lassen sich meist jedoch durch Überzeugungsarbeit und praktizierte Fairness ausräu-

men, nämlich Gewerkschaftspositionen sachlich und angemessen darzustellen.

Betriebsräte betreiben Personalpolitik und mehr. Nicht alle
Unternehmen haben Betriebsräte, doch sind sie sehr weit verbreitet. Denn laut Betriebsverfassungsgesetz muss jeder Betrieb
mit mehr als fünf ständigen Arbeitnehmern die Gründung und
Wahl (Turnus alle vier Jahre) eines Betriebsrates zulassen. Der
Betriebsrat muss laut Gesetz von der Unternehmensführung
über die allgemeine Personalplanung, technische und organisatorische Veränderungen sowie personelle Einzelmaßnahmen
wie zum Beispiel Kündigungen informiert werden. In diesen Bereichen verfügt er über ein Beratungsrecht, in einigen Fragen
kann er auch mitbestimmen. In aller Regel sitzen die Betriebsräte auch im Aufsichtsrat oder – falls nicht vorhanden – in anderen Gremien, die über Unternehmensfragen mitentscheiden
oder zumindest beraten.

Solche und solche. Die meisten Betriebsräte haben ihr Ohr an
der Basis. Es gibt aber auch welche, die seit Jahren oder gar
Jahrzehnten im Amt sind und eine mächtige Position in ihrem
Unternehmen aufgebaut haben. Sie haben – manchmal nur in ihrer Wahrnehmung – ähnlich viel Einfluss wie die Vorstände. Und
haben deshalb manchmal auch nur noch wenig Sinn für die Anliegen der Arbeitnehmer. In einigen wenigen Fällen haben sich
Betriebsräte sogar schon heimlich mit dem Management ver-
bündet. Bei der so genannten VW-Affäre, die im Jahr 2005 ruch-
bar wurde, hatte der Personalvorstand die Betriebsräte unter anderem mit Reisen nach Brasilien und Bordellbesuchen bei Laune
gehalten.

Nah am Geschehen: Betriebsräte sind als Ansprechpartner ein
Muss, wenn ein Unternehmen Umstrukturierungen vornimmt
und dies auch personelle Folgen wie Werksauslagerungen, Ver-
setzungen oder Stellenabbau hat. Betriebsräte können, weil sie
meist in den entsprechenden Gremien sitzen, auch Auskunft
über strategische Unternehmensfragen geben. Allerdings bes-

tenfalls in Form inoffizieller Hintergrundinformationen, denn sie unterliegen der Geheimhaltungspflicht. Auf Grund ihrer Tätigkeit sind Betriebsräte in der Regel näher am Geschehen als Gewerkschaftsfunktionäre. Allerdings arbeiten beide Seiten meist sehr eng zusammen.

Regelmäßig Kontakt wahren. Betriebsräte haben nicht selten ähnliche Vorbehalte gegenüber Wirtschaftsjournalisten wie Gewerkschafter. Hinzu kommt der Vorwurf, dass die Journalisten nur in Krisensituationen plötzlich auftauchten. Deshalb, aber auch weil die Arbeitnehmervertreter grundsätzlich gute Quellen sein können, sollte der Journalist mit den Betriebsräten wichtiger Unternehmen regelmäßig Kontakt halten.

Tipp: Die Betriebsräte großer Unternehmen haben ihre eigenen Pressesprecher. Bei anderen Unternehmen sollte der Kontakt direkt aufgebaut werden – und keinesfalls über die Pressestelle, da diese das Management vertritt. Sie sollte auch nicht unbedingt wissen, mit wem man inoffizielle Kontakte pflegt.

Bei den Mitarbeitern Stimmungen einfangen. Besonders audiovisuelle Medien fangen gern die Stimmung in einem Unternehmen ein, indem sie dessen Mitarbeiter nach deren Meinung fragen. Dazu sprechen sie die Mitarbeiter an, wenn diese zur Arbeit gehen oder von dieser kommen – es entstehen die bekannten Szenen »vor dem Werktor«. Es gibt aber nicht nur diese Einmalkontakte, sondern auch dauerhafte Verbindungen. So kommt es immer wieder vor, dass Freunde, Bekannte oder Verwandte eines Wirtschaftsjournalisten genau bei dem Unternehmen beschäftigt sind, über das er berichtet. Auch hier liegt es nahe, nach der Stimmung zu fragen, auch wenn gerade keine Sensationsmeldungen kursieren.

Doch ist hier Vorsicht angebracht: Eine Quelle allein reicht nicht. Mindestens drei bis vier Kontakte mit Mitarbeitern eines Unternehmens – möglichst aus verschiedenen Abteilungen und von unterschiedlichen Standorten – sind notwendig, um einen halbwegs repräsentativen Eindruck gewinnen zu können.

Können einfache Mitarbeiter wichtige Interna liefern? In seltenen Fällen ja, in der Regel jedoch kaum. Die Beschäftigten werden zwar meist mit internen Rundschreiben versorgt, aber meist steht dort wenig Verwertbares drin. Und wenn es um geschäftliche Angelegenheiten geht, werden diese zeitgleich oder nur kurz vorher bekannt gegeben, bevor die Informationen an die Medien gehen. Mitarbeiter können immerhin Gerüchte kolportieren – und an einigen ist auch ja etwas dran. Und sie können über Vorgänge in ihrer Abteilung oder ihrem Betrieb berichten. Doch auch hier ist wieder Vorsicht geboten: Denn was dort passiert, lässt sich nicht unbedingt auf das gesamte Unternehmen übertragen. Dies muss bei anderen Informanten gegengecheckt werden.

Die Berater-Szene

Unternehmensberater fungieren in verschiedener Weise als externe und damit auf Zeit engagierte Dienstleister für Unternehmen. Die *Consultants* beraten ihre Kunden, die sie *Klienten* oder *Mandanten* nennen, zum Beispiel bei der Strategieentwicklung und -planung. Zudem kommen sie zum Einsatz, wenn ein Unternehmen sich umorganisieren, Abläufe auslagern, Kosten senken oder sein Marketing verändern will. Neben der Managementberatung gibt es das Feld der IT-Beratung: Die Consultants unterbreiten hier Unternehmensleitungen Vorschläge, wie sich durch den Einsatz von Informationstechnologien Arbeitsabläufe und Geschäftsprozesse optimieren lassen.

Zu den bekanntesten Unternehmensberatungen zählen McKinsey, Roland Berger, A. T. Kearney, Bain sowie Droege. In ihrer Arbeit findet sich ein immer wiederkehrendes Muster: Zunächst nehmen sie eine Situationsanalyse vor, der sich eine Ziel-

formulierung anschließt. Darauf aufbauend entwickeln die Berater ein Konzept, wie die Ziele erreicht werden können. Unternehmen engagieren meist mehrere Beratungsgesellschaften
gleichzeitig, weil oft mehrere Projekte laufen, aber auch weil sie
verschiedene Lösungsansätze für ein Problem präsentiert bekommen wollen. All dies passiert hinter verschlossenen Türen –
meist bekommen die Öffentlichkeit und oft noch nicht einmal die
Mitarbeiter eines Unternehmens mit, dass Berater in ihrem Hause
unterwegs sind.

Diskretion gefragt. Unternehmensberatungen haben viele
Stammkunden, die sie durch Indiskretionen verprellen könnten.
Da Vertraulichkeit mit dem Auftraggeber vereinbart ist, dürfen
Unternehmensberater keine Auskunft darüber geben, bei welchen Klienten sie tätig sind, geschweige denn was sie dort gerade machen. Dies gilt für alle Interna aus den Unternehmen, die
vor allem die Chefs der Teams kennen, die einen Auftrag aus-
führen. Sie sind meist sehr nah am Geschehen, zumal sie engen
Kontakt mit den Entscheidern pflegen.

Reden über Trends. Der Zwang zur Vertraulichkeit kollidiert bei
vielen Consultants und auch den meisten Beratungsgesellschaften mit dem Wunsch, Werbung für sich zu machen und das
Image zu pflegen. Dazu gesellt sich manchmal auch persönliche
Eitelkeit, so dass sich Berater oft selbst bei den Medien ins Spiel
bringen, um über allgemeine Branchenentwicklungen zu reden.
Dies verfolgen sie besonders offensiv, wenn sie Studien verfasst
haben, deren Ergebnisse und Erkenntnisse sie der interessierten
Öffentlichkeit näher bringen wollen. So sind sie vor allem dankbare Gesprächspartner und Zitatgeber für Überblicksartikel.

Wunsch und Wirklichkeit: Sie können aber auch Einschätzungen zu Produkten geben, wenn diese nicht von einem einzigen
Unternehmen angeboten werden. Denn zu einzelnen Unternehmen lassen sie sich in aller Regel nicht namentlich zitieren. Dies
schließt nicht aus, dass die Consultants sich inoffiziell auch zu
Unternehmen äussern – vorausgesetzt, es besteht ein Vertrau-

ensverhältnis zum Journalisten. Diese sollten jedoch nicht außer Acht lassen, dass die Unternehmensberater meist nicht in die unmittelbaren Entscheidungsprozesse eingebunden sind und nicht alles, was sie vorschlagen, auch umgesetzt wird. Anders gewendet: Bei den Ausführungen von Unternehmensberatern ist es zuweilen geboten, genau zwischen Wunsch und Wirklichkeit zu unterscheiden.

Weitere Informanten: *Wirtschaftsanwälte* kommen nicht nur bei Rechtsstreitigkeiten zum Einsatz, sondern sind auch beratend tätig, oft vor und bei Transaktionen wie Firmenkäufen. Dabei weisen sie vor allem auf rechtliche Risiken hin und arbeiten Verträge aus. Zu den führenden Wirtschaftskanzleien zählen Freshfields Bruckhaus Deringer sowie Clifford Chance. Begrenzt kommen auch *Wirtschaftsprüfer* als Informanten in Frage. Sie prüfen, ob ein Unternehmen seine Bücher ordnungsgemäß führt, und testieren unter anderem den Jahresabschluss. Sie prüfen aber auch im Auftrag von Interessenten die Bücher von Unternehmen, die zum Verkauf stehen (so genannte *due diligence*). Führende Anbieter: Deloitte Touche, KPMG, Ernst & Young sowie PriceWaterhouse Coopers.

Personalberater werden zuweilen auch etwas abfällig als »Headhunter« bezeichnet. Der Begriff »Kopfgeldjäger« leitet sich davon ab, dass die Personalberater geeignete Personen für vakante Positionen suchen und einige bei der Kandidatensuche mitunter etwas aufdringliche oder detektivische Methoden anwenden. Die Spektrum der Personalberater ist allerdings sehr breit: Es gibt solche, die vorwiegend Mitarbeiter für einfachere Tätigkeiten suchen. Und es gibt andere, die sich nur um die Besetzung von Spitzenpositionen kümmern. Es gibt welche, die wie eine Vertriebsorganisation so viele Manager wie möglich platzieren wollen. Und es gibt welche, die sich im Sinne des Wortes in erster Linie als Berater verstehen. Diese Edelagenturen führen oft auch so genannte *Management Appraisals* durch: Bei dieser »Würdigung« des Managements eines Unternehmens werden die Stärken und Schwächen der einzelnen Führungskräfte genau analysiert.

Tiefe Einblicke. Personalberater bauen mit Hilfe von Datenbanken Netzwerke mit Managern auf und pflegen diese durch regelmäßige persönliche Kontakte. Die Kontaktpersonen sind dabei selbst potenziell zu vermittelnde Manager, können aber auch als Vermittler auftreten und Tipps geben, welcher Kollege gerade sucht. Durch ihre Arbeit erhalten Personalberater oft einen relativ fundierten Eindruck, wie es dem betreuten Unternehmen geht und welche personellen Machtverhältnisse dort herrschen. Da besonders die Spitzenkräfte für die Erstellung von Profilen genau unter die Lupe genommen werden, erhalten die Personalberater oft Einblicke bis tief in das Privatleben ihrer Klienten hinein. So kontaktstark Personalberater in ihrem Beruf sein müssen, so zurückhaltend sind sie deshalb gegenüber Journalisten. Personalberatung ist ein äußerst diskretes Geschäft.

Profile ja, konkrete Tipps nein: Von Personalberatern sind deshalb keine direkten Aussagen und noch nicht einmal Tipps zu hören, wenn eine wichtige Position zu besetzen ist – zumal dann nicht, wenn ihre eigene Gesellschaft mit dem Auftrag betraut ist. Die – meist psychologisch ausgebildeten – Berater kennen aber oft die Anforderungsprofile von ausgeschriebenen Positionen. Allein dies kann manchmal schon hilfreich sein, um auf den oder die geeigneten Kandidaten für die neue Position zu kommen. Mit solchen Aussagen werden sich die Personalberater aber kaum namentlich zitieren lassen. Öffentlich Stellung nehmen sie höchstens zu allgemeinen und unverfänglichen Themen aus den Feldern verantwortungsvolle Unternehmensführung (*corporate governance*), Lage auf dem Arbeitsmarkt für XY-Fachkräfte, deutsche Manager im internationalen Vergleich und Ähnliches.

Hinweis: Wenn Manager – vor allem Vorstandschefs – stark in die Kritik geraten, riechen einige Personalberater sofort Blut und richten sich mit Vorschlägen, wer der potenzielle Nachfolger sein könnte, an unzufriedene Anteilseigner. Dies verstärkt zwar oft Gerüchte von einem baldigen Rücktritt oder Rausschmiss des Kritisierten. Es muss aber keineswegs den Tatsachen entsprechen.

Investmentbanker: Ähnlich wie die Personalberater gehören auch die Investmentbanker zu den eher Verschwiegenen, die hinter den Kulissen agieren. Die federführenden Manager von Investmentbanken wie Goldman Sachs, Citi Group, Crédit Suisse, Morgan Stanley oder auch Lazar und Rothschild sind für verschiedenste Arten finanzieller Transaktionen von Unternehmen zuständig. Dazu gehören das Begeben von Anleihen sowie der Handel mit Derivaten und Optionen.

Begleiter und Berater. Für den Journalisten wird es besonders interessant, wenn Investmentbanker Unternehmen dabei behilflich sind, Aktienpakete zu platzieren, Börsengänge durchzuführen oder andere Unternehmen zu kaufen. Investmentbanker sind auch beratend tätig: Sie geben Einschätzungen darüber ab, ob ein Unternehmen überhaupt käuflich und wie leistungsfähig es ist. Ihr Rat ist auch gefragt, wenn es darum geht, ob ein Unternehmen dem Eigentümer höhere Erlöse einspielt, wenn es an die Börse gebracht oder an ein anderes Unternehmen verkauft wird.

Hinweis: Investmentbanker werden meist mit großen Transaktionen von Dax-Unternehmen in Verbindung gebracht. Dabei nehmen häufig auch mittelständische Familienunternehmen ihre Dienste in Anspruch, zum Beispiel wenn die Firma verkauft werden soll, weil es für die Geschäftsführung keinen Nachfolger aus den eigenen Reihen gibt.

Maximal lässt sich von Investmentbankern ein konkreter Tipp kurz vor der offiziellen Bekanntgabe einer größeren Transaktion ergattern. Dies erfolgt zur Imagepflege. Dazu muss jedoch meist erst ein Vertrauensverhältnis zum Journalisten gewachsen sein. Dieses ist auch Voraussetzung dafür, dass die Banker selbst recherchierte Informationen bestätigen oder eindeutig dementieren.

Einschätzung von Branchentrends: In der Regel geben Investmentbanker – wenn sie überhaupt gesprächsbereit sind – in Hintergrundgesprächen Einschätzungen über die von ihnen betreuten Branchen, zum Beispiel über eine bevorstehende Konsolidierungswelle. Meist wollen sie dabei nicht namentlich zitiert werden, sondern bevorzugen Formulierungen wie »… sagte ein Investmentbanker«. Offiziell können sie über allgemeine Themen des Kapitalmarktes Auskunft geben. Und natürlich über die eigene Branche und das eigene Unternehmen sowie dessen wirtschaftliches Abschneiden, sofern sie dazu befugt sind.

Akteure der Finanzwelt

Der Begriff Analyst wird in der Regel synonym mit »Finanzanalyst« verwendet. Gemeint sind damit Experten von Banken, die Analysen für die Verkaufsabteilungen ihrer Häuser erstellen. Darüber hinaus gibt es aber auch die Spezies der Industrieanalysten, die zum Teil ebenfalls für Banken, meist jedoch für Marktforschungsinstitute arbeiten und Branchentrends beobachten und untersuchen. In erster Linie soll es hier um Finanzanalysten gehen. Die meisten sind für Investmentbanken wie Goldman Sachs, Crédit Suisse oder Morgan Stanley tätig, viele für größere und kleinere Banken mit Investmentabteilungen (Deutsche Bank, Dresdner Bank etc.). Einige Analysten arbeiten für unabhängige Institutionen wie Independent Research.

Die Analysten geben Empfehlungen für Aktien (»Kaufen«, »Halten«, »Verkaufen« etc.) – verbunden mit Kurszielen. Sie covern

also fast ausschließlich börsennotierte Unternehmen, in seltenen Fällen auch sehr große nicht gelistete Unternehmen. Um die
größeren Werte (»blue chips«) kümmern sich meist bis zu einigen
Dutzend Analysten, kleinere Werte (»small caps«) werden – wenn
überhaupt – nur von wenigen Experten betreut. Sie erarbeiten
Studien zu den von ihnen beobachteten Unternehmen und den
dazugehörigen Branchen. Außerdem geben viele von ihnen kürzere Statements zu kursbewegenden Ereignissen ab.

Prognosen als Messlatte. Dabei nehmen sie zum einen strategische Einschätzungen vor, zum anderen liefern sie Prognosen
für die Entwicklung des laufenden Geschäftsjahres wie auch
meist der nächsten Jahre (Umsatz, Gewinn je Aktie etc.). Besonders interessant wird es für Journalisten, wenn die Analysten
Hoch- oder Herabstufungen vornehmen. Damit sind in der Regel neue Kursziele verbunden, die wiederum größere Veränderungen in der Geschäftsentwicklung widerspiegeln. In seltenen
Fällen prognostizieren einzelne Analysten sogar drohende Ge-
winnwarnungen von Unternehmen.

Recherchetipp: Wirtschaftsjournalisten sollten die Analysten-Berichte über Unternehmen der von ihnen betreuten
Branchen regelmäßig lesen. Auf diese Weise bekommen sie
einen Eindruck davon, wie die »Finanzgemeinde« die Unternehmen einschätzt. Die Studien und Statements können
normalerweise problemlos bei den Presseabteilungen der
Banken angefordert werden.

Enge Beziehungen zu Finanzvorständen: Für ihre Expertisen
setzen Analysten quantitative Verfahren ein, mit denen finanzielle Kennzahlen der Unternehmen aufbereitet werden. Daraus
ergibt sich, dass sie von den Investor-Relations-Abteilungen (Finanzkommunikation für Anleger) der Unternehmen betreut werden und mitunter enge Beziehungen zu Finanzvorständen pflegen. Daher sind die Besten von ihnen nah an den Unternehmen

und bekommen viele Interna mit. Manchmal hat dies aber auch mangelnde Distanz zur Folge.

> **Analysten** sind nicht nur die natürlichen Gesprächspartner bei *Aktienchecks*, sondern eignen sich auch für Einschätzungen bei Unternehmensberichten, zum Beispiel wenn ein Unternehmen ein neues wichtiges Produkt auf den Markt bringt.

Selektive Medienarbeit: Es ist nicht immer leicht, mit Analysten persönlichen Kontakt aufzunehmen. Obwohl sich einige Analysten gern in den Medien sehen, spielt für die meisten die Pressearbeit nur eine sehr untergeordnete Rolle. Das Gros konzentriert sich deshalb auf ausgewählte Medien, auf Börsensendungen im Fernsehen (manchmal auch im Radio) sowie auf die Wirtschaftszeitungen und -magazine sowie die überregionalen Tageszeitungen. Regionale Medien haben es oft schwer, direkten Kontakt aufzunehmen. Oft gelingt es jedoch über den Umweg der PR-Abteilungen. Im Zweifelsfall lässt sich zum Beispiel für einen *Aktiencheck* auch aus den Studien zitieren.

Analysten sind durchaus nicht unumstritten. Es hat an ihrem Image gekratzt, dass viele von ihnen in den Jahren 1998 bis 2001 Börsenneulinge des Neuen Markts (heute TecDAX) ohne genaue Prüfung viel zu positiv bewerteten. Auch heute noch weisen die Analysten höchst unterschiedliche Trefferquoten bei ihren Prognosen auf. Zudem kommen immer wieder Zweifel auf, dass die Research- und Investmentabteilungen der Banken so strikt voneinander getrennt arbeiten, wie es gesetzlich vorgeschrieben ist.

Häufiger Kaufempfehlungen. Außerdem muss es in ihrem Interesse liegen, mehr Kauf- als Verkaufsempfehlungen abzugeben, weil dies eine größere Kundenzahl anspricht, nämlich auch bisherige Nicht-Investoren. Wirtschaftsjournalisten sollten also stets im Auge behalten, dass die Kursziele der Analysten etwas zu optimistisch ausfallen könnten. Viele Analysten gehorchen dabei dem Herdentrieb. Wenn die große Mehrheit der Kollegen den Kauf einer Aktie empfiehlt, deren Kurs sich ohnehin im Aufwind befindet, haben nur wenige den Mut, ein abweichendes Votum abzugeben. Bei allen Vorbehalten: Letztlich führt doch kein Weg an den Analysten vorbei – gerade für Finanzjournalisten bilden sie die wichtigste Gruppe der Ansprechpartner.

Trendanalysen und Marktprognosen. Industrieanalysten sind für Marktforschungsunternehmen wie Nielsen Research, Gartner oder Ovum und die volkswirtschaftlichen Abteilungen von Banken tätig. Sie beobachten weniger einzelne Unternehmen als vielmehr bestimmte Branchen und versuchen, in diesen Trends zu orten. Da sie wie die Finanzanalysten quantitative Methoden einsetzen, geben auch sie Prognosen ab, zum Beispiel über das Verkaufsvolumen bestimmter neuer Technologien in den nächsten Jahren. Sie sind für die Medien in der Regel leichter ansprechbar. Auch die Industrieanalysten sind nicht frei von Einflussversuchen: Die PR-Abteilungen von Unternehmen kümmern sich verstärkt um sie.

Weitere Informanten: Neben Finanzanalysten beschäftigen Banken auch so genannte *Strategen*: Sie beobachten und prognostizieren die großen Entwicklungstrends der Kapitalmärkte. Darüber hinaus gibt es Analysten, die nicht auf Aktien, sondern auf die Verschuldung von Unternehmen spezialisiert sind (»debt analysts«). Sie arbeiten für die *Rating-Agenturen*, die Einschätzungen über die Kreditwürdigkeit von Unternehmen abgeben. Als wichtige Ansprechpartner können sich zudem *Fondsmanager* erweisen: Sie arbeiten für Investmentsfonds wie den DWS oder Union Investment. Sie sind nicht immer auskunftsbereit. Aber wenn sie sich äußern, sind sie oft expliziter und kritischer als Analysten. *Börsenhändler* (Broker) hören Gerüchte »vom Parkett.« Und ihnen fallen oft außergewöhnliche Handelsbewegungen (von Aktien, Anleihen etc.) schnell ins Auge. Diese können ein Anzeichen für ein wichtiges, aber (bisher noch) nicht offiziell verkündetes Ereignis sein, zum Beispiel dass sich ein größerer Investor von seinen Anteilen trennt.

Vertreter der Kleinaktionäre werden gern »Aktionärsschützer« genannt. Genau genommen vertreten sie die Interessen der Privat- und damit vor allem der Kleinanleger – im Gegensatz beispielsweise zu großen Fondsgesellschaften. Die größten und wichtigsten Organisationen der Aktionärsschützer sind die Deutsche Schutzvereinigung für Wertpapierbesitz (DSW) und die Schutzgemeinschaft der Kapitalanleger (SdK). Darüber hinaus gibt es eine Reihe kleinerer Organisationen wie den Dachverband der Kritischen Aktionärinnen und Aktionäre.

Kritiker auf Hauptversammlungen. Die Aktionärsschützer sind auf verschiedenen Feldern aktiv. So bündeln sie die Stimmen von Einzelaktionären und vertreten diese auf den Hauptversammlungen der Unternehmen. Dort artikulieren sie meist als Redner die Interessen ihrer Klientel und stellen entsprechende Anträge. Die Interessenlage ist nicht immer gleich, aber insgesamt lässt sich bei HV-Auftritten von DSW- und SdK-Vertretern meist Folgendes beobachten: Sie zeigen die Schwachstellen der Geschäftspolitik auf und kritisieren Missstände wie zum Beispiel aus ihrer Sicht zu vorteilhafte Aktienoptionen für das Management. Sie fordern kurssteigernde Maßnahmen und setzen sich für hohe Dividenden ein.

Vor Gericht und in der Politik. DSW und SdK versuchen über die Hauptversammlungen hinaus, ein Maximum für ihre Klientel herauszuholen, indem sie zum Beispiel bei Unternehmensfusionen für ein günstigeres Umtauschverhältnis der entsprechenden Aktien für ihre Anleger vor Gericht klagen. Und sie wirken als Lobbyisten bei Gesetzesvorhaben mit, die im weitesten Sinne Auswirkungen auf die Kapitalmärkte haben. Dazu gehört auch die öffentliche Diskussion über verantwortungsvolle Unternehmensführung (corporate governance).

Gefragte Gesprächspartner. Die Aktionärsschützer suchen oft aus eigener Initiative die Öffentlichkeit. Sie sind aber auch gefragte Gesprächspartner, weil sie sich über die besagten Themenfelder hinaus zu verschiedensten Fragen rund um den

Kapitalmarkt äußern können. So bewerten sie Finanzierungs-
maßnahmen von Unternehmen und geben Prognosen ab, wie
sich die Aktienmärkte entwickeln. Für Journalisten geben sie
dabei die Sicht der Kleinaktionäre wieder und bilden damit das
Pendant zu den Finanzanalysten, die stärker aus der Perspek-
tive der größeren Anleger sprechen. Im Gegensatz zu diesen
nehmen die Aktionärsschützer aber keine Stellung zu Einzelwerten.

Fundierte Kenntnis, kaum Interna: Obwohl einige Vertreter der
Kleinaktionäre in Aufsichtsräten von Unternehmen sitzen (siehe
oben), kennt die Mehrheit keine Interna. Dafür sind die Beziehungen zum Management der Unternehmen in aller Regel nicht
eng genug. Viele der – zumeist ehrenamtlich tätigen – Sprecher
besuchen jedoch die Hauptversammlungen der von ihnen beobachteten Unternehmen schon seit vielen Jahren und haben
deshalb eine intime Kenntnis derselben. Sie können also zumindest fundierte Einschätzungen abgeben – nicht nur kurz vor einer
anstehenden Hauptversammlung.

Weitere Informanten: Daneben gibt es nicht organisierte
Privatanleger, die auf vielen Hauptversammlungen auftreten und nicht selten juristisch gegen Unternehmen vorgehen, um ein Maximum an Geld dabei für sich herauszuholen. Diese *Einzelaktionäre* – einige von ihnen sind auch
durchaus namhaft – können mitunter wichtige Einschätzungen geben. Darüber hinaus formulieren gerade auch im
Vorfeld von Hauptversammlungen zunehmend *kleinere
Fonds aus dem Ausland* öffentlich ihre Forderungen, weil
sie keinen direkten Draht zum Management der Unternehmen haben. Die Aktionärsschützer arbeiten mit diesen
Fonds verstärkt zusammen, weil sie meist ähnliche Interessen verfolgen.

Akteure der Wirtschaftspolitik

Es ist wie bei den Managern: Die Politiker mit den bekanntesten Namen und dem höchsten Status strahlen die stärkste Zugkraft auf die Journalisten aus. Kein Wunder: Wer den Wirtschaftsminister statt den Hinterbänkler interviewt, kann wahrscheinlich nicht nur ein größeres Publikum ansprechen. Die Quintessenz eines solchen Interviews wird möglicherweise auch von den Nachrichtenagenturen aufgegriffen und weiter verbreitet. Damit ist allerdings noch längst nicht gesagt, dass hochrangige Politiker – inhaltlich gesehen – die ergiebigsten Informanten sind. Denn je höher das Amt, desto größer ist die Vorsicht. Es gibt im Zweifelsfall viel für sie zu verlieren.

Austausch fürs Tagesgeschäft: Hinzu kommt, dass die Amtsträger oft für das »große Ganze« zuständig sind und weniger Expertise in einzelnen, speziellen Politikfeldern aufweisen. Hier kommen die Fachpolitiker ins Spiel. Wer zum Beispiel den Bereich Verkehrspolitik betreut, wird zwar hin und wieder den Verkehrsminister zum Interview bekommen oder ein Hintergrundgespräch mit ihm führen können. Doch für das Tagesgeschäft sollte der Journalist den intensiven Austausch mit den Verkehrspolitikern in den Parlamentsfraktionen, Parteien und zuständigen Behörden suchen.

Hinweis: Insbesondere Parlamentskorrespondenten bilden informelle Kreise, die sich regelmäßig treffen. Meist laden sie Politiker zu Hintergrundgesprächen ein, die nicht selten im vertrauten Kreis oder manchmal gar in bierseliger Runde Tacheles reden. Dies können sie auch nur tun, weil sie meist von Gruppen eingeladen werden, die mit ihren Positionen sympathisieren. Das ist ein Hinweis darauf, dass das Lagerdenken in der Wirtschaftspolitik stärker verbreitet ist als in der Unternehmenswelt. So lancieren Politiker exklusive Nachrichten in der Regel nur über Medien, die mit ihnen auf einer Linie sind.

Beispiel Abgeordnete. Sie arbeiten in mehreren (meist zwei) Ausschüssen mit und erwerben sich so entsprechendes Fachwissen. Oft sind sie tief in der Materie, wenngleich das Niveau sehr unterschiedlich ist, weil sich einige Abgeordnete stärker auf die Arbeit in ihren Wahlkreisen konzentrieren. So überlastet sie sein mögen, so gut ansprechbar sind sie doch für Journalisten: Denn die Fachpolitiker haben es oft schwerer als ranghohe Amtsträger, sich öffentlich bemerkbar zu machen. Überdies können sie sich über die Medien profilieren. Besonders wenn Journalisten aus ihrem Wahlkreis sie um Informationen bitten, haben Politiker ein offenes Ohr oder tragen manchmal sogar ihr Herz auf der Zunge.

Kernige Parteipolitiker. Fachpolitiker kennen die politische Gemengelage in ihrem eigenen Bereich meist sehr gut. Wenn es jedoch um darüber hinausgehende politische Konstellationen geht, sind die Sprecher der Fraktionen oder parlamentarische Geschäftsführer für die einzelnen Fachgebiete oft die bessere Adresse. Fachpolitiker sind meist sehr an der Sache orientiert. Die Generalisten unter den Parteipolitikern sind oft klarer, man könnte auch sagen: kerniger in ihren Aussagen. Dies ist zumal dann der Fall, wenn sie die wirtschaftspolitische Position eines bestimmten Flügels ihrer Partei propagieren und zum Beispiel Vertreter einer entsprechenden informellen Gruppierung sind.

Tipp: Politiker können auch wichtige Informanten für die Unternehmensberichterstattung sein – und zwar dann, wenn Bund, Länder oder Kommunen an einem Unternehmen beteiligt sind. Dann sitzen staatliche Vertreter in den Aufsichts- bzw. Verwaltungsräten dieser Gesellschaft.

Referenten müssen Eier legende Wollmilchsäue sein: Obgleich sich einige als »politische Trüffelschweine« bezeichnen, sind Referenten – hier synonym verwendet für wissenschaftliche Mitarbeiter von Abgeordneten und Parteipolitikern – im Zweifelsfall doch eher Eier legende Wollmilchsäue. Sie kanalisieren für ihre Chefs den Informationsfluss, sortieren also wichtige Entwicklungen, Themen und Termine aus. Sie recherchieren zudem Sachthemen, schreiben Reden, Grußworte und auch Pressemitteilungen. Kurz: Sie organisieren Politik.

Türsteher mit Expertise. Gegenüber Journalisten fungieren Referenten auch als eine Art Türsteher zur Politik. Denn über sie läuft der erste Kontakt, bevor es zu einem Treffen oder Gespräch mit dem Politiker kommt, für den sie arbeiten. Ihr Einfluss darauf, mit welchen Journalisten die Politiker reden und mit welchen nicht, ist von Fall zu Fall unterschiedlich groß. Dies gilt auch für den Grad ihrer Expertise. Einige sind stärker im Organisieren – und sind manchmal auch fast ausschließlich dafür engagiert. Andere glänzen durch ausgezeichnete Fachkenntnis und sind deshalb nicht selten Ideengeber ihrer Chefs. Einige ziehen sogar mit die Fäden in der Politik. Dies ist noch stärker bei freiberuflichen externen Referenten der Fall, die Fraktionen oder Parteien für bestimmte Themen engagieren. Sie haben meist schon in anderer Funktion in ihrem Feld gearbeitet.

His master's voice: Der fachorientierte Referententypus stellt für Journalisten einen äußerst wichtigen Informanten dar – ist er doch nicht selten fachlich noch beschlagener als sein Chef und oft auch besser erreichbar. In der Regel geben diese Referenten Hintergrundinformationen heraus, mündlich oder auch in Form von Positionspapieren oder Analysen, die sie oft selbst erstellt haben. Für offizielle Zitate muss man meist jedoch persönlich mit dem Fachpolitiker sprechen. Einige Referenten sind jedoch autorisiert, im Namen ihrer Chefs zu sprechen – die Zitate können also nach Absprache den Politikern in den Mund gelegt werden.

Große und kleine Verbände: In Deutschland gibt es rund 8 000 Wirtschafts- und Berufsverbände, viele davon sind stark spezialisiert. Am bekanntesten und größten sind die Spitzenverbände der deutschen Wirtschaft: die Bundesvereinigung der Deutschen

Arbeitgeberverbände (BDA), der Bundesverband der Deutschen Industrie (BDI) sowie der Deutsche Industrie- und Handelskammertag (DIHK). Im weitesten Sinne gehören auch die Gewerkschaften zum Verbandswesen. Die Verbände bündeln die Interessen ihrer Mitglieder und versuchen, diese in der Politik durchzusetzen.

Lobbyisten wollen Politik beeinflussen. In erster Linie wollen die Verbandsvertreter neu entstehende Gesetze und Richtlinien beeinflussen – sei es auf regionaler oder Landesebene, beim Bund oder bei der Europäischen Union. Zugleich leisten die Organisationen ihren Mitgliedern Hilfestellung, wenn wichtige politische Entscheidungen getroffen sind, größere Veränderungen auf sie zukommen und komplexe Regelwerke erklärt werden müssen. Zunehmend entsenden auch größere Unternehmen Lobbyisten an die Parlamente und Regierungssitze, um Einfluss auf die Politik zu nehmen. Mithin geht es bei den Unternehmen nicht selten auch um öffentliche Aufträge oder Zuschüsse.

Einblicke in Gesetzgebungsverfahren: Laut Gesetz sind die Spitzenverbände bei der »Vorarbeit« zu neuen Gesetzen einzubeziehen. Darüber hinaus kann die Legislative Anhörungen veranstalten, bei denen sich die betroffenen Verbände äußern können. Selbst wenn es nicht dazu kommt, hören die Lobbyisten meist das Gras bei einem Gesetzgebungsprozess wachsen. Sie können Journalisten also wichtige Einblicke in den Stand und Verlauf von einem Verfahren geben, welcher Politiker wofür oder wogegen ist. Die Verbände agieren zwar weitgehend hinter den Kulissen, manchmal wollen und müssen sie aber zugleich öffentlichen Druck ausüben – etwa um auf aus ihrer Sicht dramatische Fehlentwicklungen aufmerksam zu machen oder um einfach nur noch einmal ihre Forderungen zu artikulieren. Dafür brauchen sie die Medien.

Nicht vor den Karren spannen lassen. Die Organisationen gehen mit Interview- und Themenangeboten auf die Journalisten zu, wenn sie ein bestimmtes Anliegen verfolgen. Dies ist auch der

Fall, wenn Verbände – zeitlich weitgehend unabhängig von anstehenden politischen Entscheidungen – für ihre Mitglieder, besonders aber für deren Produkte oder Ideen öffentlich eine vorteilhafte Stimmung erzeugen wollen. Die Journalisten sollten aufpassen, sich nicht vor den Karren einer Sache spannen zu lassen, zumal manchmal nicht auf den ersten Blick erkennbar ist, welches Anliegen genau dahinter steckt. Oft sind zum Beispiel eindeutige Interessen in vermeintlich unabhängigen Studien verpackt.

Dankbare Interviewpartner: Die Vorsitzenden der Verbände, zumal der größeren, werden von den Medien gern für Wortlaut-Interviews zu aktuellen Themen oder aber auch für eine wirtschaftspolitische Tour d'Horizon befragt. Kein Wunder: Die Führungsfiguren sind meist Charakterköpfe mit Erfahrung und Fachkompetenz, die für kernige und kontroverse Aussagen gut sind. Meist geben auch die Geschäftsführer, die bei kleineren Verbänden ohnehin häufig zugleich die Funktion des Pressesprechers ausüben, Statements ab.

Branchenbarometer: Vor allem Branchenverbände sind eine wichtige Quelle, um Informationen über die wirtschaftliche Lage eines Marktes zu erhalten, möglicherweise sogar untermauert mit Zahlenmaterial. Verbandsvertreter können zuweilen auch vertrauliche Hintergrundinformationen oder zumindest Hinweise über Mitgliedsunternehmen geben.

Experten und Politikberater. Journalisten zitieren oft und gern »unabhängige Experten«. Wer jedoch genauer hinschaut, wird feststellen, dass die Experten zwar um die Wahrung eines freien Geistes bemüht sein mögen, sich de facto aber keineswegs in einem interessenpolitischen Vakuum bewegen. Oft existieren bestimmte Verbindungen zu Politik, Wirtschaft und Verbänden – weniger durch Mitgliedschaften als häufiger durch Berater- und Gutachtertätigkeiten für diese Organisationen.

Daran ist nichts Anstößiges, zumal wenn die Beziehungen – wo immer möglich – offengelegt sind. Der Journalist sollte etwaige Parteilichkeiten bei seinen Recherchen berücksichtigen und auch sein Publikum darüber nicht im Unklaren lassen. Oft ist allerdings klar, welche Verbindungen und welche Ausrichtungen Einzelpersonen oder die Organisation haben, die sie repräsentieren.

Erste Adresse Sachverständigenrat: Eine der ersten Adressen für wirtschaftspolitische Fragen ist der Sachverständigenrat zur Begutachtung der gesamtwirtschaftlichen Entwicklung. Seine Mitglieder, die »fünf Weisen«, sind in aller Regel Professoren der Volkswirtschaft, die von der Bundesregierung für einen Zeitraum von fünf Jahren berufen werden. Der Sachverständigenrat legt einmal im Jahr, im November, ein umfangreiches Gutachten mit Politikempfehlungen vor.

Gefragte »fünf Weisen«: Aber auch vor und nach der Vorlage des Gutachtens sind die »fünf Weisen« von den Medien sehr gefragte Gesprächspartner. Ob sie sich zu Interviews bereit erklären oder lieber ihrer wissenschaftlichen Arbeit nachgehen, hängt jeweils von ihrer Persönlichkeit ab. Auch nach ihrem Ausscheiden aus dem Sachverständigenrat können sich die Experten als wichtige Informanten erweisen, denn zumindest einige von ihnen beraten die Bundesregierung oder die Opposition weiter und fungieren mitunter sogar als Architekten wirtschafts- und sozialpolitischer Reformen. Wer nicht an die »fünf Weisen« herankommt, sollte es eine Nummer kleiner versuchen: Die meisten Ministerien verfügen über wissenschaftliche Beiräte, in denen mitunter meist kompetente Wirtschafts- und Sozialwissenschaftler sitzen. Sie werden allerdings vorsichtig sein, sich kritisch über die Politik »ihres« Ministeriums zu äußern.

Präsidenten und Mitarbeiter: Nicht minder gefragt sind die Präsidenten der unabhängigen Wirtschaftsforschungsinstitute wie das Deutsche Institut für Wirtschaftsforschung (DIW) in Berlin oder das Ifo Institut für Wirtschaftsforschung in München. Die sechs Institute geben alljährlich in Frühjahrs- und Herbstgutachten Konjunkturprognosen ab. Die Chefs sind in erster Linie

Repräsentanten und haben kaum noch Zeit für die Forschung. In der Regel können sie sich allgemein zu den großen und aktuellen Themen der Wirtschaftspolitik äußern. Wer Auskünfte über ein spezielleres Thema erhalten will, sollte sich besser an die Abteilungsleiter oder wissenschaftlichen Mitarbeiter der Institute wenden. Sie sind allerdings auf ihr Forschungsfeld begrenzt. Darüber hinaus erheben zwei zwar wissenschaftlich fundiert arbeitende, zugleich aber interessengebundene Forschungsinstitute regelmäßig ihre Stimme in der öffentlichen Debatte: Das arbeitgebernahe Institut der Deutschen Wirtschaft (IW) sowie das Wirtschafts- und Sozialwissenschaftliche Institut (WSI) des Deutschen Gewerkschaftsbundes.

Unkonventionelle Bankvolkswirte: Eine zu wenig beachtete, aber oft sehr gute Quelle bilden die Volkswirte von Banken. Alle größeren Kreditinstitute und Investmentbanken unterhalten volkswirtschaftliche Abteilungen, die ein waches Auge auf die nationale und globale Wirtschaftsentwicklung werfen. Die Chefvolkswirte der Banken sind geeignete Informanten und Gesprächspartner, wenn es um sehr aktuelle Entwicklungen und um kurze bis mittelfristige Prognosen geht. Ihre Stäbe entwickeln zudem nicht selten unkonventionelle Konzepte und Vorschläge – nicht zuletzt auch deshalb, weil sie bei aller Solidität und Seriosität nicht unter dem Druck wissenschaftlicher Standards stehen, die bis ins letzte Detail nachprüfbar sind.

Für die großen Fragen: Während die Bankvolkswirte die Dinge sehr stark durch die Brille der Kapitalmärkte sehen, betten die Wissenschaftler der Forschungsinstitute ihre Aussagen stärker in einen theoretischen Überbau ein. Dies gilt meist noch mehr für Hochschullehrer, die nicht in erster Linie in der Politikberatung tätig sind. Sie sind oft geeignete Gesprächspartner für die großen und grundsätzlichen Fragen der Wirtschafts- und Sozialpolitik. Gern geben sie natürlich Auskunft über Themen ihrer Spezialgebiete, zumal wenn sie gerade ein neues Buch darüber veröffentlicht haben. Auf der anderen Seite weigern sie sich häufiger, zu tagesaktuellen Themen Stellung zu nehmen, weil sie sich nicht tief genug »im Thema« fühlen.

Der Hochschullehrer als Unternehmer: Als problematisch kann es sich auch erweisen, dass die Professoren allzu sehr ihrem akademischen Denken und Duktus verhaftet sind. Der Journalist kann auf Unverständnis, gar auf Widerstand stoßen, wenn er die komplexe Materie allgemein verständlich darstellen will. Dies sollte sie indes nicht zur Fehleinschätzung verleiten, ihr Gegenüber lebte in einem akademischen Elfenbeinturm. Bevorzugt Professoren der Betriebs-, nicht selten aber auch solche der Volkswirtschaft sind beratend tätig, betreiben mitunter sogar eigene kleine Consultingfirmen. »Mich kann man nicht kaufen, nur mieten«, lautet ein geflügeltes Wort – auch unter Hochschullehrern. Oft erhalten sie nicht nur Aufträge aus der Politik, sondern auch von Unternehmen. Der Journalist kann dies nicht immer wissen, oft spricht sich so etwas jedoch herum.

Weiterführende Literatur:

Jürgen Jeske/Hans D. Barbier, Handbuch Wirtschaft. So nutzt man den Wirtschafts- und Finanzteil einer Tageszeitung (Societätsverlag, Frankfurt/Main 2000)

Günter Bentele/Lars Großkurth/René Seidenglanz, Profession Pressesprecher. Vermessung eines Berufsstandes (Helios Media, Berlin 2005)

Sascha Quaiser, Höchst vertraulich. Die Analysten-Branche kämpft um ihre Ehre und Arbeitsplätze, in: Wirtschaftsjournalist 06/2002

Voll im Trend: Die Exklusivgeschichte

»Einführung der neuen Software verzögert sich – Milliardenverlust erwartet«, »Konzernchef kurz vor Ablösung«, »Autobauer fährt im Halbjahr zurück in die Gewinnzone«, »Gesundheitsreform wird erneut nachgebessert« – viele solcher Meldungen resultieren nicht aus offiziellen Verlautbarungen, sondern haben zum Zeitpunkt ihrer Veröffentlichung Exklusivcharakter: Ein Medium bringt die Nachricht allein oder zumindest als erstes.

Seit einigen Jahren wird im Wirtschaftsjournalismus der Kampf um den *Scoop*[6] – den ersten Zugriff auf exklusiven Stoff – immer wichtiger und damit zugleich härter. Deshalb soll zunächst erklärt werden, warum dies der Fall ist. Danach wird genau definiert, was eine Exklusivnachricht ausmacht und welche Quellen es dafür gibt.

So ernüchternd es auch sein mag: Bei einem Großteil der Exklusivstorys geht die Initiative gar nicht vom Journalisten selbst aus, sondern vielmehr von den PR-Abteilungen. Sie dürften 80 bis 90 Prozent aller exklusiven Stoffe lancieren. Dabei handelt es sich meist um kleine Scoops, durch deren Verteilen Unternehmen und Wirtschaftspolitiker die Journalisten wohlwollend stimmen wollen. Wie gezeigt wird, haben kritische Journalisten jedoch auch die Option, aus eigener Initiative heraus oder zumindest durch Hinweise dritter Quellen Exklusivgeschichten zu recherchieren. Schließlich wird an Hand von zwei Fallbeispielen gezeigt, wie Exklusivnachrichten aufbereitet werden.

Warum Exklusivität?

»Siemens plant radikalen Umbau« prangte am 21. Februar 2000 auf der Titelseite der »Financial Times Deutschland« (FTD). In ihrer ersten Ausgabe wollte die deutsche Tochter der renommierten britischen Finanzzeitung mit einer Nachricht aufwarten, die kein anderes Medium hatte: mit einer Exklusivgeschichte, die voll einschlagen und das Blatt gleich zum Marktstart in aller Munde bringen sollte. Brachte es auch, wenngleich in anderer Weise, als von den Herausgebern gewollt: Siemens dementierte prompt den Bericht. Die »Financial Times« hat sich trotz dieses anfänglichen Reinfalls nicht von ihrer publizistischen Strategie abbringen lassen und stößt mehrere Exklusiv-Meldungen pro Woche aus, die allerdings auch nicht immer von den Beteiligten bestätigt werden. Bereits zuvor standen vor allem die bekannteren Magazintitel und die überregionalen Tageszeitungen im Konkurrenzkampf um die besten Exklusivmeldungen. Seit dem Einstieg der FTD hat sich der Wettbewerb aber noch einmal deutlich verschärft. Die Verlagshäuser haben in der exklusiven Berichterstattung einen Wettbewerbsfaktor entdeckt, der ganz wesentlich ihre Auflage beeinflusst. Und zwar aus zwei Gründen:

1. dem Werbeeffekt,
2. um die eigene journalistische Überlegenheit zu zeigen.

Werbeeffekt: Jedes Medium (sprechen wir der Einfachheit halber im Folgenden von der »Zeitung X«) verspricht sich einen Werbeeffekt von seinen Exklusivgeschichten. Denn wenn die Zeitung X eine Nachricht »ausgräbt«, die kein anderes Medium recherchiert hat oder sich zumindest im Glauben darin wägt, dass dem so ist, wird sie dies in einer entsprechenden Information an die Nachrichtenagenturen weitergeben. In der Regel wird diese Meldung noch am Tag vor Erscheinen »auf den Ticker gegeben«, wie es im Fachjargon heißt, um zum Kauf der Zeitung anzuregen. Dies liest sich dann zum Beispiel so:

```
Zeitung X: Maschinenbauer Röber AG will Kon-
kurrenten Zobel für 1,1 Milliarden Euro über-
nehmen
Mannheim - Der Maschinenbauer Röber will of-
fenbar seinen schärfsten Konkurrenten Zobel
übernehmen. Dies berichtet die Tageszeitung X
(Dienstagsausgabe) unter Berufung auf Unter-
nehmenskreise ...
```

Breite Streuung: Da sich die lokalen und regionalen Zeitungen, aber auch die audiovisuellen und Online-Medien in hohem Maße mit Agenturmaterial versorgen, bringen sie am nächsten Tag im Regelfall die Meldung unter Verweis auf die »Zeitung X« – zumal dann, wenn es sich um Medien aus der betroffenen Region handelt. Auch Radiosender, die selbst eher selten Exklusives aus der Wirtschaft hervorbringen, greifen diese Meldungen oft dankbar auf und berichten darüber unter Nennung der Quelle. Ein besonders prominenter Platz sind zum Beispiel die Nachrichtensendungen im Deutschlandfunk. Je nach ihrem Stellenwert (beispielsweise Massenentlassungen oder Mega-Fusionen) kann die Meldung sogar bis in die abendlichen Fernsehnachrichten gelangen.

Die Exklusivstory soll von der journalistischen Überlegenheit des Mediums zeugen – frei nach dem Motto: »Wir sind besser, weil wir einfach näher dran und außerdem viel schneller sind!« Den normalen Leser (einer anderen Zeitung) mag dies wenig kratzen, weil er die Nachricht ebenfalls bekommt, wenn auch vielleicht mit einem Tag Verspätung. Diese Strategie zielt aber ohnehin vor allem auf Entscheider in der Wirtschaft und auf Anleger ab, die nicht nur seriös und fundiert auf dem Laufenden gehalten werden möchten, sondern dazu auch mit Extra-Informationen gefüttert werden und dabei möglichst zeitnah am Geschehen bleiben wollen. Dabei handelt es sich um eine zahlenmäßig kleine Elite, deren Leseverhalten allein kaum große Bewegung in die Auflagenzahlen bringen dürfte. Doch gilt auch hier der alte Grundsatz: Wie der Herr, so's Gescherr. Und dies kann den Verkauf sehr wohl beeinflussen. Denn auch diejenigen (z. B. die breitere Masse des mittleren Managements), die die Information gar nicht unmittelbar für ihre Arbeit benötigen, aber gerne in einer Position wären, in der sie sie bräuchten, fühlen sich von der Exklusivität angesprochen. Weil sie mit der »richtigen« Zeitung »voll im Trend« liegen und vermeintlich auch »ganz nah dran« sind.

---

[6] Der englische Begriff *Scoop* bedeutet wörtlich übersetzt Schaufel, Schippe oder Schöpfkelle. Im Amerikanischen steht er aber auch für Allein- bzw. Erstmeldung. Der Journalist hat sozusagen die »erste Kelle« bekommen bzw. etwas als Erster abgeschöpft. Auch in Deutschland ist der Begriff inzwischen gängig.

Meist lanciert, selten eigenrecherchiert

Die Begriffe »exklusiv« und »Exklusivgeschichte« sind in aller Munde – zumindest bei Wirtschaftsjournalisten. Was genau ist aber exklusiv? Laut Duden bedeutet das Wort »nicht alltäglich« oder »nur einmal vorhanden«. Diese Attribute treffen auch auf die Exklusivgeschichte im Wirtschaftsjournalismus zu. Denn sie zeichnet sich durch folgende Kriterien aus:

- **Einzigartigkeit:** Es handelt sich um eine Nachricht, die ein Medium als Einziges veröffentlicht. Oder zumindest als Erstes: Denn andere, zumal die konkurrierenden Medien greifen den Stoff meist auf.

- **Ungewöhnliche Wege der Recherche:** Es geht um Informationen, die nicht »offiziell« sind, an die also nicht jeder Journalist gelangt und die zumindest scheinbar gegen den Willen der betroffenen Akteure veröffentlicht werden. Um an diese Informationen zu kommen, muss der Autor die herkömmlichen Pfade der Recherche verlassen. Pressekonferenzen und Anfragen bei Pressesprechern treten in den Hintergrund, dafür spielen Informanten eine wichtige, häufig sogar die entscheidende Rolle. Es kommt allerdings noch häufiger vor, dass die »Betroffenen« selbst – Unternehmen, Verbände wie Politiker – Journalisten gezielt mit Exklusiv-Informationen füttern. Bei diesem Kriterium gibt es eine wichtige Einschränkung: Exklusivität kann auch durch Interviews mit Entscheidern entstehen – vorausgesetzt, der Journalist bekommt das Interview allein, also exklusiv.

- **Nachrichtenwert:** Die Exklusivgeschichte darf auch insofern »nicht alltäglich« sein, als sie nachrichtliche Relevanz aufweisen muss. Der unmittelbarste Gradmesser dafür sind die Nachrichtenagenturen: Wenn sie den Text vor der Veröffentlichung erhalten und daraus eine Meldung machen, halten sie ihn für relevant. Dieses Kriterium ist insofern von großer Bedeutung, als der Begriff »exklusiv« inzwischen geradezu inflationär eingesetzt wird. So will einem zum Beispiel eine PR-Agentur einen Termin mit dem Vertriebsmanager eines mittelständischen Unternehmens aus der Provinz als »exklusiv« verkaufen, nur weil man als einziger Journalist mit ihm reden darf oder soll.

Lanciert oder eigenrecherchiert? Ein zentrales Unterscheidungsmerkmal bei Exklusivgeschichten besteht darin, ob sie »lanciert« oder »eigenrecherchiert« sind. Die lancierten Nachrichten sind klar vorherrschend, sie dürften 80 bis 90 Prozent aller Exklusivgeschichten ausmachen. Bei lancierten Nachrichten wirkt das »Zielobjekt«[7] – ob nun Unternehmen oder Wirtschaftspolitiker – als Initiator. Das Zielobjekt verbreitet hier ganz bewusst eine Nachricht nicht über die üblichen Wege wie Pressemitteilung oder Pressekonferenz, die im Regelfall für die maximale Streuung der Information sorgen. Vielmehr geht es – zumindest im ersten Schritt – über einen einzigen Kanal bzw. nur ein Medium. Zum Teil erfolgt dies offiziell, oft in Form eines Interviews, zum Teil inoffiziell, indem sich der berichtende Journalist nur auf »Unternehmenskreise«, auf »das Umfeld der Fraktion« oder Ähnliches als Quelle berufen darf. Wenig später gibt das Zielobjekt meist eine Pressemitteilung heraus, die die Exklusivgeschichte bestätigt.

Warum dann überhaupt diese Übung?, ließe sich einwenden. Die PR-Abteilungen haben zwei Hauptmotive. Erstens, die Exklusiv-Nachricht suggeriert, dass sie besonders wichtig ist. Damit steigt die Wahrscheinlichkeit, dass sie andere, besonders konkurrierende Medien wahrnehmen, auf ihre Relevanz hin prüfen und wahrscheinlich noch einmal aufgreifen (»Weiterdrehen«) – mit der Folge, dass das Thema mehrere Tage oder gar Wochen öffentliche Aufmerksamkeit erfährt. Zweitens, Zielobjekte beschreiten aber auch dann bevorzugt den exklusiven Weg, wenn sie schlechte Nachrichten bekannt geben müssen. Sie wollen die öffentliche Reaktion dadurch abmildern.

»Weniger Verlust als erwartet«: Berichtet zum Beispiel eine Zeitung exklusiv schon zwei oder drei Tage vorher, dass das im DAX notierte Unternehmen X in diesem Jahr einen herben Verlust schreibt, der in der Größenordnung zwischen fünf und sechs

Mrd. Euro liegen dürfte, wird die Reaktion in allen Wirtschaftsredaktionen des Landes wahrscheinlich ähnlich ausfallen. »Ist ja'n Hammer!« wird es allenthalben heißen. Da es sich jedoch noch nicht um harte News handelt, werden die Schlagzeilen entsprechend vorsichtig ausfallen (»Untenehmen X angeblich mit Milliardenverlust«). Wenn dann die offizielle Pressekonferenz stattfindet, werden die Journalisten wenig überrascht sein und die Schlagzeilen nicht mehr ganz so drastisch formulieren. Schlimmer wäre es wahrscheinlich gekommen (im übrigen auch für den Aktienkurs von X), wenn sich das Unternehmen statt für die homöopathischen Dosen für eine Schockmethode entschieden hätte. Zudem dürfte X eine bessere Presse bekommen, wenn sich der tatsächliche Verlust eben »nur« auf 4,5 und nicht auf im schlimmsten Fall mögliche sechs Mrd. Euro beläuft.

Ist die Exklusivgeschichte eigenrecherchiert, läuft dies den PR-Interessen des Zielobjekts meist zuwider. Medium und Autor kommen wie bei der lancierten Story zu ihrem *Scoop*, häufig hat er jedoch eine höhere Qualität, weil er das Zielobjekt auf dem falschen Fuß erwischt, mithin unvorteilhafte Interna hervorbringt, und oft auch höhere Wellen schlägt. Im Wesentlichen gibt es fünf Ansatzpunkte für eigenrecherchierte Exklusivgeschichten:

Der Journalist geht Hinweisen von Informanten nach. Dabei kann es sich um Informationen handeln, die von Kontaktpersonen kommen, zu denen der Journalist eine dauerhafte Beziehung aufgebaut hat (vgl. Kapitel »Mitspieler – Gegenspieler«). Einige Wirtschaftsjournalisten treffen sich in regelmäßigen Abständen mit Unternehmensberatern, Analysten oder Investmentbankern, um in Erfahrung zu bringen, ob es »etwas Neues« gibt. Dabei kann schon einmal der eine oder andere wichtige Tipp herausspringen.

Anderen die Schuld geben: Einige Zielobjekte versuchen, von sich selbst abzulenken, indem sie durch eine Exklusiv-Nachricht andere für ihre Probleme verantwortlich machen, zum Beispiel Lieferanten oder Konsortialpartner. Dabei kommt es sehr selten vor, dass sich ein Entscheider des Zielobjekts aus der Deckung wagt und zum Beispiel in einem Exklusiv-Interview Geschäftspartner öffentlich anprangert. Solche Informationen streut in der Regel vielmehr die PR-Abteilung des Zielobjekts, sozusagen als Anschubhilfe für eine eigene Recherche. Selbstredend darf hier die Quelle nicht genannt werden.

> **Hinweis**: Der Journalist sollte sich nie auf nur einen Informanten verlassen. Bevor er seine Geschichte veröffentlicht, müssen mindestens zwei – möglichst glaubwürdige und voneinander unabhängige – Quellen die Fakten bestätigen.

»Schwarze PR«: Es kommt auch immer wieder vor, dass Konkurrenten ein Zielobjekt anschwärzen wollen und deshalb gezielt mit einschlägigen Informationen an Journalisten herantreten. Wie soll man mit dieser »schwarzen PR« umgehen, wie sie im Branchenjargon genannt wird? Zunächst muss jeder Journalist für sich selbst klären, ob er es für ethisch verantwortbar hält, überhaupt solche Informationen für eine Recherche aufzugreifen. Entscheidet er sich dafür, sollte er aber nicht aus den Augen verlieren, dass der Informant möglicherweise gerade auch von sich ablenken will.

Der unerwartete Anruf: Hinweise können auch von Einzelpersonen kommen, mit denen der Journalist vorher noch nie zu tun hatte. Das ist dann der berühmte unerwartete Anruf in der Redaktion. Derartige Infos sind allerdings mit großer Vorsicht zu genießen und müssen besonders intensiv auf ihre Stichhaltigkeit geprüft werden. Denn oft sind bei diesen Informanten das Hauptmotiv für ihren Anruf gekränkter persönlicher Stolz und/oder Rachegelüste, weil sie zum Beispiel von einer bestimmten Position verdrängt worden sind. Nicht selten handelt es sich aber auch einfach nur um Querulanten und Wichtigtuer. Freilich kann bei einem Anrufer auch Gerechtigkeitssinn im Mittelpunkt stehen. In jedem Fall sollte der Journalist immer die Motive und Interessen seines Informanten hinterfragen.

Stichwort Scheckbuchjournalismus: Immer wieder wundern sich Journalisten, wie Kollegen an bestimmte Informationen herankommen. Eine Erklärungsvariante lautet: Sie haben dafür bezahlt. Entgegen dem weitverbreiteten Glauben, nur Boulervardblätter und -magazine zückten das Scheckbuch, verfügen auch durchaus einige angesehene Medien über Etats, mit denen ihre Redakteure Informanten bezahlen. Meist sind es die Informanten selbst, die an die Medien herantreten und Enthüllungsmaterial meistbietend verkaufen wollen. Manchmal ist es jedoch auch umgekehrt und die Medien suchen gezielt nach »empfänglichen« Informanten.

Erwünschte Nebeneffekte. Unverhofft kommt bei Exklusivgeschichten zwar nicht oft. Aber manchmal spielt auch der – wohl kalkulierte – Zufall eine Rolle. Wer sich gezielt Gedanken darüber macht, welche Zielobjekte in naher Zukunft in den öffentlichen Mittelpunkt rücken könnten, dürfte bei seinen Recherchen auch auf exklusive Aspekte stoßen – zumal dann, wenn innerhalb des Zielobjekts die Unstimmigkeiten zunehmen und einige Akteure bereit sind »auszupacken«. Man kann aber auch an einer vermeintlich unverfänglichen Geschichte recherchieren und plötzlich tut sich ein neuer, möglicherweise exklusiver Aspekt auf, durch das Studium von Unterlagen zum Thema oder aber häufiger im Laufe von Interviews. Manchmal ist es nur ein scheinbar unbedeutender Satz des Gesprächspartners. »Wussten Sie das noch nicht?«, fragt er dann verwundert. »In der Branche macht diese Info seit einigen Tagen die Runde.« Hier gilt es nachzuhaken. Manchmal springen bei Gesprächen auch wertvolle Hinweise zu anderen Themen und/oder Zielobjekten heraus, über die man ebenfalls gerade recherchiert.

Gezieltes »Abgreifen«: Eine andere Variante, die mehr oder minder mit Zufallsbegegnungen zu tun hat, ist das »Abgreifen«. Bei manchen Exklusivgeschichten heißt es bei der Quellenangabe »... `sagte X am Rande einer Veranstaltung in Y`«. Manche Journalisten besuchen ganz gezielt Kongresse oder Vortragsveranstaltungen, bei denen sie »Wirtschaftspromis« jenseits des üblichen Presserummels ansprechen können. Oft reagieren die Angesprochenen zurückhaltend bis abweisend oder beten bereits Altbekanntes herunter. Schließlich wissen die meisten von ihnen, was sie sagen dürfen und was nicht. Manchmal rutscht ihnen aber auch eine nachrichtenträchtige Aussage heraus. Die Chancen sind noch größer, wenn man sich bereits kennt und am Rande der Veranstaltung länger »plaudert«. Der Angesprochene ist dann meist auch etwas lockerer, weil die Aufpasser von der Presseabteilung nicht unbedingt mit dabei sind. Für solche Gespräche eignen sich auch Parties im Rahmen von Messen gut. Beim gemeinsamen Cocktail könnte zumindest ein guter Tipp herausspringen.

Der Chef spricht für sich selbst: Manchmal versuchen die Pressesprecher jedoch im Nachhinein, das Gesagte wieder ungeschehen zu machen, indem sie den Journalisten und die Nachrichtenagenturen, die eine Meldung dazu bringen könnten, anrufen und behaupten, das Statement ihres Chefs sei »nicht autorisiert« gewesen – so als könne dieser nicht für sich selbst sprechen. Wer jedoch auf Nummer sicher gehen will, sollte seinen Gesprächspartner vorher fragen, ob das, was er gesagt hat, sich auch so veröffentlichen lässt.

Prozesse durchleuchten: Bestimmte Prozesse wie Übernahmen und Börsengänge von Unternehmen laufen in der Regel nach dem gleichen Muster ab. Wer sich hierzu die entsprechenden theoretischen Kenntnisse aneignet, kann gezielt bestimmte Informanten kontaktieren, wenn oder sogar noch bevor es so weit ist.

PR-Strategien kritisch hinterfragen: Wirtschaftsjournalisten sind zwar keine Privatdetektive, geschweige denn Kriminalkommissare. Zumindest einige von ihnen verfügen aber über ein scheinbar angeborenes kriminalistisches Gespür. Dieser »Riecher« lässt sich aber auch entwickeln, spielen hier doch neben dem Animus auch Erfahrung und Beobachtung eine bedeutende Rolle. Wer genau hinsieht und Zusammenhänge kritisch hinterfragt (»Ist diese Verlautbarung wirklich logisch? Was will das Zielobjekt damit *eigentlich* sagen?«), findet manchmal schneller, als er denkt, einen Ansatzpunkt für eine Exklusiv-Story.

[7] Der Einfachheit halber wird hier und im Folgenden vom »Zielobjekt« gesprochen. Es bezeichnet den Sender der Information, wird aber als Zielobjekt bezeichnet, weil es das Objekt der Recherche durch den Journalisten darstellt. Beim »Zielobjekt« kann es sich also um ein Unternehmen, einen Wirtschaftsverband, eine Gewerkschaft, einen Wirtschaftspolitiker, einen wirtschaftspolitischen Ausschuss oder Ähnliches handeln.

Wie investigativ ist exklusiv?

Der Journalist als Detektiv: Exklusivgeschichten werden häufig in einem Atemzug mit einer besonderen Spielart des Journalismus genannt, der investigativen Recherche. Ist exklusiver Wirtschaftsjournalismus – zumindest die eigenrecherchierte Variante – aber wirklich auch investigativ? »Investigation« heißt im Englischen Erforschung, Nachforschung, Untersuchung oder Ermittlung. Gerade der Begriff »Ermittlung« deutet darauf hin, dass diese Variante der journalistischen Recherche oft detektivisch-krimininalistischen Charakter hat.

Watergate-Aufklärung als Vorbild: Den bekanntesten Fall in der Geschichte des investigativen Journalismus stellt zweifellos die Watergate-Affäre zu Beginn der 1970er Jahre dar. Bob Woodward und Carl Bernstein, zwei Lokalredakteure der »Washington Post«, deckten in monatelanger Kleinarbeit auf, dass die damals von der Republikanischen Partei gestellte US-amerikanische Regierung Mitglieder der Demokraten und politisch missliebige Journalisten illegal abhören ließ. Die beiden Journalisten konnten dabei nachweisen, dass sogar Präsident Richard Nixon (1968–1974) Kenntnis von den Machenschaften besaß. Nixon geriet daraufhin so sehr unter öffentlichen Druck, dass er zurücktreten musste.

Drei Kriterien: Johannes Ludwig (2002) hat in seinem Buch über investigativen Journalismus eine Reihe von Kriterien für dieses Genre herausgefiltert. Neben anderen zählt er diese zu den wichtigsten Charakteristika:

- **Hohe Relevanz:** Die Enthüllungen zeichnen sich durch eine hohe soziale Relevanz aus. Die Geschichten drehen sich in der Regel um Missmanagement, Amtsmissbrauch und Selbstbedienung, Filz und Klüngelwirtschaft, Bestechung und flächendeckende Korruption.
- **Großer Aufwand:** Die Recherchen erweisen sich in der Regel als um ein Vielfaches aufwändiger als bei normalen Geschichten. Dabei kommt Informanten eine bedeutende Rolle zu, die Aussagen des Zielobjekts sind zweitrangig.
- **Starke Widerstände:** Der Journalist trifft bei seinen Recherchen auf Widerstände und muss diese beseitigen, denn die Gegenseite hat an der Aufdeckung kein Interesse.

Die Ausnahme bildet die Regel. Treffen diese Kriterien auch auf den auf Exklusivität zielenden Wirtschaftsjournalismus zu? Nur in begrenztem Maße. Wer unabhängige Recherchen führt, um möglicherweise Dinge an den Tag zu fördern, die nachteilig für das Zielobjekt sind, muss im Regelfall mit dessen Widerstand rechnen. Seltener kommt es jedoch vorher, dass Journalisten sehr aufwändig recherchieren können – eine Folge knapper Ressourcen. Und noch seltener weisen die Exklusivgeschichten aus der Welt der Wirtschaft hohe soziale Relevanz oder gar (wirtschafts)politische Sprengkraft auf, zumindest wenn man die enge Definitionsbreite von Ludwig zum Maßstab nimmt. Dies liegt daran, dass Missmanagement, Klüngelwirtschaft und Selbstbedienung zwar nach Wirtschaftsthemen klingen. Für Sujets dieses Formats leisten sich viele Medien jedoch darauf spezialisierte Redaktionen.

Andere bewegende Themen: Dies hat zur Folge, dass der Fokus der Wirtschaftsjournalisten meist ein anderer ist. Plant das große Chemieunternehmen X eine feindliche Übernahme der Pharma-Tochter des Erzrivalen Y? Wer wird neuer Chef beim

Konzern Z? Wie sieht das neue Rentenkonzept des größeren Koalitionspartners aus? Dies sind die Stoffe für Exklusiv-Stories, mit denen sich Wirtschaftsjournalisten in erster Linie beschäftigen. Darunter können sich Vorgänge und Ereignisse von extrem hoher wirtschaftlicher Bedeutung befinden, die zumindest mittelbar auch hohe soziale Relevanz haben. So haben Exklusivgeschichten mitunter enorme Auswirkungen auf die Kapitalmärkte. Schlägt ein Aktienkurs in Folge einer Exklusivmeldung stark nach oben oder unten aus, kann das betroffene Unternehmen binnen weniger Minuten mehrere Milliarden Euro gewinnen oder verlieren.

Störfaktor Eigenrecherche: Dies kann sowohl bei lancierten wie bei eigenrecherchierten Geschichten der Fall sein. Eigenrecherchierte Storys sind jedoch meist von größerer Tragweite, weil sie nicht in die PR-Dramaturgie des Zielobjektes eingebettet sind. Ein Beispiel: Muss ein Unternehmen einen umfangreichen Stellenabbau vornehmen, könnte die PR-Abteilung dem Vorstand raten, die Stellenstreichungen auf der Bilanzpressekonferenz im Zusammenhang mit den miserablen Finanzzahlen des abgelaufenen Geschäftsjahres bekannt zu geben. Dann wirkt die Maßnahme möglicherweise plausibel, notwendig oder gar unabwendbar. Zumindest erscheint sie verständlicher, als wenn ein Autor in hartnäckiger Kleinarbeit unabhängig von der PR-Abteilung recherchiert und von einer geplanten Kündigungswelle schreibt. Und dabei die Geschäftslage anders interpretiert als das Management des Unternehmens. Die Betroffenen können dann nicht mehr entscheiden, wann sie die entsprechende Information an die Öffentlichkeit geben und wie sie sie verpacken und verkaufen. Medienberichte sind mitunter sehr bedeutsam für die interne Kommunikation von Zielobjekten. Gerade Meldungen über Stellenabbau, zumal wenn sie vom Management noch nicht offiziell bestätigt sind, können extreme Unruhe in Unternehmen hineintragen.

Recherchetipp: Wer eine Exklusivgeschichte recherchiert, sollte sich vor ihrer Veröffentlichung über deren mögliche Folgen Gedanken machen. Sollte die Geschichte möglicherweise gravierende Auswirkungen für Menschen haben, ist sorgfältig abwägen, ob der schnelle Scoop wichtiger ist oder ob es Alternativen gibt.

Persönliche Folgen: Verantwortungsbewusstsein und eine gewisse Vorsicht sollte man auch walten lassen, wenn es um Einzelpersonen geht – vor allem solche, die im öffentlichen Rampenlicht stehen. Denn deren Ruf ist leicht beschädigt. Und viele Wirtschaftspromis wehren sich gegen unliebsame Berichte, indem sie im Handumdrehen Unterlassungsklagen anstrengen (vgl. Kapitel »Rechtliche und ethische Normen«). Berichte über vermeintlich fragwürdiges oder sogar rechtswidriges Handeln ziehen mitunter aber auch juristische Folgen gegen die Zielobjekte nach sich. So können Aktionäre nicht nur Unternehmen, sondern auch deren Vorstände persönlich verklagen.

Oder Staatsanwaltschaften leiten aus eigenen Stücken Ermittlungsverfahren ein. Ein bekanntes Beispiel hierfür ist die so genannte VW-Affäre: Die Medien deckten hier in den Jahren 2005/06 ein Netzwerk zwischen Teilen der Unternehmensführung und Betriebsrat auf. Unter Rückgriff auf eine schwarze Vorstandskasse machten Manager und Arbeitnehmervertreter luxuriöse Lustreisen, unter anderem in brasilianische Bordelle. VW-Personalvorstand Peter Hartz – Architekt der Arbeitsmarktreformen gleichen Namens – musste daraufhin aus dem Amt scheiden. Er wurde unter anderem wegen des Verdachts der Untreue angeklagt (Stand: Dezember 2006).

Fakten abbilden – und manchmal auch schaffen: Im Regelfall erzählt die Exklusivgeschichte nur das, was ohnehin passiert (ist) oder passieren wird – allein die Art der Präsentation ist eine andere. Vor allem eigenrecherchierte Storys können aber auch dazu führen, dass Vorhaben eben dadurch scheitern, weil sie zu früh publik werden oder wichtige, sich als verhängnisvoll erweisende Details bekannt werden. Dies ist am häufigsten bei Unternehmensfusionen der Fall.

Ein Beispiel: Die Großbank A plant, den Konkurrenten B zu kaufen. Die Transaktion soll zwar als freundliche Übernahme verlaufen, doch dann bringt eine Wirtschaftszeitung eine aufrührende Exklusivnachricht: Gleich nach der Übernahme wolle A die sehr ertragsstarke Investment-Gesellschaft von B verkaufen. Dies sei nicht wahr, beteuert A. Doch die Chefetage von B reagiert entsetzt auf die Meldung, die möglicherweise schon vorhandene Zweifel bestärkt, ob man bei einem Zusammengehen mit dem Branchenprimus nicht unter die Räder käme. B lässt das Geschäft daraufhin platzen.

Meist nur kleine Scoops: Die große Mehrheit der Exklusivgeschichten ist von ihrer Tragweite her aber weit niedriger einzustufen als die fiktive Bankenfusion. Oft bleiben die Storys – zumal wenn sie lanciert sind – gänzlich ohne spürbare Folgen. Auch hier ein Beispiel: Der Brüsseler Korrespondent einer überregionalen Tageszeitung hat ein internes Dokument der EU-Kommission zugespielt bekommen, aus dem ersichtlich wird, dass Deutschland auf einer schwarzen Liste der Länder steht, die ihren Strommarkt noch nicht ausreichend für den Wettbewerb geöffnet haben. Eine solche Meldung ist zwar nicht gerade vorteilhaft für die Bundesregierung. Aber einen Tag später wird die Liste ohnehin veröffentlicht. Und die Regierung war wahrscheinlich schon Wochen vorher darüber informiert, dass sie von Brüssel unter Druck gesetzt wird, weshalb sie in Ruhe ihre öffentliche Reaktion auf ein Thema vorbereiten konnte. Unter dem Strich besteht der einzige Effekt darin, dass das Medium, das die Liste vorab bekommen hat, einen »Scoop« landen und Punkte – oft nur ein Pünktchen – im Kampf um die Leserschaft sammeln konnte.

Formen der Exklusivität – zwei Fallbeispiele

Am häufigsten werden Exklusivgeschichten in den Stilformen des Berichts bzw. der moderneren News Analysis sowie des Interviews verpackt (vgl. das Kapitel »Themen finden«). Hier soll nun an Hand von zwei Fallbeispielen gezeigt werden, wie Exklusivnachrichten entstehen, oder genauer: sich produzieren lassen.

Beispiel 1: Der Bericht.

> Völlig unvermittelt ruft ein Informant mit einer vermeintlichen Hammer-Info an: »Staatssekretär X im Wirtschaftsministerium steht vor dem Abschuss! Passiert auf jeden Fall in den nächsten Tagen.«

Was tun? Erster Schritt: Verifizieren, also überprüfen, ob die Information zutreffend ist – oder ob es sich um eine »Ente« handelt. Der Informant ist nur bedingt glaubwürdig, denn er kommt nicht aus dem Wirtschaftsministerium. Und selbst wenn er Ministeriumsmitarbeiter wäre, so hat er sich nicht offiziell geäußert. Die Quelle ist vielmehr Mitglied der Oppositionspartei und dann auch noch ein Hinterbänkler im Parlament. Allerdings ist er gut vernetzt und hat schon so manche interessante Hintergrundinformation geliefert. Dennoch ist Vorsicht angebracht. Also: Bei der Pressestelle des Wirtschaftsministeriums anrufen und nachfragen, ob etwas an der Sache dran ist.

> Der Pressesprecher lacht kurz auf, als er mit dem Gerücht konfrontiert wird. Das Lachen wirkt aber auch irgendwie gewollt. »Sie wissen doch, Gerüchte kommentieren wir grundsätzlich nicht, selbst wenn sie ausgemachter Humbug sind«, sagt er. Für ihn ist das Thema damit abgeschlossen. »Können Sie nicht wenigstens inoffiziell etwas sagen? Damit ich sicher bin, dass wirklich nichts dran ist.« Der Sprecher zögert kurz, sagt dann jedoch, dass er auch inoffiziell nichts hinzu zu fügen habe.

Aha! Es gibt kein eindeutiges Dementi – weder offiziell noch inoffiziell. Folglich scheint doch etwas an der Sache dran zu sein. Also Schreiben und dann auch gleich als Exklusivmeldung an die Nachrichtenagenturen geben? Auf keinen Fall – und dies gleich aus mehreren Gründen. Für Artikel dieser Art benötigt man mindestens zwei glaubwürdige, voneinander unabhängige Quellen. Wird außerdem die Meldung schnell »rausgefeuert« und stimmt nicht, ist dies nicht nur peinlich, sondern könnte auch das Verhältnis zum Wirtschaftsministerium belasten. Schließlich ist das mögliche Ausscheiden des Staatssekretärs zwar schon eine Nachricht an sich, doch würde sie noch deutlich aufgewertet werden, ließen sich die Gründe dafür herausfinden. Und noch besser wäre es, auch gleich noch den Namen des Nachfolgers präsentieren zu können. Wer könnte noch etwas wissen?, heißt deshalb die nächste Frage. Möglicherweise die Wirtschaftspolitiker der Regierungsfraktionen.

> »Ich weiß davon nichts«, sagt A, der der Partei des Wirtschaftsministers angehört. Wirtschaftspolitiker B vom kleineren Koalitionspartner, der den gefährdeten Staatssekretär X stellt, meint nur lakonisch: »Dazu kann ich nichts sagen.« Zwar hält sich auch B bedeckt. Es klingt aber mehr danach, als würde er gern sprechen, dürfe aber nicht.

Der Recherche-Radius muss vergrößert werden – trotz oder gerade wegen dieses weiteren, wenngleich sehr »weichen« Hinweises. Wer käme noch in Frage? Zum Beispiel der Geschäftsführer eines großen Branchenverbands, der häufiger mit Staatssekretär X zu tun hat.

> »Die Geschichte habe ich gestern Abend auch gehört«, bestätigt der Geschäftsführer das Gerücht. »Ich bin fast umgefallen!« »Und warum wird X abgesägt?« »Er hat offensichtlich das falsche Parteibuch«, sagt der Verbandsfunktionär. »Der Minister will wohl einen Parteifreund zum Staatssekretär machen.« Um den klei-

nen Koalitionspartner nicht allzu sehr zu verprellen, soll X angeblich Präsident der einflussreichen Aufsichtsbehörde Y werden – ein fast gleichwertiges Amt. Aber das sei noch keine ausgemachte Sache.

Teamarbeit ist oft hilfreich: Da trifft es sich gut, dass ein Redaktionskollege einen guten Draht in die Aufsichtsbehörde hat. Der Kollege ruft einen Informanten aus einem Fachreferat an, der die Informationen des Verbandsfunktionärs bestätigt und sogar noch erweitert: X habe sich zunächst gesträubt, jetzt aber zugesagt, Präsident von Y zu werden. Aber auch diese Info muss noch einmal gegengecheckt werden. Der Pressesprecher der Aufsichtsbehörde mauert allerdings. Also noch einmal zurück zu Wirtschaftspolitiker B vom kleineren Koalitionspartner. Er schien ja schon beim ersten Anruf nicht völlig abgeneigt gewesen zu sein, über das Thema zu sprechen.

Konfrontiert mit den bisherigen Rechercheergebnissen, sagt er: »Stimmt alles – aber zitieren Sie mich ja nicht damit!« Während B noch einige kleinere Zusatzinformationen gibt, scheint er es sich anders zu überlegen. Plötzlich möchte er doch, dass in den Artikel ein Zitat eingebaut wird und zwar: »Wir sind äußerst befremdet über diesen Alleingang des Ministers.« Der Satz solle aber nicht direkt ihm, sondern »Kreisen« zugeordnet werden. Der Koalitionspartner wolle seinen Einfluss auf Kosten des kleineren stärken. »So geht das aber nicht.«

Offizielle Bestätigung – oder nicht: Die Faktenlage ist nun eindeutig, das muss auch der Ministeriumssprecher einsehen. Oder nicht? Der Sprecher bestätigt den Vorgang nun zähneknirschend inoffiziell, will dies offiziell aber nicht tun. Er wird seine Gründe dafür haben. Entsprechend lehnt er auch eine Stellungnahme des betroffenen Staatssekretärs ab. Alle Rechercheergebnisse zusammen genommen, könnte ein Exklusivbericht über den Fall so beginnen:

Staatssekretär aus Wirtschaftsministerium muss gehen

X soll Präsident der Aufsichtsbehörde Y werden – Großer Koalitionspartner will offenbar Einfluss in Ministerium stärken

Berlin – X, Staatssekretär im Wirtschaftsministerium, wird in den nächsten Tagen sein Amt aufgeben. Dies erfuhr diese Zeitung aus mit dem Vorgang vertrauten Kreisen. Das Ministerium wollte dazu keine Stellung nehmen. Aus Kreisen des Hauses wurde der Rücktritt von X jedoch bestätigt. Nach Informationen dieser Zeitung soll X Präsident der Aufsichtsbehörde Y werden. Die Position ist zwar der eines Staatssekretärs vergleichbar, doch ganz freiwillig wechselt X nicht. Vielmehr scheint er dem Druck des Wirtschaftsministers nachgeben zu müssen, der die Position des Staatssekretärs mit einem Politiker aus seiner Partei besetzen will. »Wir sind äußerst befremdet über diesen Alleingang des Ministers«, heißt es aus Kreisen des kleineren Koalitionspartners, der sich nicht ausreichend konsultiert fühlt. Der größere Partner wolle auf Kosten des kleineren seinen Einfluss im Wirtschaftsministerium stärken ...

Beispiel 2: Das Interview. Wenn der Pressesprecher eines Zielobjekts aus eigenen Stücken an einen Wirtschaftsjournalisten mit einem Interview-Angebot herantritt, dann kann dies im schlimmsten Fall bedeuten, dass dies für das vermeintlich langweilige Zielobjekt der einzige Weg überhaupt ist, um in die Medien zu kommen. Sprecher gehen aber auch mit sehr namhaften Chefs »auf Tournee«, wenn sie entweder den Eindruck gewonnen haben, sie waren lange nicht mehr in den Schlagzeilen, oder wenn sie eine bestimmte »Botschaft« über einen längeren Zeitraum auf möglichst vielen Kanälen verbreiten wollen.

Lancierte Botschaften: Richtig interessant wird es, wenn man als einziges Medium das Interview angeboten bekommt. Dann hat das Gespräch an sich schon Exklusiv-Charakter, und sehr oft springt auch eine Exklusiv-Nachricht heraus, weil die andere Seite das Gespräch ja sonst nicht angebahnt hätte. Es läuft hier also auf eine *lancierte* Exklusiv-Nachricht hinaus. Je nach Typus des Gesprächspartners (vgl. Kapitel »Mitspieler – Gegenspieler«) kann jedoch auch ein Interview im Rahmen einer Tournee durchaus Exklusives hervorbringen. Denn professionelle PR-Abteilungen tragen dafür Sorge, dass der Interviewte mehrere exklusive Botschaften auf verschiedene Medien verteilt.

Interviewpartner nach Themen wählen: Wenn Journalisten die Initiative ergreifen, tun sie dies (zu) oft, weil sie zugkräftige große Namen haben wollen – nicht selten auch auf Wunsch oder Druck von Chefredaktion oder Ressortleitung. Das Thema tritt dabei allzu oft in den Hintergrund. »Der wird schon etwas Wichtiges sagen«, lautet die Standard-Begründung. Sinnvoller, da ergiebiger, ist es jedoch, sich seinen potenziellen Interview-Partner nach dem Thema auszusuchen. Wer passt am Besten zu einem Trend oder zu einer aktuellen Thematik, sollte das wichtigste Auswahlkriterium lauten. Dann ist auch die Chance größer, etwas Exklusives heraus zu bekommen. Hinzu kommt, dass sich die andere Seite in der Regel nur auf solche Interviews einlässt, wenn auch sie davon überzeugt ist, es lohne sich inhaltlich. Dies ist oftmals auch der Grund, warum es manchmal so lange dauert, bis man den Wunschpartner zum Interview bekommt – nicht die oft vorgeschobenen Terminprobleme.

Bei einem Wortlaut-Interview, das im Frage-Antwort-Passus abgefasst wird, haben meist nur wenige Passagen wirklichen Exklusiv-Charakter, im Durchschnitt etwa drei oder vier von – sagen wir – 15 Antworten auf 15 Fragen. Nehmen wir das fiktive Fallbeispiel eines Zeitungsinterviews mit Dr. Markus Müller, dem Vorstandsvorsitzenden der Röber AG. Über weite Strecken wird Müller noch einmal die Strategie des Maschinenbauers ausbreiten und dabei an der einen oder anderen Stelle vielleicht ein bisher unbekanntes Detail preisgeben. Nichts wirklich Neues also. Doch dann stellt der Interviewer die bei solchen Gesprächen durchaus übliche Frage:

> Planen Sie in nächster Zeit größere Übernahmen?

Und Müller antwortet:

> Wir haben gerade einen Konkurrenten gekauft: die Zobel AG.

Interviewer:

> Können Sie sagen, wie teuer die Übernahme war?

Antwort:

> Wir zahlen 800 Mio. Euro – in bar wohlgemerkt.

Interviewer:

> Das klingt nach einem sehr günstigen Preis. Zobel gilt als ziemlich hoch verschuldet, auch wenn keine genaueren Zahlen bekannt sind.

Antwort:

> Das stimmt. Aber zum einen zahlen wir eben in bar, und zum anderen übernehmen wir die Schulden zusätzlich. Über die Höhe kann ich an dieser Stelle aber nichts Konkretes sagen.

Interviewer:

> Mit dieser Transaktion schluckt der Marktführer seinen Hauptkonkurrenten im Bereich der Laser-Maschinen. Für wie wahrscheinlich halten Sie es, dass das Bundeskartellamt die Übernahme blockiert?

Antwort:

> Wettbewerbsrechtliche Bedenken halte ich für völlig fehl am Platze. Denn der Wettbewerb wird auch nach dieser Übernahme in unserer Branche weiter äußerst scharf sein. Ich bin mir sicher, dass das Kartellamt grünes Licht geben wird.

Müller gibt zwar nicht erschöpfend Auskunft, er sagt aber das Wichtigste und untermauert dies mit Fakten – und daraus lässt sich auf jeden Fall eine Exklusivnachricht gestalten. Die Meldung, die das Medium, in dem das Müller-Interview erscheint, an die Nachrichtenagenturen herausgibt, könnte sich dann zum Beispiel so lesen:

```
Mannheim – Der Maschinenbauer Röber hat sei-
nen schärfsten Konkurrenten Zobel übernommen.
Dies sagte Röber-Vorstandschef Markus Müller
im Gespräch mit der Zeitung X. Müller bezif-
ferte den Kaufpreis auf 800 Mio. Euro »in bar«.
Darüber hinaus werde das Unternehmen die
Schulden von Zobel übernehmen. Über deren Höhe
wollte Müller jedoch keine Angaben machen, so
dass der Gesamtkaufpreis unbekannt bleibt. Der
Röber-Chef sieht den Wettbewerb nicht einge-
schränkt, obwohl der Marktführer die Nummer
zwei aufgekauft hat. »Ich bin mir sicher, dass
das Kartellamt grünes Licht geben wird«, sagte
Müller der Zeitung X …
```

Stichwort Agenturmeldung: Die Redaktionen verbreiten exklusive Nachrichten in der Regel, indem sie sie den Nachrichtenagenturen melden (»auf den Ticker geben«). Diese sollen daraus eine Meldung machen. Viele der tatsächlichen und vermeintlichen Exklusivnachrichten schaffen es jedoch nicht auf den Ticker. Häufig liegt die Ursache darin, dass sie nicht alle Auswahlkriterien der Nachrichtenagenturen erfüllen. Zu diesen gehören:

- Es existiert ein tatsächlicher Nachrichtenwert.
- Dieser muss an Hand von Fakten und Zitaten der Beteiligten nachvollziehbar sein.
- Die Quellen werden so präzise wie möglich benannt.
- Die Nachricht wird vor entsprechendem Hintergrund eingeordnet.
- Eine Stellungnahme des Zielobjekts ist enthalten.
- Bei Wortlaut-Interviews sollte der gesamte Originaltext angehängt werden.

Unterschiedliche Interviewtypen: Nicht immer sind Gesprächspartner derart auskunftsfreudig wie der fiktive Markus Müller. Professionellen Gesprächspartnern ist aber vollkommen klar, dass der Interviewer eine News haben will – dementsprechend verhält er sich auch. Einige Interviewpartner sind jedoch extrem vorsichtig, besonders wenn sie den Frager (noch) nicht ausreichend kennen. Hier gilt es, langsam Vertrauen aufzubauen. Dies ist manchmal sogar schon im Laufe eines Gesprächs möglich – zum Beispiel indem man durch seine intime Kenntnis der Materie glänzt oder einfach nur aufmerksam zuhört.

Unfreiwillige Plaudertaschen: Ein weiterer Typus ist derjenige, der unfreiwillig mehr Informationen preisgibt, als er ursprünglich wollte. So kann es durchaus vorkommen, dass ein Personalvorstand eigentlich über die hervorragenden Fortbildungsprogramme seines Unternehmens schwadronieren wollte, der Interviewer ihn aber im Laufe des Gesprächs durch geschicktes Fragen zu dem Eingeständnis bringt, dass langfristig deutlich mehr Arbeitsplätze abgebaut werden sollen, als bisher bekannt gegeben.

Rückzieher und Kompromisse: Es kommt nicht selten vor, dass Interviewte im Nachhinein einmal Gesagtes wieder zurückziehen wollen. Ein solcher Kandidat wäre zum Beispiel der unvorsichtige Personalvorstand. Das ist für den Journalisten zwar höchst ärgerlich, weil ihm so eine todsichere Exklusivgeschichte durch die Lappen zu gehen droht. In Deutschland ist es zwar nicht vorgeschrieben, jedoch Usus, dass der Gesprächspartner wörtliche Zitate vor ihrer Veröffentlichung erst freigibt – oder eben auch nicht. In solchen Fällen ist es am sinnvollsten, auf eine Kompromisslösung hinzusteuern. So könnte man sich zum Beispiel bei einem Wortlaut-Interview darauf einlassen, einzelne Passagen abzuwandeln (»weicher formulieren«) oder ganz zu streichen, um die Nachricht als solche zu retten.

Die Alternative: Das durchgeschriebene Interview. Das Gespräch wird hier in einem Bericht mit Zitaten des Interviewten zusammengefasst. Ein zusätzlicher Vorteil im Vergleich zur Wort-laut-Variante besteht darin, dass die News gleich am Anfang steht und danach erst Hintergrundinformationen und weniger wichtige Aussagen kommen. Auch hier existiert das Dilemma, dass wörtliche Zitate autorisiert werden müssen. Allerdings kön-nen alle heiklen Punkte mit der Wendung »aus Kreisen« einge-baut werden. Nehmen wir an, Röber-Chef Markus Müller hat im Nachhinein doch noch Bedenken ob seiner Offenheit bekom-men. Dann könnte ein durchgeschriebenes Interview zum Bei-spiel so beginnen:

```
Mannheim – Die Röber AG übernimmt ihren Haupt-
konkurrenten Zobel. Dies gab Markus Müller,
Vorstandschef des Mannheimer Maschinenbauers,
im Gespräch mit dieser Zeitung bekannt. »Wir
zahlen 800 Millionen Euro in bar«, sagte Mül-
ler über den Kaufpreis. Nach X-Informationen
übernimmt Röber zudem die Schulden von Zobel,
über deren Höhe allerdings nichts Genaueres
bekannt ist. Obwohl mit Röber der Marktführer
bei Lasersystemen die Nummer zwei aufkauft,
hält Müller kartellrechtliche Bedenken für un-
angebracht. »Denn der Wettbewerb wird auch
nach dieser Übernahme in unserer Branche wei-
ter äußerst scharf sein«, argumentiert der Rö-
ber-Chef. Wie diese Zeitung aus Unternehmens-
kreisen erfuhr, rechnet die Röber AG fest mit
grünem Licht vom Bundeskartellamt. Erste Sig-
nale gebe es bereits ...
```

Alles drin – nur abgeschwächt: In der durchgeschriebenen Va-riante sind alle Punkte des Wortlaut-Interviews enthalten – nur dass einige Müller nicht mehr in den Mund gelegt werden, er also dafür nicht verantwortlich gemacht werden kann. Durch den Be-zug auf »Unternehmenskreise« werden sie zudem abgeschwächt. Aber jeder, der dieses Verfahren kennt, weiß, dass die Informa-tionen von Müller selbst stammen müssen. Und das Wichtigste: Die Exklusiv-Story hat überlebt.

Zwischen Instrumentalisierung und Unabhängigkeit

Manchmal mag die Mehrzahl der Leser, Hörer oder Zuschauer den Mehrwert von Exklusivgeschichten für sich nicht erkennen. In anderen Fällen werden sich die Medienkonsumenten jedoch über Exklusivgeschichten freuen und glauben, dass dafür eine harte, intensive und zudem lange Recherche notwendig war. Die Realität in deutschen Wirtschaftsredaktionen sieht freilich anders aus: Viele, wenn nicht gar die meisten Exklusivgeschichten kommen nicht auf Initiative der Journalisten, sondern der eigentlichen Zielobjekte zustande.

Wohlverhalten für Exklusivität: Dies ist nicht nur ernüchternd, sondern auch alarmierend, denn es zeigt, wie wenig Journalisten aus eigenem Antrieb heraus recherchieren und sich allzu oft zum Sprachrohr ihrer Zielobjekte machen. Mehr noch: Wer einmal auf den Geschmack gekommen ist, wie gut doch eine Exklusiv-Meldung über den Ticker laufen kann und wie sie ein Redaktionsmitglied aufzuwerten scheint, begibt sich in Gefahr, seine journalistische Unabhängigkeit zu verlieren. Und zwar dann, wenn er exklusive Stoffe mit kontinuierlichem Wohlverhalten gegenüber dem Zielobjekt »erkaufen« will.

Eindeutige Absichten: Denn genau darauf zielen die PR-Abteilungen ab, wenn sie exklusive Botschaften streuen. Füttert ein Unternehmen einen Journalisten ab und zu mit Exklusiv-Infos, wird dieser sich womöglich geschmeichelt fühlen, was wiederum seinen angemessen kritischen Blick auf das Unternehmen trüben könnte. Wer dagegen als Journalist aussen vor bleibt, mag sich zwar vielleicht verprellt fühlen und deshalb besagtes Unternehmen besonders kritisch in sein Visier nehmen. Er könnte aber auch, zumal wenn er unter Druck seiner Vorgesetzten steht, wohlwollender in seiner Berichterstattung werden und damit der Presseabteilung des Unternehmens signalisieren, dass er auch mit Exklusivgeschichten bedacht werden will.

Lancierte Stoffe unabhängig weiterspinnen: Auf der anderen Seite lässt sich nicht das Faktum ignorieren, dass lancierte Exklusivgeschichten nun einmal Teil des journalistischen Alltags sind. Ohne Zweifel ist es das gute Recht der PR-Abteilungen, verschiedene Kanäle für ihre »Botschaften« zu nutzen. Allerdings sollte der Journalist immer kritisch hinterfragen, inwieweit er sich bei solchen Angeboten von der anderen Seite instrumentalisieren lässt und mehr oder minder gewollt PR-Artikel mit Hurra!-Charakter fabriziert. Deshalb sollte der Journalist die Thematik immer genau prüfen. Noch besser: Nie auf die eigene – sachlich-kritische – Bewertung verzichten, auch und gerade wenn die Story lanciert ist. Am Besten: Auf Schnellschüsse verzichten und weitere Recherchen anschließen, indem man zum Beispiel Einschätzungen von unabhängigen Experten einholt. So wird die Geschichte ohnehin meist runder und ausgewogener.

Informanten-Netzwerke bilden: Um Unabhängigkeit von den PR-Abteilungen zu wahren, ist es notwendig, sich ein möglichst weit verzweigtes Netz verschiedener Informanten zu spinnen. Nur so wird man Informationen von verschiedenen Seiten erhalten und diese bei anderen vertrauenswürdigen Quellen checken können. Ein solches Netzwerk bildet meist auch die Voraussetzung, um Impulse für eigenrecherchierte Exklusivgeschichten zu erhalten. Hier gilt es in der Regel, dickere Bretter zu bohren. Die Recherchen sind aufwändiger, die Widerstände größer.

Oft braucht es Jahre, um sich ein Netzwerk guter Informanten aufzubauen, die einen mit hochwertigen Exklusiv-Infos versorgen. Aber es lohnt sich: Die eigenrecherchierten Exklusivgeschichten zeichnen sich meist durch eine deutlich höhere Qualität aus. Dies gilt auch für ihre nachrichtliche Relevanz, selbst wenn das Gros dieser Exklusivgeschichten nur Investigativjournalismus »light« ist.

Weiterführende Literatur:

Johannes Ludwig, Investigativer Journalismus (UVK, Konstanz 2002)

Ele Schöfthaler: Die Recherche (Journalistische Praxis, Econ, Berlin 2006)

Register

Journalistische Praxis

Walther von La Roche

Einführung in den praktischen Journalismus

**Mit genauer Beschreibung aller Ausbildungswege
Deutschland, Österreich, Schweiz**

310 Seiten, Broschur

. . . .

Wie wird man heute Journalist? Wo und in welchen
Funktionen arbeiten Journalisten?
Wo kann man Journalismus lernen? Wie findet man Kontakt
zu einer Redaktion?
Wie recherchiert man eine Story? Worin unterscheiden
sich Nachricht und Bericht, Reportage und Feature,
worin Kommentar, Glosse und Rezension?

Auf diese Fragen gibt das Buch erprobte und bewährte
Antworten, aber auch Auskünfte über den aktuellen Stand
journalistischer Arbeitstechniken. Es will den Leser mit den
Grundlagen journalistischer Arbeit vertraut machen,
die allen Medien gemeinsam sind.

La Roche beschreibt ausführlich das Netz der Ausbildungswege, das vor allem durch neue Angebote von Universitäten
und Fachhochschulen immer dichter wird.

Von den Webseiten zu diesem Buch kann man direkt per Link
über die Ausbildungswege surfen, findet neue Aktualisierungen
und über das Buch hinausgehende Zusatzinformationen.

Mehr zum Buch und Thema: www.journalistische-praxis.de

Econ

Journalistische Praxis

Ele Schöfthaler

Die Recherche

Ein Handbuch für Ausbildung und Praxis

256 Seiten, Broschur

. . . .

Erfolgreich recherchieren lernen, um mehr Erfolg zu haben im Journalismus: »Die Recherche« ist das erste journalistische Lehrbuch, das Methoden der klassischen und der Online-Recherche kombiniert vermittelt.

Wie weit dürfen Journalisten gehen bei der Recherche? Wie lästig dürfen sie sein? Was leistet das Internet, wo liegen seine Grenzen? Wie werden Informanten geschützt?

Ele Schöfthaler gibt Antworten aus der praktischen Recherchearbeit auf Fragen aus dem journalistischen Alltag; Gabriele Hooffacker hat das Buch, dessen Vorläufer »Recherche praktisch« erstmals 1997 erschienen ist, um Tipps zur Online-Recherche erweitert.

Aus dem Inhalt:
Themen nebenbei entdecken – Knigge für Journalisten – Vorab-Recherche online – Quellen prüfen – Einen Recherche-plan aufstellen – Vertiefte Recherche online – Fragen, bluffen und mit Rollen spielen – Perlen finden im unsichtbaren Netz.

Von den Webseiten zu diesem Buch kann man direkt per Link durch die Suchmaschinen, Datenbanken und Archive surfen (www.journalistische-praxis.de, Service-Seiten zu »Die Recherche«).

Econ

Journalistische Praxis

Dietz Schwiesau, Josef Ohler

Die Nachricht

in Presse, Radio, Fernsehen, Nachrichtenagentur und Internet

Ein Handbuch für Ausbildung und Praxis

317 Seiten, Broschur

. . . .

Jeder Journalist muss Nachrichten schreiben können.
Deshalb lernt jeder angehende Journalist zuerst, was eine
Nachricht ist. Wer Nachrichten schreiben kann, beherrscht die
Grundlagen des Journalisten-Handwerks.

Das Handbuch »Die Nachricht« vermittelt diese Grundlagen
systematisch, ausführlich und praxisnah. Es ist das erste,
das anschließend in eigenen Kapiteln die Besonderheiten
der Nachricht in den verschiedenen Medien behandelt:
von Presse bis Internet.

Aus dem Inhalt:
Nachrichtenbegriff – Nachrichtenauswahl – Nachrichtenaufbau –
Nachrichtenproduktion – Nachrichtensprache –
Nachrichtenrecht – Agenturnachrichten – Pressenachrichten –
Radionachrichten – Fernsehnachrichten –
Internet-Nachrichten – Wie werde ich Nachrichtenjournalist? –
Geschichten aus der Nachrichtengeschichte

Mehr zum Buch und Thema: www.journalistische-praxis.de

Econ

Journalistische Praxis

Wolf Schneider/Detlef Esslinger

Die Überschrift

Sachzwänge – Fallstricke – Versuchungen – Rezepte

ca. 180 Seiten, Broschur, 4., aktualisierte und erweiterte
Auflage Frühjahr 2007

. . . .

Die Überschrift ist die Nachricht über der Nachricht.

Nirgendwo sonst im Journalismus drängen sich so viele
Fragen in so wenigen Wörtern zusammen: Was eigentlich
ist die Kernaussage des Beitrags? Wie lässt sie sich in 30 oder
40 Anschläge fassen, sprachlich sauber und bei alldem auch
noch interessant?

»Die Überschrift« gibt präzise Antworten; illustriert mit einer
verblüffenden Fülle von Beispielen für gute und schlechte,
peinliche und brillante Überschriften

Die Kapitel:
Vom Handwerk des Übertreibens
Die Aussage der Überschrift
Die Sprache der Überschrift
Der Presserat und die Überschrift
Die Einteilung der Überschrift
Die Zukunft der Schlagzeile

Mehr zum Buch und Thema: www.journalistische-praxis.de

Econ

Journalistische Praxis

Michael Meissner

Zeitungsgestaltung

Typografie, Satz und Druck, Layout und Umbruch

277 Seiten, Broschur

· ·

Auch der beste Text kommt beim Leser noch besser an, wenn er gut präsentiert wird. Journalisten sind mehr und mehr für die Gestaltung der Zeitung verantwortlich. Der Journalist sollte also Bescheid wissen über Schriftarten, Auszeichnungsregeln und Umbruchprinzipien, Satztechniken und Druckverfahren.

Aus dem Inhalt:
Goodbye Gutenberg – Digitales Arbeiten – Workflow in der Redaktion
Typografie und Schrift
Drucktechniken und -verfahren
Layout und Umbruch:
Den Leser reizen – Die Umbruchprinzipien – Standards und Regeln – Die vier Komponenten des Layouts
Der Artikel und seine Elemente – Die Überschrift – Der Anlauf – Der Vorspann – Der Fließtext
Fotos und Illustrationen
Gestaltungselemente
Die Seite:
Der Kopf – Der Umbruchraster – Der Blockumbruch – Der Treppenumbruch – Der Mischumbruch – Der Zifferblatt-Umbruch
Hans Werner Holzwarth: Anmerkungen zur typografischen Gestaltung
Glossar Englisch-Deutsch/Deutsch-Englisch

Mehr zum Buch und Thema: www.journalistische-praxis.de

Econ

Journalistische Praxis

Walther von La Roche/Axel Buchholz (Hrsg.)

Radio-Journalismus

Ein Handbuch für Ausbildung und Praxis im Hörfunk

479 Seiten, Broschur

. . . .

Sprache und Sprechen: Fürs Hören schreiben –
Das Manuskript sprechen – Frei sprechen – Moderation

Beiträge: Umfrage – Aufsager – O-Ton-Bericht – Mini-Feature –
O-Ton-Collage – Comedy und Comics – Interview – Reportage

Sendungen: Nachrichten – Magazin – Feature –
Dokumentation – Diskussion – Radio-Spiele – Radio-Aktionen

Programme: Formate für Begleitprogramme –
Formate für Einschaltprogramme – Aircheck –
Verpackungselemente – Radio und Internet

Produktion und Technik: Mit Mikrofon und Recorder richtig
aufnehmen – Schneiden – An der Workstation produzieren –
Sendung fahren

Beim Radio arbeiten: Die Radio-Landschaft – Der Sender,
die Jobs – Fest oder frei

Aus- und Fortbildung: Ausbildung in der ARD und beim
Privatfunk – Auf Hospitanz und Praktikum vorbereiten –
Radio-Kurse – Ausbildung in Österreich
und der Schweiz

Mehr zum Buch und Thema: www.journalistische-praxis.de

Econ

Journalistische Praxis

Syd Field, Andreas Meyer,
Gunther Witte, Gebhard Henke u.a.

Drehbuchschreiben
für Fernsehen und Film

Ein Handbuch für Ausbildung und Praxis

244 Seiten, Broschur

. . . .

Syd Field
Das Drehbuch – Der Stoff – Die Figuren – Wie man eine Figur
entwickelt – Schlüsse und Anfänge – Die Szene –
Die Sequenz – Der Plot Point – Die Form des Drehbuchs

Aus dem weiteren Inhalt:

Tipps für Anfänger – Übungen für Anfänger –
Die Fernsehserie – Die Daily Soap –
Schreiben für die Öffentlich-Rechtlichen –
Schreiben für die Privaten – Das deutsche Kino –
Der Autor am Computer –
Aus- und Fortbildung für Drehbuchautoren

Mehr zum Buch: www.journalistische-praxis.de

Econ

Journalistische Praxis

Gerhard Schult/Axel Buchholz (Hrsg.)

Fernseh-Journalismus

Ein Handbuch für Ausbildung und Praxis

489 Seiten, Broschur

. . . .

»Fernseh-Journalismus« ist das Lehrbuch für die FS-Praxis. Den (zukünftigen) Machern im Medium ist es ein wichtiger Begleiter, immer wieder aktualisiert seit 25 Jahren. Auch die von Axel Buchholz vollständig neu überarbeitete 7. Auflage erfüllt diesen Anspruch.

Der immer bedeutsamer werdenden Arbeit der Video-Journalisten (VJs) widmet die Neuauflage ein ausführliches Kapitel. Ebenso berücksichtigt das Buch, dass moderne journalistische Fernseh-Arbeit heute digitale Produktion bedeutet.

Erfahrene Praktiker und Ausbilder, darunter Amelie Fried, Peter Kloeppel, Sandra Maischberger, Jörg Schönenborn und Anne Will, helfen dabei, schnell in die (digitale) Fernsehpraxis hineinzufinden, sich dort zu bewähren oder zu verbessern. Von der Planung über den Dreh bis zum Schnitt lehrt »Fernseh-Journalismus« das Konzipieren und Umsetzen von Fernseh-Beiträgen.

Das Internet-Angebot »Online plus« ergänzt das Buch durch zusätzliche Aufsätze, Beispiele und Übungen, zusammen mit weiteren Website-Informationen.

Webadresse: www.journalistische-praxis.de/fern

Econ

Journalistische Praxis

Rolf Sachsse

Bildjournalismus heute

Beruf, Ausbildung, Praxis

304 Seiten, Broschur

. . . .

Bildjournalismus beginnt vor dem Fotografieren: Wie kommt
man an Aufträge? Was muss vor dem Fototermin vereinbart
worden sein? Welche Ausrüstung brauche ich?
Die Abläufe im Bildjournalismus haben sich beschleunigt.
Wie verändert die Digitalisierung die Arbeitsschritte von der
Aufnahme über die Bildbearbeitung und -übermittlung bis hin
zur Bildarchivierung?

Die Kapitel: Der Beruf – Die Ausbildungswege – Das Bild –
Der Text – Die Technik – Der Computer – Das Geschäft –
Das Recht – Das Netzwerk – Die Vorbilder –
Anhang: Musterverträge und Allgemeine Geschäfts-
bedingungen für Bildjournalisten

Mehr zum Buch und Thema: www.journalistische-praxis.de

Econ

Journalistische Praxis

Gabriele Hooffacker

Online-Journalismus

Schreiben und Gestalten für das Internet

Ein Handbuch für Ausbildung und Praxis

254 Seiten, Broschur

. . . .

Wie wird man Online-Journalist?
Wo arbeiten Online-Journalisten? Was müssen sie beherrschen:
an journalistischem Handwerk, an Online-Technik,
an Online-Recht? Wie schreibt und konzipiert man für
Online-Magazine? Wie organisiert man eine Community?
Wer liefert den Content?

Online-Journalismus ist als eigener Bereich neben Presse-,
Radio- und Fernsehjournalismus getreten.

Das Handbuch enthält pragmatische Definitionen und einen
Überblick über das gesamte Tätigkeitsgebiet, die Stilformen
und Formate des Mediums, das Berufsbild und
die Arbeitsfelder des Online-Journalisten.

Mehr zum Buch und Thema: www.onlinejournalismus.org

Econ

Journalistische Praxis

Michael Rossié

Sprechertraining

Texte präsentieren in Radio, Fernsehen und vor Publikum

269 Seiten, Broschur

. . . .

»Sprechertraining« lautet nicht nur der Buchtitel; es handelt
sich wirklich um ein allgemein verständliches Trainingsprogramm zur Präsentation von Texten in den Medien
mit vielen praktischen Beispielen und Übungen.

Ein Buch mit dem Ziel, Schritt für Schritt zu professionellem
Lesen hinzuführen.

Vom einfachen Zwei-Wort-Satz bis zu schwierigen Satz-
konstruktionen wird der zukünftige Sprecher sowohl mit den
Grundlagen als auch mit den vielen Problemen und Sonder-
fällen von hörerbezogenem Lesen vertraut gemacht.

Das Buch bietet die Möglichkeit, im Eigenstudium
sprecherische Kompetenz zu entwickeln oder zu erweitern
(mit vielen Hörbeispielen auf CD)

Das »Sprechertraining« ist in erster Linie für Anfänger, aber
auch für Sprech-Profis gedacht. Es enthält viele nützliche Tipps
und Anregungen für Sprecher und Moderatoren in Radio und
Fernsehen, für Lehrer, Referenten, Manager und Politiker.

Mehr zum Buch und Thema: www.journalistische-praxis.de

Econ

Journalistische Praxis

Michael Rossié

Frei sprechen

in Radio, Fernsehen und vor Publikum
Ein Training für Moderatoren und Redner

248 Seiten, Broschur

. . . .

Vor Mikrofon, Kamera und der Gruppe frei zu sprechen:
Dieses Buch zeigt, wie es geht.

Es ist ein Trainingsprogramm für Moderatoren in Radio und
Fernsehen, für Pressesprecher und Politiker, Referenten,
Professoren, Lehrer, Studenten, Manager, Verkäufer oder
Vereinsvorsitzende – für jeden, der öffentlich spricht.

Frei sprechen im Sinne dieses Buchs bedeutet, die Sätze erst
im Augenblick der Rede zu formen, damit sie authentischer,
glaubhafter und fesselnder werden.
Reden als spontane Kommunikation.

»Dies ist«, so Michael Rossié, »kein Buch über das Manipulieren
oder Sich-durchschlagen, sondern übers Ehrlich-sein, ohne
dabei sein Ziel aus den Augen zu verlieren.«

Die beiliegende CD illustriert die Übungen anhand von guten
und schlechten Beispielen aus der Praxis, die der Autor für das
Buch eingesprochen hat.

Mehr zum Buch und Thema: www.journalistische-praxis.de

Econ

Journalistische Praxis

Winfried Göpfert (Hrsg.)

Wissenschaftsjournalismus

Ein Handbuch für Ausbildung und Praxis

309 Seiten, Broschur

. . . .

Wie recherchiert man in der Wissenschaft? Wie ist eine Wissenschaftsreportage aufgebaut? Wie funktioniert Wissenschaftsjournalismus im Radio, im Fernsehen? Winfried Göpfert zeigt Wege in den Wissenschafts-Journalismus auf.

Das Handbuch enthält Werkstattberichte aus allen Medien: Ranga Yogeshwar (Moderator von *W wie Wissen*) erzählt, was er von den modernen Wissens-Magazinen hält. Patrick Illinger (*Süddeutsche Zeitung*) gibt Einblicke in die Recherche-Praxis, Astrid Dähn (*Technology Review*) verrät, wie man eine Geschichte baut, Volker Lange (Online-Magazin *Morgenwelt*) erläutert, wie Wissenschaft im Netz präsentiert werden kann. Journalisten aus den wichtigsten Redaktionen beschreiben das Verhältnis von Wissenschafts-PR und Medien und geben Tipps und Ratschläge.

Die Webseiten zu diesem Buch informieren über das Thema und liefern umfangreiche Links zur Wissenschafts-Recherche online (www.journalistische-praxis.de/jpwiss.htm, www.wissenschaftsjournalismus.de).

Econ